중기 밀턴: 존 밀턴의 산문

(Middle Milton: Milton's Prose)

중기 밀턴: 존 밀턴의 산문

(Middle Milton: Milton's Prose)

최재헌 지음

경북대학교출판부

저자_최재헌

경북대학교 영어영문학과, 동 대학원 졸업(문학박사)
미국 오리건 주립대학 및 노스캐롤라이나 주립대학 교환교수
한국밀턴과근세영문학회 회장 역임
현 경북대학교 영어영문학과 교수

주요 저서 및 논문
『다시 읽는 존 밀턴의 실낙원』(2004년 문화관광부 우수학술도서)
『르네상스 시대 영국시의 이해』
『밀턴의 이해』(공저)
『영미시 오디세이』
『포스트모던 시대의 영미시』(공저)
『존 밀턴의 생애와 사상』
『존 던의 초기시 연구』(2013년 대한민국학술원 우수학술도서)
『다시 읽는 존 던』
「존 밀턴의 『이혼론』에 나타난 기독교인의 자유와 젠더 문제」 외 다수

중기 밀턴: 존 밀턴의 산문

찍은 날 2014년 6월 20일 | **펴낸 날** 2014년 6월 27일
지은이 최재헌 | **펴낸이** 함인석 | **펴낸 곳** 경북대학교출판부
출판등록 1973년 10월 10일 ㉱97호 | **주소** 대구광역시 북구 대학로 80
전화 053-950-6741~3 | **팩스** 053-953-4692
이메일 press@knu.ac.kr | **홈페이지** http://knupress.com
ISBN 978-89-7180-405-6 93840

정가는 뒤표지에 있습니다.
파본은 바꾸어 드립니다.

이 저서는 2009년 정부(교육부)의 재원으로 한국연구재단의 지원을 받아 수행된 연구임
(NRF-2009-812-A00135)

책머리에

『다시 읽는 존 밀턴의 실낙원』이 나온 지 꼭 10년 만에, 밀턴의 중기에 해당하는 1640년에서 1660년 사이에 발표된 산문을 중심으로 다룬 본 연구서를 출간하게 되었다. 이에 대한 본격적인 연구는 2007년 미국 노스캐롤라이나 주립대학(UNC) 교환교수 시절, 그 대학 리드 바버(Reid Barbour) 교수의 세미나에 참석한 것이 하나의 계기가 되었다. 바버 교수와 그의 아내 제시카 울프(Jessica Wolfe) 교수의 우정과 학문적 도움에 고마움을 표한다. 이 저서는 2009년 한국학술진흥재단의 인문저술 지원 사업 과제로 선정되어 3년간 지원을 받아 수행된 연구의 결과물이다. 책의 출간으로 밀턴 연구에 작은 보탬이 되었으면 하는 바람이다. 이 책이 나오기까지 이정영 박사와 박사과정생 이지원, 이지연, 이성태, 석사과정생 이근정의 도움이 컸다. 그동안 어려운 밀턴의 글을 읽고 씨름하며 세미나와 스터디에 참여한 대학원생들과 제자들에게 참으로 미안하고 고맙다. 원고를 정성껏 읽고 교정해 준 경북대학교출판부 장준이 선생과 한 편의 작품을 탄생시키는 정성으로 늘 함께해 준 김용훈 선생께도 감사의 마음을 표한다. 함께 공부하며 서로에게 큰 힘이 되어 주는 나은, 선 두 딸과 아내와 이 기쁨을 나누고 싶다.

2014년 유월 복현 연구실에서

최 재 헌

목차

제1장

중기 밀턴의 산문

Middle Milton 제1장 *Milton's Prose*

1630년대에 밀턴은 궁정 가면극에서부터 목가적 애가에 이르기까지 실로 다양한 시적 장르를 통해 자신의 정치적·종교적 견해를 피력하였다. 그러나 이러한 초기 작품에서 후기 밀턴의 면모를 얼마나 찾아볼 수 있는가 하는 데 대해서는 비평가들마다 의견이 엇갈리고 있다. 1640년대와 1650년대에 그는 교육, 교회 정치, 신의 섭리, 성경 해석, 이혼, 영국 역사, 국왕 살해, 검열, 십일조 제도, 시민의 자유, 실명(失明), 그리고 시와 같은 다양하고도 폭넓은 주제에 관심을 보이며 방대한 분량의 산문을 발표한다. 물론 밀턴의 사상이 완전한 형태로 갑자기 형성되었다거나, 그의 관점이 왕정복고와 1670년대 휘그당(Whig)의 출현을 겪는 말년까지 전혀 변하지 않고 그대로 유지되었다고 보기는 어렵다. 이 점에서 밀턴의 생애를 3기로 나누어 볼 때 중기에 해당하는 1640년에서 1660년까지는 그가 올리버 크롬웰(Oliver Cromwell)의 공화국(Commonwealth) 정부에서 외국어 문서 담당관으로 재직하면서 외교 문서를 번역하고, 정치범을 신문하고, 검열관의 일을 수행하며, 약간의 소네트를 쓰기도 하였지만 주로 산문을 발표하던 시기이다. 우리는 밀턴의 사상적 흐름을 파악하기 위해 다양한 주제에 바탕을 둔 그의 중기 산문에서 다음과 같은 흥미로운 문제들에 주목할 필요가 있다. 즉『교회치리론』(*Reason of Church Government*, 1642)에서부터 『자유공화국 수립을 위한 준비되고 쉬운 길』(*The Readie and Easie Way to Establish a Free Commonwealth*, 1660)까지 그의 사상이 전개되는 양상은 연속적인가, 아니면 비연속적인가? 밀턴의 개인적인 삶과 공적인 삶에서 일어난 일들은 그의 작품에 어떤 영향을 미쳤는가? 그의 "왼손으로 쓴"(left-handed) 산문과 "오른손으로 쓴"(right-handed) 시의 수사적 전략은 어떻게 상호 작용하고 있는가? 어떻게 해서 세인트 폴 학교(St. Paul's School)와 케임브리지 대학에서 교육받은 젊은이가 영국에서 가장 악명 높은 이단자와 급진주의자들 중 한 명이 되었는가? 이러한 질문을 던지면서 밀턴이 평생 중요하게 다루었던 주제와 그의 사상을 중기에 발표된 산문을 중심으로 고찰하는 것이 이 책의 목표이다.

밀턴의 산문은 시기적으로 총 3기로 나누어 발표되는데, 각 시기별로 종교적(religious) 자유와 개인적·가정적(domestic) 자유, 그리고 정치적(political) 자유에 관한 글을 연속적으로 발표하고 있다. 먼저 1641년에서 1642년 사이에는 반(反)주교제 팸플릿(The Antiprelatical Pamphlets)을 중심으로 주로 종교적 자유를 위한 산문이 출간되었다. 그리고 1643년에서 1645년 사이에는 『이혼론』(*The Doctrine and Discipline of Divorce*, 1643)을 비롯하여 네 편의 이혼을 옹호하는 팸플릿과, 출판의 자유를 주창한 『아레오파기티카』(*Areopagitica*, 1644), 그리고 『교육론』(*Of Education*, 1644) 등 가정적·개인적 자유에 관한 글이 발표된다. 마지막으로 제3기에 해당하는 1649년에서 1660년 사이에는 공화국의 외국어 담당 비서관으로 재직하면서 쓴 공화국 체제를 옹호하고 정치적 자유 수호를 주장하는 글들을 발표하고 있다.

이 논쟁시기에 밀턴이 쓴 글들은 '팸플릿'이라 부르는 소논문 혹은 소책자(tract) 형태로 발표되었는데, 오늘날에는 팸플릿이라고 하면 일반적으로 상품 소개용 광고책자 정도로 생각되는 경향이 있으므로 약간의 설명이 필요할 것 같다. 당시 밀턴은 대중을 상대로 설교할 수 있는 성직자도, 의회에서 발언할 수 있는 의원도 아니었기 때문에 자신의 생각을 공개적으로 표현할 수 있는 수단으로 이 같은 형식을 택했다. 17세기 중엽은 아직 이러한 사람들도 자유롭게 의견을 개진할 수 있는 일간신문이나 저널이 등장하기 전이었기 때문이다. 어떤 문제에 대해 대중에게 할 이야기가 있는 사람은 글을 써서 얇은 소책자인 팸플릿 형태로 출간하였고, 서적 상인들은 이러한 팸플릿을 찍어 판매함으로써 여론 형성의 장을 마련하였다. 이 시기의 잉글랜드 국민들은 정치와 종교 문제에 대한 관심이 매우 높았기 때문에 팸플릿을 통해 다양한 주제에 대해 열띤 토론을 벌였고, 팸플릿 출판물은 그야말로 홍수처럼 쏟아져 나왔다. 밀턴은 종교적 자유를 주장하고 주교들이 운영하던 당시의 교회 행정에 반대하는 5편의 소책자를 시작으로, 일련의 팸플릿 출간을 통해 논객으로 활동하기 시작하였다.

밀턴은 스스로를 산문작가이기에 앞서 시인이라 생각했으며, 산문은 "왼손"으로 쓴 데 반해 오른손은 신이 자신에게 부여한 소명을 위해 아껴두었다고 표현한다(*CPW* 1. 808).[1] 학창 시절에 쓴 대표적 산문이자 밀턴의 첫 번째 산문인 『프롤루젼』(*Prolusions*)은 케임브리지 수학 시절 과제물로 쓰게 된 학술적 습작으로, 제목의 의미는 '학술능력 예비실습 수록집' 정도가 될 것이다. 이 글에서 밀턴은 케임브리지 대학의 교과 과정에 비판을 제기하고 있는데, 대학이 "르네상스의 발흥을 경험하고 그 결과물을 향유할 수 있으면서도 여전히 중세적 잔재에서 벗어나지 못한 데 대한"(이종우, 234) 비판이었으며 이는 후에 『교육론』으로 다듬어지게 된다.

30대의 나이로 인생의 성숙기에 들어선 밀턴이 활발하게 산문을 발표한

1 밀턴의 산문에 대한 인용은 *Complete Prose Works of John Milton*, ed. Don M. Wolf (New Haven: Yale UP, 1959)에서 하며 이하 본 문헌을 *CPW*로 약칭한다.

시기는 마침 영국 정부가 출판에 대한 엄격한 통제를 해제함에 따라 영국 출판업계가 폭발적으로 팽창, 엄청난 양의 출판물을 찍어 내던 시기와 일치한다. 바로 이때에 밀턴도 출판을 통해 개별 시민으로서나 공인으로서 국가의 앞날을 고민하는 논쟁에 뛰어든 것이다. 밀턴은 당시의 시대적 주제를 폭넓게 다루는 소책자를 시작으로 출판을 시작했는데, 토론을 목적으로 한 그의 글은 크게 종교적인 것과 정치적인 것으로 나눌 수 있다.

1641년경 밀턴은 부분적으로나마 확고하게 시인으로서의 자신의 공적인 정체성을 확립한 상태였다. 그의 최초의 출판물인 시 「셰익스피어에 대하여」("On Shakespeare")는 1632년에 셰익스피어 전집 두 번째 2절판(Second Folio) 권두에 발표되었다. 1634년에는 에거튼(Egerton) 가의 어른인 브리지워터(Bridgewater) 백작이 웨일즈의 총독이자 추밀원 의장으로 부임하는 것을 기념하여 러들로우 성(Ludlow Castle)에서 공연될 가면극 대본을 써 달라는 부탁을 받고 『코머스』(*Comus*)를 썼다. 이 가면극은 1634년 미카엘 축일인 9월 29일에 공연되고 1637년 발간되었으며, 궁정 음악가인 헨리 로즈(Henry Lawes)가 극의 작곡을 맡았다. 1638년에는 에드워드 킹(Edward King)을 애도하는 여러 친구들의 시를 담은 시집 마지막에 밀턴의 「리시다스」("Lycidas")가 실렸다. 밀턴은 서른 살 되던 해인 1638년 5월 수행 하인 한 명과 함께 영국을 떠나 대륙 여행에 나선다. 프랑스와 스위스를 거쳐 이탈리아를 여행하던 그는 고국이 정치적 동란으로 위급하다는 소식을 듣고 나폴리에서 시실리와 그리스로 가려던 원래의 계획을 바꿔 영국으로 돌아가기로 결심한다. 그는 후일 자신의 이러한 결정에 대해서 『영국민을 위한 두 번째 변호』(*A Second Defence of the English People*, 1654)를 통해 다음과 같이 말하고 있다.

> 나의 동포 시민들이 고국 땅에서 자유를 위해 싸우고 있는 마당에 정

신의 계발을 위해 한가롭게 해외를 여행한다는 것이 비열하게 생각되었다.

For I thought it base that I should travel abroad at my ease for the cultivation of my mind, while my fellow-citizens at home were fighting for liberty(*CPW* 4.1 619).

밀턴은 1639년 7월에 영국으로 돌아오는데, 1년 3개월에 걸친 유럽 여행은 그에게 있어 단순히 풍물을 관광하는 차원에 그치지 않고 여행지에서 최고의 지성을 만나 교제하며 경험을 확장하고 견문을 넓히는 기회가 되었다. 그러나 그는 유럽 여행을 중도에 포기하고 돌아온 것이 유용한 결정이었다고 말하고 있는데, 이는 그가 주교제에 반대하는 글들을 쓰고 조국을 위해 일하게 되었기 때문이다.

1654년 밀턴이 『영국민을 위한 두 번째 변호』에서 자신을 “영국인, 존 밀턴”(John Milton, Englishman)이라고 일컬었을 때 그는 평생의 과업으로 이러한 공적인 논쟁에 뛰어들기로 마음먹은 것이다. 이런 관점에서 볼 때 초기의 정치적인 산문은 그가 역사적인 상황 속에서 스스로를 어떻게 이해하고 있었는지를 보여 주는 증거물이다. 밀턴은 자신의 말처럼 조국에 쓸모 있는 사람이 되려고 자유를 위해 투쟁하기로 마음먹고, 자신의 삶을 위험으로 내던지는 길을 선택한 것이다. 이러한 그의 삶과 행동은 영국민들에게 그들이 오랫동안 누려 온 자유를 되찾아 주기 위한 노력이었다고 할 수 있다. 그 일환으로 그는 영국 교회의 주교제에 대한 공격에 가담하기 시작했으며 반주교제에 관한 소논문으로 알려진 다섯 편의 글을 썼다. 후에 밀턴은 이 글들이 성공적이었다고 자평하고 있다.

밀턴은 자유에 세 가지 유형, 즉 종교적·가정적·시민적 자유가 있다고 보았다. 앞서 반주교제 팸플릿을 통해 종교적 자유에 관해 자신의 주장을 펼쳤던 밀턴은, 의회가 시민의 자유를 위해 애쓰고 있으니 자신은 두 번째 자유, 즉 가정이나 개인의 자유를 위해 탐구하고 집필해야겠다고 마음먹는다. 그는 개인의 자유를 세 부분으로 나누어 탐구하였는데, 첫 번째 부분인 결혼과 관련된 법규 연구는 이혼에 대한 네 편의 글을 남겼다. 두 번째 부분인 교육 개혁에 대한 관심은 『교육론』으로 집대성되었으며, 세 번째 부분인 사상의 자유에 대한 그의 탐구는 『아레오파기티카』에서 절정을 이루게 된다. 그의 장대한 계획이 1641년과 1645년 사이에 11개의 소책자로 모습을 드러낸다. 이후 밀턴은 1649년에서 1660년까지 주로 공화국 체제를 옹호하고 정치적 자유를 수호하는 글들을 발표하였다.

초기의 종교적·정치적인 소책자들은 서서히 형성되어 가는 밀턴의 공적 자아의 주요 발달 단계를 보여 주고 있다. 이러한 밀턴의 자아에 대한 정확한 이해는 후반기의 정치적인 생각과 활동을 가늠하는 데 매우 중요하다. 최근까지 밀턴의 산문에 대한 연구는 주로 『아레오파기티카』에 집중되어, 그가 종교적 관용을 주창하고 검열 제도에 반대하며 언론의 자유를 수호하고자 했던 현대 자유주의의 선구자였는지, 아니면 억압적인 신정정치(theocracy)를 위해 생각을 달리하는 자들을 탄압하는 데 힘쓴 권위주의적인 폭군이었는지에 대해 많은 논의가 이루어져 왔다. 그러나 1990년 이후 산문에 대한 연구는 보다 폭넓게 확장되고 있다.

밀턴이 살던 17세기는 인간의 중요한 관심사인 정치와 종교가 명확한 영역구분 없이 서로 밀접하게 얽혀 있던 시기로서, 자신들의 정치적 행동이 죽고 난 뒤 영혼의 운명을 결정짓는 데 중대한 영향을 미치는 것으로 여겨졌다. 밀턴의 산문에서도 종교는 늘 정치적 과업과 깊은 연관을 맺고 있으며, 그의 정치적 신념은 종교적 비전의 한 부분을 차지하고 있다. 그러나 그는 자신의 시대에 훨씬 앞서 교회와 국가의 분리를 주장했다. 밀턴은 거의 평생에 걸쳐 영국민의 정신적인 신앙과 종교적 예배를 정치적인 감독으로부터 해방시킬 것을 거듭 주장했으나, 국민들의 의식이 바뀌지 않는 데 대해 매번 실망을 금치 못했다.

왕정복고가 된 1660년『자유공화국 수립을 위한 준비되고 쉬운 길』을 출판한 이후에도 밀턴은 계속해서 산문을 발표한다. 그는『실낙원』(*Paradise Lost*)을 비롯한 후기의 대작들을 집필하는 와중에도 1670년 11월경『영국사』(*History of Britain*)를, 1673년에는『참된 종교에 대하여』(*Of True Religion*)를 출판하였고, 1823년에는 발견 당시 과연 밀턴이 쓴 것이 맞느냐를 두고 논란이 많았던, 라틴어로 된『기독교 교리』(*Christian Doctrine*)가 런던의 고문서 보관소에서 발견되었다. 밀턴의 산문 전체를 이야기할 때 이 글들도 포함되어야 하겠으나, 밀턴이 학창 시절에 쓴 산문과 더불어 이 책이 대상으로 삼은 1640년에서 1660년 사이 출판된 중기 산문의 범위를 벗어나 있어 자세히 언급하지 않았다. 이들 산문에 대해서는 아마도 밀턴의 초기와 중기, 후기를 아우르는 이후의 연구에서 다룰 수 있을 것으로 생각한다.

제2장

종교적 자유: 반주교제 팸플릿

Middle Milton

제2장

Milton's Prose

1640년대에 밀턴은 교사로서, 그리고 교회 행정 및 이혼에 관한 문제로 격렬한 논쟁을 벌이는 논쟁가로서 양분되는 삶을 살았다. 그는 크라이스트 칼리지를 함께 다닌 친구 에드워드 킹(Edward King)이 아일랜드 해협의 배 침몰 사고로 요절하자 추모시 「리시다스」("Lycidas", 1637)를 써서 친구의 죽음을 애도한다. 이 시에서 밀턴은 교회에 대해 주로 성직자의 탐욕을 집중적으로 공격하였으나, 4년 후 그의 비난은 주교제도를 향한 것으로 바뀐다. 당시 왕은 잉글랜드 교회의 수장이기 때문에 왕권은 주교제와 친밀한 관계에 있었고, 주교들에 의해서 교회의 행정이 이루어지는 주교제는 엘리자베스조의 왕권을 유지하는 데도 매우 중요하였다. 하지만 16세기 후반에서 17세기 초반에 걸쳐 개혁가들은 이 제도가 로마 가톨릭의 잔재이며 완전한 종교개혁에 방해물이 된다는 생각을 가지고 비판의 목소리를 높였다.

주교제에 대한 논쟁은 수십 년에 걸쳐 계속되었으나 1637년에 윌리엄 로드(William Laud) 대주교의 견해를 반박하며 주교제도를 공격하는 글을 발표한 세 명의 저명한 청교도가 기소됨으로써 한층 불붙게 되었다. 성실청(Star Chamber)[2] 법정은 이들의 귀를 자르고 고문한 후 투옥하도록 하는 혹독한 형을 선고했다. 검열제가 철폐되면서 주교제 폐지론이 지면을 통해 많이 발표되던 즈음에 노위치(Norwich)의 주교인 조셉 홀(Joseph Hall)이 주교제를 옹호하는 글을 출판한다. 그러자 몇 달 후인 1641년 3월에 밀턴의 가정교사였던 토마스 영(Thomas Young)을 포함한 다섯 명의 청교도(스멕팀누스[3])가 이에 반박하는 글로 응수함으로써 영국 교회의 주교제를 비판하는 공개적인 논쟁을 벌이게 된다. 밀턴은 어린 시절에 청교도 신학자인 토마스 영을 비롯한 가정교사로부터 개인교수를 받았는데, 영과의 만남은 밀턴의 일생에 중요한 영향을 끼쳤다. '스멕팀누스(SMEC**TY**MNUUS)'라는 이름에서 'TY'가 토마스 영 교수의 이름 머리글자인 사실로 미루어 볼 때 영은 이후 밀턴이 주교제에 반대하는 입장의 글을 발표하는 데 적잖은 영향을 끼친 것으로 보인다.

이 시점에서 밀턴은 5편에 이르는 반주교제 소책자(The Anti-Prelatical tracts)를 발표하면서 이 논쟁에 뛰어든다. 주교에 대한 공격에 동참하면서 밀턴은 그 당시의 중요한 정치적인 운동에 가담하였다. 그는 스코틀랜드 전쟁(Scottish Wars)이라고도 부르는 주교전쟁(Bishops' Wars, 1639, 1640)에 반대함으로써 찰스 1세의 정책에 반대하는 진정한 반대파의 형성을 가져왔으며, 이는 윌리엄 로드 캔터베리 대주교의 고교회(high church) 정책과 영국 국교회(Church of England)의 통치에 대한 불만을 하나로 결합시켰다(Wheeler 265). 주교전쟁의 진행 과정은 다음과 같다. 장로교를 믿었던 스코틀랜드인들은 주교들이 로드의 명령에 따라 새로운 의식을 도입하

2 정규 재판의 부족한 점을 보완하기 위해 추밀원의 고문관들(privy councillors)로 구성된 법원으로, 부패와 외압 등에서 자유롭게 법률을 집행할 수 있었다. 헨리 8세의 통치기에는 큰 호응을 받았지만, 찰스 1세가 정치와 교회의 정책을 통과시키기 위해서 악용하면서 청교도들에 대한 억압의 상징으로 전락하였다. 1641년 장기의회(Long Parliament)에 의해 결국 폐지되고 만다.

3 스멕팀누스(SMECTYMNUUS)는 다섯 명의 청교도(Steven Marshall, Edmund Calamy, Thomas Young, Matthew Newcomen, William Spurstow)의 이니셜을 따서 만들어진 이름이다.

자 장로파 교회에 충성을 다하겠다는 '국민맹약'(National Covenant)에 서명하고 주교제를 폐기하기로 결정한다. 그러자 찰스 1세는 잉글랜드 군대를 소집해 1639년 국경으로 진입하였다. 이 전쟁을 주교전쟁이라고 한다. 1차 주교전쟁을 별 성과 없이 끝낸 찰스는 재원 확보를 위해 의회를 소집했는데 의회가 이를 거부하자 18일 만에 의회를 해산해 버린다. 이를 단기의회(Short Parliament)라고 부른다. 그 후 찰스는 독자적으로 스코틀랜드 원정을 시작했으나 이 2차 주교전쟁에서 패배를 거듭하자 마지못해 1640년 11월 의회를 다시 소집하였다. 이 의회는 20년 동안 지속되었기에 장기의회(Long Parliament)라고 부른다. 그해 12월 주교제의 폐지를 요구하는 '루트 앤 브랜치 청원'(Root and Branch Petition)이 장기의회에 제출되었고, 12월 18일 로드는 하원에서 탄핵당한 후 대역죄로 런던탑에 투옥되었다가 1644년 처형된다.

그러나 이러한 성공은 반격을 초래하기 마련이어서, 1641년 초에 영국 국교회를 옹호하는 왕당파가 형성되기 시작했다. 왕당파의 입장은 엑스터(Exeter)의 국교회 주교이자 위대한 논객인 조셉 홀(Joseph Hall)의 목소리를 통해 표명되었는데, 홀의 글과 그 글이 불러일으킨 반향이 바로 밀턴이 소책자들을 쓰는 동인이 되었다. 1641년 1월에 홀이 주교가 사도의 직위를 이어받는다는 사실과 전례(典禮, liturgy)를 변호하는 첫 번째 반격의 글(*An Humble Remonstrance to the High Court of Parliament*)을 발표하자 이를 반박하는 글이 쏟아졌다. 그 가운데 하나가 바로 앞서 언급한 스멕팀누스의 길고 지루한 반박문(*An Answer to a Booke Entituled, An Humble Remonstrance*)이다. 여기서 주목할 만한 사실은 이 글이 밀턴이 쓴 것으로 추정되는 마침글로 마무리되었다는 점이다. 홀은 4월 12일에 『변호』(*A Defence*)로 응수했고 이에 스멕팀누스는 6월 26일에 또다시 응수하는 글(*Vindication of the Answer*)로 반박하였다. 콘즈(Thomas Corns)가 말했듯이, 우리는 밀턴이 언제 어떻게 급진주의자가 되었는지 알지 못한다(12). 그러나 그는 반주교제 소논문을 쓸 때 바로 이러한 활발하고 끊임없는 논쟁의 한가운데에 서 있었다.

1640년대 초기, 밀턴의 열정적인 산문은 영국 국교회의 붕괴에 자극을 받았다. 이 시기 동안에 밀턴은 이미 확고하게 자리 잡은 영국 성공회와 왕실 내 가톨릭 세력의 증가에 대한 두려움을 포함하는 일련의 종교적인 요인과 사건들을 보며 종교적·정치적으로 큰 자극을 받았다. 즉, 주교제 폐지를 요구하는 '루트 앤 브랜치 청원'에 대한 일만 오천 명 시민들의 지지, 1640년에 탄핵당한 로드 대주교와 교회 내 성직자의 위계(order)에 대한 공격, 1641년 10월에 발생한 아일랜드 반란, 찰스 1세와 그의 대신들에 대한 의회의 슬픈 감정을 드러낸 계시록적인 헌장인 대간의서(the Grand Remonstrance)[4], 교회 행정과 예배의식의 문제에 관한 격론, 청교도군의 증가와 경건한 개혁에 대한 열망, 정치적이고 종교적인 위기에 자극받은 묵시록적인 수사의 증가 등이 있다(Loewenstein, Revolution 87). 이처럼 새롭게 전개된 열띤 국면들과 내란의 문턱에서 밀턴은 자신의 전투적인 반주교제 팸플릿을 발표했으며, 이는 『교회치리론』(*The Reason of Church Government*)과 『스멕팀누스를 위한 변호』(*An Apology for Smectymnuus*)

4 영국의 장기의회가 1641년 찰스 1세에게 제출한 비판서인데, 이 문서로 인해 국왕파와 의회파는 반목하게 되고 내전이 일어나는 계기가 된다. 1640년 11월 장기의회가 소집되었을 때는 의회의 의견이 일치되어 개혁 사업을 추진했지만, 1641년에 일어난 아일랜드의 반란을 계기로 의회파는 반란을 진압하는 군대가 국왕이 아니라 의회의 지휘하에 있어야 한다고 주장한다. 이에 따라 의회파들은 대간의서를 작성해서 1641년 11월에 의회에 제출한다. 이 문서에서는 가톨릭, 주교 등의 부패가 정치적인 악의 근본이라고 공격하고, 이후의 조항에서는 권리청원의 파기, 불법과세, 독점, 절대 왕권 등을 비난하고 있다. 이어 의회에 의해서 추진된 개혁의 결과와 이후의 개선책 등을 들면서 성직자의 임명을 의회에 맡기라고 요구한다. 그러나 왕당파가 이 문서를 비난하면서 의회파와 왕당파의 격렬한 논쟁이 야기된다. 11월 22일 의회파와 왕당파의 토론 이후 찬성 159표 대 반대 148표로 의회를 통과해 12월 1일 국왕에게 제출되었지만 승인되지는 않았다.

에서 절정에 다다랐다.

밀턴의 글 가운데 상당 부분은 그 내용이 눈에 띄게 종교적이다. 그가 대중을 대상으로 출판한 최초의 산문은 반주교제에 관한 5편의 소논문으로, 그는 관습과 교회 교부들의 저작에 바탕을 둔 홀의 주장을 반박하기 위해 이 글을 썼다. 이는 대담하고 모험적인 시도라고 할 수 있는데, 1641년 5월에 익명으로 출판한 『종교개혁론』(*Of Reformation*)을 시작으로 『주교제에 대하여』(*Of Prelatical Episcopacy*), 『스멕팀누스를 위한 반박』(*Animadversions*), 『교회치리론』, 『스멕팀누스를 위한 변호』를 발표하였다. 이 소책자들은 1641년 5월에서 1642년 4월까지 연속으로 출판되었다. 이때는 영국 내전(English Civil Wars)이 일어나기 전 혼란스러운 시기였으며, 장기의회와 찰스 1세가 영국 국교회가 가져야 할 형태와 권위 등을 포함하여 여러 가지 문제를 두고 갈등을 겪던 시기였다. 헨리 8세의 통치(1509~1547) 이후 영국의 군주는 교회의 수장으로 인식되어 왔는데, 찰스 1세는 이 책무를 진지하게 수행했다. 그는 캔터베리 대주교인 윌리엄 로드에게 영국 내에서 행해지는 교리와 예배 의식을 질서 있게 조직화할 것을 명했다. 이에 많은 개신교 교회들은 이러한 조치가 영국 교회로 하여금 영혼을 타락시키는 적그리스도로 간주되는 로마 교회의 통제를 다시 받게 하려는 시도라며 거세게 저항했다.

밀턴도 왕이 권위로 교회를 장악하려는 시도에 대해 항의하는 글을 발표함으로써 찰스 1세의 권위에 대항하는 의회의 운동에 동참하였다. 그는 1641년의 『종교개혁론』을 필두로, 지금 영국 국교회 혹은 영국 성공회 등으로 불리는 교회를 개혁하는 일을 시작했다. 왜냐하면 밀턴은 주교들에 의해 지배되는 교회의 위계에 내재한 엄청난 악을 목격했기 때문이다. 주교는 왕으로부터 임명을 받아 평생 동안 그 직을 유지하였으며, 대개 부유한 남성들로서 주로 궁전에서 살았으므로 세속적인 권력의 상징이기도

했다. 의식(ceremony)과 예복만을 중시하였던 이들에게 영혼을 보살피고 구원하는 일은 거의 무시되었으며, 형식과 의례가 본질보다 항상 중요하게 여겨졌다. 밀턴은 주교가 왕에 의해 임명되는 것이 아니라 교회 내에서 "모든 교인들의 손에 의해" 선거를 통해 선출되는 것이 좋다고 여겼다. 『종교개혁론』은 밀턴이 타락했다고 본 당시의 교회들이 집착하며 중요시한 무의미한 의례와 의식, 복장과 같이 외면적으로만 그럴듯한 신앙의 행태에 맞선 싸움이다.

두 번째 팸플릿인 『주교제에 대하여』는 주교 제임스 어셔(James Ussher)가 내세운 주교 우위 설, 즉 주교라는 성직은 일반사제(presbyter)와 별개로서 지위가 더 높다는 설을 반박하는 내용이다. 세 번째 팸플릿 『스멕팀누스를 위한 반박』은 주교제 옹호론의 중심인물인 주교 조셉 홀을 공격한 글이다. 이들 밀턴의 초기 산문과 마찬가지로 『스멕팀누스를 위한 변호』 역시 그가 결혼하기 전이자 영국혁명 전에 쓴 팸플릿으로서, 자신을 공격한 글을 신랄한 독설로 반박하고 있는 것으로 유명하다. 반주교제에 관한 글 가운데 가장 길면서도 가장 흥미로운 『교회치리론』은 1642년에 발표되었는데, 2부(second book)에 상당한 분량의 자전적인 내용을 담고 있어서 교회 역사가들보다는 문학 비평가와 전기 작가들이 주목할 만한 가치가 있다.

밀턴은 '고위 성직자 주교제'(prelatical episcopacy)에 반대하여, 성직자 계급제도는 성서에 기초한 것이 아니며 더구나 영국의 정치적·종교적 건강을 해치고, 고위 성직자들은 "국가를 미혹하고 빗나가게 인도하며"(who were the only seducers and mis-leaders of the State) "군주를 배반하는 사람들"(betrayers of the Monarch)이라고 주장했다(*CPW* 1. 878, 858). 이 당시만 하더라도 밀턴은 왕의 세속적 권세에 대해서는 반대하지 않았는데, 이후 수년간의 시민전쟁을 거치면서 이 문제에 대한 견해가 극적으로 변했다. 이들 소책자의 내용 가운데 상당 부분은 주교제의 폐단을 설명하면서도, 홀 주교에 대한 개인적인 공격이나 자신의 사욕을 채우기 위해 교회를 이용하는 주교들에 대한 신랄한 비판에 치중하는 등 교회 행정에 관한 신학적 논쟁과는 다소 거리가 있는 내용에 할애되고 있다. 밀턴은 영국 국교회 내의 장로파의 일원으로 논쟁을 펼치는가 하면, 장로교파에서 다시 독립적인 조합교회주의자로 옮겨 가는 등 어느 특정 종파에 속하지 않았다. 그는 종교의 자유와 표현의 자유는 모두 보장되어야 하며, 진리를 추구하는 과정에서는 어느 정도의 이단적 해석이나 이설을 관용해야 한다고 주장함으로써 장로파와 입장을 달리했는데, 이는 그 자신이 말년에 취하게 될 명백한 관용주의자의 입장을 예고하고 있다. 1637년 후반부터 1642년 중반에 걸친 종교적 논쟁에서 밀턴은 영국 국교회의 건설적인 비판자 입장에서 벗어나 교회의 개혁을 부르짖으며 교회가 안고 있는 여러 가지 폐해에 대해 열렬하게 반대하는 독립교회주의자의 모습을 보여 주고 있다.

1) 『종교개혁론』

1641년 5월에 밀턴이 출판하기 위해 집필한 최초의 산문이 나왔다. 『종교개혁론, 잉글랜드의 교회 규율과 지금까지 그것을 방해해 온 원인에 대하여』(*Of Reformation, Touching Church-Discipline in England and the Causes that hitherto have hindered it*)는 친구에게 쓴 글의 형식을 취한 두 권짜리 책이다. 성직자의 계급 제도에 대해 쓴 90페이지 분량의 이 글은 밀턴이 영어로 쓴 최초의 산문 소책자이다. 이후 약 11개월 동안, 주교제도의 합법성을 공격하는 네 편의 반주교제 팸플릿이 뒤따라 나온다. 밀턴은 1654년에 『두 번째 변호』에서 의회가 강력한 행동을 취하자 주교들의 거만함이 위축되기 시작했으며, 언론의 자유가 보장되자 그들을 비난하는 목소리가 터져 나왔다고 말하고 있다. 그리고 밀턴도 자신의 모든 재능과 힘을 이 투쟁에 바칠 것을 다짐하고 조국을 위해 할 일을 모색하는 가운데, 당대 최대의 현안이었던 종교개혁에 대한 자신의 입장을 명확히 밝힌다. 언론의 자유가 보장되기 전인 1637년에는 윌리엄 프린(William Prynne)과 헨리 버튼(Henry Burton), 존 바스트윅(John Bastwick) 등이 주교에 대해 비판적인 목소리를 내고 주교제를 모독하는 책자를 출판했다는 이유로 낙인이 찍히고 귀가 잘리는 형을 받고 종신형으로 투옥된 사건이 있었다. 그러나 밀턴이 『종교개혁론』을 출판할 당시에는 주교들의 세력이 많이 위축된 상태였다. 의회의 하원은 로드 대주교에게 대역죄를 부과하고 런던탑에 그를 구금했으며, 상원은 주교들에 대한 추방(exclusion)을 촉구했다. 1640년 12월 11일 헨리 베인(Henry Vane)과 올리버 크롬웰(Oliver Cromwell)이 중심이 되어 '루트 앤 브랜치 청원'(Root and Branch Petition)을 제출했는데, 주교들의 세속적인 권력을 박탈할 뿐 아니라 교회로부터 그들을 쫓아내고 주교제를 말 그대로 뿌리째 뽑아 버릴 것을 요구하는 내용을 담고 있다.

밀턴은 자신이 출판한 최초의 독립적인 글에서 익명의 독자들에게 아주 조심스럽게 말한다. 이 글의 이중적인 성격은 소책자가 출판된 모습에서도 나타난다. 즉, 책의 속표지(title page)에는 긴 제목 전체(*Of Reformation, Touching Church-Discipline in England and the Causes that hitherto have hindered it*)가 실려 있지만, 첫 페이지에서는 부제를 포함하고 있으나 주 제목을 '영국에서의 종교개혁에 대하여'(Of Reformation in England)로 바꾸고 있다. 팸플릿의 내용이 분명히 종교적임에도 불구하고 이렇게 제목을 바꾼 것은 휠러(Elizabeth Wheeler)가 지적한 바와 같이 '개혁'(reformation)이 주교들을 없애는 것보다 훨씬 더 광범위하고 포괄적인 문제일 수 있다는 점을 시사한다(266). 사실 밀턴의 논지는 형태(form)에 초점을 맞추고 있다. '개혁'은 교회뿐만 아니라, 우리가 받아들이는 증거들, 우리가 읽는 방식, 그리고 기독교인들과 그들의 공동체에 필수적인 것과 중요하지 않은 것들에 대해 우리가 생각하는 방식까지도 고치고 재구성하는, 단순한 변화 이상을 의미하는 개념이다.

밀턴은 이미 세력이 약해진 주교제에 대해 타협하자는 모종의 협상이 힘을 얻고 있던 시점에 이러한 미지근한 타협에 대해 신랄하게 공격하고 과거와의 철저한 단절의 필요성을 촉구하기 위해 이 팸플릿을 출판하였다. 그는 성직자의 역할에 대해 확고한 생각을 지니고 있었다. 즉, 주교는 교훈적이고 근면한 섬김을 보여야 하고, 목자나 사도처럼 온유하고 거만하지 않게 교회의 가르침을 행하며, 관대하고 친절하게 교회를 유지해야 한다는 것이다. 밀턴이 보기에 1640년대의 주교들은 참된 목자가 아니었다. 그들은 온유함과는 거리가 멀었고 경제적인 보상 없이는 성직자가 해야 할 역할과 임무에 거의 시간을 할애하지 않았다. 당시 영국 국교회의 주교 24명은 부유하고 귀족처럼 거만했으며, 때로는 궁정에서 살면서 마치 자신들이 교회를 대표하는 것처럼 비단이나 공단 같은 사치스런 옷으로 치장하곤 했다. 그들은 토지와 성직자의 녹(benefice)을 분배할 수 있는 속세의 정치적 권력과 함께, 세속적인 재판소와는 독립된 기능을 지닌 종교재판소(ecclesiastical court)를 통해 법적인 권력도 지니고 있었다. 그러기에 밀턴은 주교제를 주교라는 이름을 사칭해 오랫동안 세상의 눈을 멀게 하고 세상 사람들을 등쳐 먹은 독재자들의 패거리며 협잡꾼들의 집단이라고 비난하고 있다.

밀턴은 이 소책자에서 부유하거나 귀족적인 삶을 사는 것 자체가 잘못된 것은 아니지만, 당시의 성직자들이 귀족적인 권력과 부를 남용하고 있다고 말했다. 게다가 교회에서 중요시하는 예배 의식과 의례 절차, 복장, 그리고 주교 같은 고위 성직자가 인도하는 공식적인 기도문 등은 국가적으로 봐도 아무 유익이 없고 국민들에게 속박만 될 뿐이라고 보았다. 그는 대부분의 청교도들처럼 개인의 양심의 자유를 믿었기에 성경은 집에서도 읽고 배울 수 있다고 생각했다. 반면, 성직자들은 강제적인 교회 출석이나, 태어나는 순간부터 죽을 때까지 시민들에게 강요되는 의식, 사적인 생활에서 개인이 취해야 할 행동에 대해 시시콜콜하게 지시하는 각종 규약 등을 중요하게 내세웠다.

밀턴은 『종교개혁론』에서 복음서에 기록된 기독교의 단순성과 명료함과, 여기에 덧붙은 추한 주교제 전통을 이분법적으로 대조하면서 논지를 전개한다. 청교도들은 주교제를 사도들로부터 유래된 것이 아니라 이후에 교회가 타락하고 교회 지도자들이 사적인 권력과 부를 증대시키는 과정에서 더해진 제도로 보았다(Corns 21). 주교제를 지지하는 사람들은 그 근거로 복음서의 모호한 부분에 대한 수 세기에 걸친 교부들의 해석을 들지만, 밀턴은 기독교인이 정말 알아야 할 것은 누구나 이해할 수 있을 정도로 평이하다며, "진리의 본질은 명료함과 선명함이며, 어두움과 구부러짐은 우리 자신의 속성이다"(The very essence of Truth is plainnesse, and brightnes; the darknes and crookednesse is our own; *CPW* 1. 566)라고 주장한다. 이러한 밀턴의 논지에는 단순함과 깨끗함에 가치를 두고 장식을 악하고 병적인 쓸모없는 것으로 보는 청교도의 미학이 깔려 있다.

이 당시에 밀턴은 군주제를 최선의 정부 형태로 강하게 믿고 있었던 것으로 보인다. 비록 전제 정치에는 저항했지만 그가 왕정 자체에 대항한 것은 결코 아니었다. 주교는 초대 교회에서 그랬던 것처럼 교인들이 뽑는 선출직이 되어야 한다는 밀턴의 제안에서 우리는 민주주의나 대의제의 시작을 엿볼 수 있다. 그는 주교를 투표로 선출해야 하지, 왕이나 대주교가 평생직으로 임명해서는 안 된다고 생각했던 것이다. 송홍한이 주장한 바와 같이 밀턴에게 있어서 진정한 신앙의 자유는 "교회 내의 위계질서에 의한 권위로부터 신자 개개인이 자유로워져야 하며, 이를 위해서는 왕권의 지배하에 있는 권위적 감독제가 폐지되고 신도들에 의해 선출되는 겸손한 성직자로 대체되는 것"(280)이다.

한편, 밀턴은 라틴어로 논지를 펴는 훈련을 받았기 때문에 『종교개혁론』에서 자국어인 영어로 산문을 쓰는 데 대한 경험 부족이 드러난다. 이 작품은 때로 연결되지 않는 문장들로 인해 밀턴의 산문 중에서 가장 난해한 작품으로 여겨진다. 돈 울프(Don M. Wolfe)는 이 소책자의 산문을 "좀처럼 똑바로 매끄럽게 이해하기 쉽도록 쓰지 않아서 옹이나 예기치 않게 뒤틀린 부분이 많은 딱딱한 소나무 토막"(a hard pine log full of knots and unexpected twirls, rarely straight and smooth and easy to follow; *CPW* 1. Introduction 108)에 비유하고 있다. 이러한 어려운 산문의 문체에도 불구하고 『종교개혁론』이 계속해서 읽히는 이유는 뛰어난 이미지 때문이다. 밀턴은 몇 달 후 『교회치리론』에서 자신의 산문은 "왼손"으로 썼다고 말하였으나, 그가 말하는 시인으로서의 오른손의 자질이 이러한 이미지의 구사를 통해 『종교개혁론』에 유감없이 발휘되고 있다.

『종교개혁론』 전반을 통해서 밀턴은 몸(the body)이라는 지배적인 비유를 통해서 자신의 주장을 펴고 있다. 교회의 역사는 교회의 통치체(body politic)의 부패에 대한 이야기이다. "복음의 교리"(The Doctrine of the *Gospel*)가 한때는 매우 높은 영적 높이로 정제되어 있었고, 교회의 몸도 새로 태어난 영혼의 사랑으로 정화되어 부정한 부분이 없었으나 죄를 짓게 되었다고 말한다(*CPW* 1. 519-20). 몸은 너무나 순수해서 사실상 육체가 없는 상태이며, 교리는 몸 없이 즉각적으로 영혼에 다가갈 수 있다. 그러므로 교리가 감각의 중재나 해석을 통과할 때 발생할 수 있는 실수나 잘못된 의사소통의 가능성이 없다. 더더구나 몸을 떠난 육체는 타락할 수 없고 부패할 수 없다. 따라서 몸은 영혼과의 상호작용에 영향을 받지 않으며 완벽하게 형식적인 완전성을 갖는다. 그러한 상호작용은 대단히 안전하기 때문에 완벽한 것이다.

밀턴은 타락(corruption)을 형태의 상실(loss of form), 즉 일그러짐(deformation)이라고 본다. 타락은 교리를 지킬 임무를 맡은 자들이 몸을 억지로 만질 수 있는 형태를 취하도록 하기 때문에 발생한다는 것이다(*CPW* 1. 520). '형태'(form)는 '몸'(body)과 동의어가 아니다. 하나님은 '육체적인 형태'(bodily forme)가 없는 '모습'(shape)을 가졌기 때문에, 그를 인식하는 몸의 능력과 관계없이 존재하는 것이다. 육체적인 형태는 감각에 분명하게 느껴지는 것, 즉 조각상이나 성직자의 의복, 향, 의식, 그리고 전통 같은 것들이다. 밀턴의 주장에 따르면 육체적인 형태는 영적인 실패의 결과, 즉 자기 자신을 '거룩하게'(heavenly) 만들 수 있는 능력의 부재를 의미한다. 개혁(reformation)은 원래의 모습인 형태를 교리로 회복시키는 것이며, 이 과정은 '육체적인 형태'의 제거를 필요로 한다.

개혁을 위한 밀턴의 계획은 성경을 읽음으로써 진리를 수호하는 것이다. 우리는 불가피하게 감각을 통해서 중재되는 과정인 읽음을 통해서 성경을 이해한다. 따라서 밀턴의 관심은 올바른 성경 읽기에 있다. 밀턴은 진리의 본질은 명백함과 선명함이며 어두움과 구부러짐은 우리 자신의 속성이라고 하면서 "하나님의 지혜는 진리라는 대상에 적합하고 균형 잡힌 오성을 낳는다"(The *Wisdome* of *God* created *understanding*, fit and proportionable to Truth the object; *CPW* 1. 566)라고 말한다. 오성은 마음의 눈이며, 올바른 읽음은 몸에서 분리된 마음의 눈, 즉 영혼과 동일한 직관적인 눈으로 읽는 것이다. 주교제는 진리인 성경과는 거리가 먼 것이기 때문에 주교는 크리스천 독자와 성경을 연결시키는 육체적인 형태의 일부분이고, 영혼이 영적인 형태와 결합하는 것을 막아 타락하게 하는 과정의 일부분이라고 밀턴은 생각했다.

『종교개혁론』에서 밀턴은 의외로 주교제나 로드의 교회 조직과 행정에 대한 이론적 주장, 즉 청교도와 로드의 사상을 구별하는 교리나 신앙의 문제에 대해서는 별로 언급하고 있지 않다. 그는 영국 국교회와 자신들이 모델로 삼고 있는 대륙의 개신교를 갈라놓는 것은 교리(doctrine)의 차이가 아니라 교회 운영 방식이나 의식, 교회 조직 등 규율(discipline)에 있음을 분명히 한다. 밀턴의 초점은 복음에서 요구하지 않는 불필요한 예복이나 군더더기로 덧붙은 의식, 평신도와 성직자를 갈라놓는 제단 장식 등에 집중되고 있다. 그는 이런 의식을 중시하면서 아무 생각 없이 따르다 보면 가톨릭으로 돌아가게 될 위험이 있음을 경고한다(*CPW* 1. 526-27).

로웬스타인(David Loewenstein)이 말한 것처럼 밀턴의 전투적인 프로테스탄티즘과 불꽃 같은 산문, 그리고 공격적인 논쟁 등은 "진리의 적들에 대항하여 거룩한 신랄함"(a sanctifi'd bitterness against the enemies of truth; *CPW* 1. 901)의 사용을 정당화하고 있는 이 초기의 팸플릿들에서 명백하게 나타난다(Revolution 88-89). 『종교개혁론』은 계시록에서 영감을 받은 격렬한 천년왕국적 웅변과 이미지들로 가득 차 있다. 그리고 "곧 도래할 것으로 기대되는 왕"(shortly-expected King)의 모습을 그리면서 "지옥의 가장 어둡고 깊은 심연으로 던져지는"(throwne downe into the *darkest* and *deepest Gulfe* of HELL; *CPW* 1. 616-17) 로드 주교와 고위 성직자들의 묵시록적인 파멸을 즐기고 있다.

이 팸플릿에서 이미지는 자유분방하게 구사되는데, 독자는 종종 이미지의 물결에 따라 이리저리 출렁이게 된다. 플래너건(Roy Flannagan)이 말한 바와 같이 창조적인 수사의 놀라운 결정판이라 할 수 있는 이미지 위에 구축된 산문시라고 할 수 있는 이 소책자에서 밀턴은 성직을 국가라는 머리 옆에 붙은 혹으로 비유한다(874). 밀턴이 공격하고 있는 역겹고 병적인 주교제라는 "혹"(Wen; *CPW* 1. 584)은 "그리스도의 신비로운 몸의 지체"

(members of the mystical body of Christ; *CPW* 1. 519 주(註) 1)인 참된 교회의 이미지와 비교된다. 그는 주교제로 오염된 교회를 여성에 비유하여 정숙한 여인같이 순수성을 지녔던 초대 교회가 이제는 야하고 천박한 옷을 입고 장신구로 치장한 창녀가 되어 버렸다고 표현한다(*CPW* 1. 584). 그리스도의 신비한 몸이 되어야 할 교회가 커다란 혹이나 종기같이 생생한 이미지로 비유됨으로써 역겨우면서 동시에 우스꽝스러운 반응을 불러일으킨다. 이러한 기괴함은 밀턴의 풍자적인 의도에 효과적으로 기능한다. 그는 주교의 본성을 짐승의 이미지로 묘사함으로써, 그리고 이들이 한때 깨끗했던 교회를 오염시킨 사실을 온갖 질병과 불구와 관련된 생동감 넘치는 이미지를 쏟아 냄으로써 신랄하게 고발하고 있다. 밀턴은 주교제하에서 음탕하고 자기 배만 불리는 사제가 정신없이 성찬식 빵에 달려들어 이를 마치 자신이 즐겨 찾는 술집의 비스킷이기나 한 것처럼 조각낸다고 묘사한다. 이 글에서 가장 유명한 장면은 밀턴이 주교제를 공화정부라는 몸통의 목에서 자라는 머리 크기만 한 혹이나 부풀어 오른 종양, 배설물 통(bottle), 역겹고 부정한 것들의 더미(heape) 등, 생생하고도 기괴한 여러 가지 비유를 사용하여 묘사한 부분이다(*CPW* 1. 583-84).

이 소책자의 제2권에 나오는 혹에 관한 특별한 이야기에서 몸은 공동의 선을 추구하기 위해서 모든 지체들을 소집한다. 머리가 등장하자 그 머리에는 "아주 보기 흉한 이상한 물체가 자라났는데, 거대하고 괴물 같은 모습의 머리만 한 크기의 혹이 달라붙어 있었다"(next to it a huge and monstrous Wen little lesse then the Head it selfe, growing to it by a narrower excrescency; *CPW* 1. 583). 그런데 이 혹은 자기가 머리 다음가는 존재라고 자신의 중요성을 주장하며 특별한 권리를 요구하여 다른 모든 지체들을 놀라게 한다. "지혜롭고 박식한 철학자"(a wise and learned Philosopher)가 이 문제를 상담하기 위해 초빙되고, 그는 혹을 "우행"

(folly)과 "더러움"(filth)으로 가득 찬 기생충 같은 존재로 규정한다(*CPW* 1. 583-84). 하지만 잘라 내기에는 위험해 외과 수술은 하지 않는다. 이야기는 철학자의 연설 직후, 추한 모습의 소리 높여 고함치는 혹에 의해 중단된다. 철학자가 행동에 옮기지 않기 때문에 독자는 머리의 원래 형태가 회복될 수 있을까 하는 문제의 답을 여전히 해결하지 못한 채 남게 된다. 휠러의 진단처럼, 혹은 괴물 같은 모습으로 밀턴의 비전에 대한 경쟁적인 대안으로 존재하고 있는 것이다(Wheeler 268). 『종교개혁론』 전반을 통해서 밀턴은 이처럼 질병과 종양과 기형을 묘사하는 언어를 구사하고 있다. 예를 들자면 주교제는 주교들의 잘못과 미지근함이 "하나님을 토하도록 만든다"(gives a Vomit to God himselfe; *CPW* 1. 537)라고 한다든지, 진정한 종교개혁은 우리가 "공적인 육체로부터 해롭고 병든 주교제라는 종양을 잘라 낼 때에야"(cut away from the publick body the noysom, and diseased tumor of Prelacie; *CPW* 1. 598) 가능하다는 표현 등이 그러하다.

이처럼 눈에 띄는 이미지들이 너무 두드러져서 말하려는 논지를 압도하는 경향이 있지만 이 글에서 밀턴은 교회의 타락상에 대해 간략하게 설명한다. 그는 위클리프(Wycliffe)로부터 영국에서 시작된 종교개혁이 로마 가톨릭의 주교 때문에 멈춰 버린 현실을 한탄하고 있다. 영국민이 종교개혁을 위해 선택받았으나 그 역할을 제대로 수행하지 못한 데 대한 실망과 반성이 글 전반에 흐르고 있다(이종우 239). 그러면서 밀턴은 종교개혁을 좌절시킨 세 집단으로 "옛것 추종자"(antiquitarians)와 "자유주의자"(libertines), 그리고 "정상배"(politicians)를 지목한다. 제1권의 대부분은 이들 옛것 추종자들과 주교제를 옹호하는 자들을 공격하는 내용이다. 밀턴은 이전의 주교들은 검소하게 살았으며 교인들의 손으로 선출되었다고 주장한다. 마지막 부분에서 밀턴은 교회 체제의 변화를 두려워하는 자유주의자들이 그들의 호색적인 행위를 삼가야 한다고 말하면서 제1권을 재빨리 마무리 짓는다. 제2권에서 밀턴은 주교들이 왕을 지원해 주고 있는 것이 아니라 오히려 해치고 있다는 주장으로 정상배들을 공격한다. 이후에 나오는 밀턴의 산문은 난해한 『종교개혁론』에 비해 좀 더 읽기 쉬운 문체로 바뀌게 되고, 이미지나 신조어 사용을 줄이는 방향으로 나아간다.

거의 20년 후 왕정복고 바로 전날에 군주제에 반대하는 산문을 출판하고자 할 때 밀턴은 실질적인 용기가 필요했다. 그러나 반주교제 팸플릿으로 자신의 의견에 찬성하는 독자를 만나기를 기대했음에도 불구하고 정작 밀턴은 익명으로 『종교개혁론』을 출간하였다. 이 소책자에서 계속해서 일컬어지는 "Sir"라는 호칭이 어떤 특정 개인을 지칭하는 것이라고 확신하기는 어렵다. 일반적으로 이 글은 친구에게 쓴 편지라고 생각되는데, 그렇다면 "Sir"라는 공손한 호칭은 마치 『교육론』에서 사무엘 하틀립(Samuel Hartlib)을 "Master"라고 부르면서 거리를 두는 것과 마찬가지로, 친구 사이에 예의를 갖추면서 거리를 두는 것으로 볼 수 있다. 그러나 마지막 부분에 이르면 가끔 밀턴은 자신이 도움을 청하며 기도하는 신을 향해 "Sir"라고 부르는 것처럼 보일 때도 있다. 그렇다면 『종교개혁론』이 목표로 하는 독자층은 누구이며, 그는 누구에게 무엇을 설득하려고 하는 것일까? 이에 대해 콘즈는 주교제가 참된 기독교 신앙에서는 받아들일 수 없는 전통이며, 수 세기 동안 신자들에게 적대적이었기 때문에 개혁 교회에서도 이를 용납해서는 안 된다는 사상을 밀턴이 전달하기를 원했던 것으로 보고 있다. 그리고 주교제를 근절해야 한다는 열정을 가진 자이거나 보다 온건한 자이거나 간에, 청교도 신앙을 가진 광범위한 대상을 독자층으로 하고 있는 것으로 파악한다(Corns 23).

밀턴에게 성경을 인용하는 것은 정치적인 행위였다. 그는 잉글랜드 교회의 부패에 대해 맹렬히 비판하고 공격하면서 "이와 같이 네가 미지근하여 덥지도 않고 차지도 않으므로 내가 너를 내 입에서 뱉어 내겠다"(요한 계시록 3:16)는 생생한 성서적인 이미지를 취하고 있다. 밀턴은 이 시점에서 논의되고 있는 주교제에 대한 미지근한 타협을 "역겨운 미적지근한 기질"이라고 꼬집으면서 이는 하나님을 구역질나게 한다고 주장한다. 현대의 독자들에게는 낯설지만 당시에는 사악한 이들의 권력과 숙명을 환기시키는 흔한 수사로 이런 메스꺼움이라는 표현을 사용했으며, 엘리자베스 1세도 종교적인 우유부단함에 대해 같은 이미지를 사용한 적이 있다. 밀턴은 소책자 한 편에서 역사와 법과 종교에 대한 총체적인 다시 읽기를 제시하는 아주 드문 독립적인 사상가 중 한 명이다. 주교제에 저항한 밀턴의 출판은 송홍한의 주장처럼 단순히 종교 문제만이 아니라 인간의 자유를 위한 투쟁이며, 종교적 자유를 갈망한 청교도를 위시한 비국교도들의 불만을 대변하는 정치적 행위로, 의회주의적 사상을 예고하는 사상적 기반을 마련하고 있다(281-82). 밀턴은 자신의 수사력을 마음껏 발휘하여 독자들의 삶에 대한 태도를 개혁하기를 원했다. 그는 교회의 개혁은 물론이고, 영국의 교육과 정부의 형태를 바꾸고, 심지어 시문학의 격을 높이는 등 영국의 모든 면을 바꾸려고 계획한 이상주의적 사상가였다.

2) 『주교제에 대하여』

1641년 6월 혹은 7월에 출간된 반주교제 팸플릿 중 가장 간단한 『주교제에 대하여』는 제목(*Of Prelatical Episcopacy, and Whether it may be deduc'd from the Apostolical times by vertue of those Testimonies which are alledg'd to that purpose in some late Treatises: One whereof goes under the Name of Iames Arch-Bishop of Armagh*)이 가장 길다. 제목이 나타내듯이 이 소책자는 북아일랜드 아마(Armagh)의 대주교로 당시 명망이 높았던 제임스 어셔(James Ussher)가, 주교(bishop)는 일반 사제(presbyter)보다 우위에 있으며 주교제의 기원이 초대 교회로부터 시작되었다고 주장하는 글

을 포함한 몇 편의 글에 대한 특별 반박문이다. 24페이지 가량으로 재치가 넘치는『주교제에 대하여』는 권위의 본질, 특별히 말과 텍스트가 갖는 권위의 본질에 대해 탐구한다. 밀턴은 먼저 어셔가 의존하고 있는 교부들의 권위를 무너뜨리는 작업부터 시작한다(송홍한 286). 그는 권위란 오직 성경에서 비롯되는 것이라고 주장하면서, 성경적인 텍스트와 비성경적인 텍스트를 어떻게 판단해야 하는가를 검토한다. 즉 밀턴은『종교개혁론』에서처럼 이 글에서도 성경을 "우리에게 맡겨진 신적인 권위를 지닌 유일한 책"(the onely Book left us of *Divine* authority; *CPW* 1. 625)이라고 말하면서 성경과 인간의 전통을 대비시키고 있다. 콘즈는 그가 이 글에서 독자가 왜 교부들의 증거에 주의를 기울일 필요가 없는지에 대한 청교도의 지침을 제시하고 있다고 말한다(24). 이 팸플릿은 실수뿐만 아니라 권위와 올바른 판단이 어떻게 성경 읽기에서 생겨나는지를 보여 준다.

밀턴은『종교개혁론』에서 그랬듯이 읽기에 대해 정의를 내리면서, "무엇보다도 복음을 우리의 규칙과 신탁"으로 삼고(making first the Gospell our rule, and Oracle; *CPW* 1. 650) 이에 맞지 않는 교부나 다른 사람들의 말은 철저하게 검증해야 한다고 주장한다. 순수한 성경 본문이나 믿을 수 있는 이성적 추론의 인도를 받아 성경을 읽을 때 우리는 "주교와 일반 사제는 아무런 차이가 없다"(no where . . . found any difference betweene a Bishop, and a Presbyter)는 사실을 알게 된다는 것이 밀턴의 생각이다(*CPW* 1. 625). 그는 이 두 단어가 사제를 표현하는 다른 말일 뿐, 그 속에는 계층을 나타내는 의미가 전혀 없다고 말한다. 게다가 밀턴은 주교제를 옹호하는 자들이 근거로 인용하는 초대 교회의 권위 자체를 의심하면서, 초대 교회의 글을 성서와 다름없이 존중하는 것 자체의 문제점을 지적하고 있다(서홍원 166). 밀턴은 참된 텍스트에 기록된 말의 진리는 독자들이 바로 깨달아 알 수 있거나 아니면 오성을 사용해서 텍스트에 담긴 진리를 알아낼 수 있다고 보았다. 그러나 진실성이 없는 텍스트나 "옛 순교의 기록과 전설"(old *Martyrologies*, and *legends*; *CPW* 1. 627) 같은 텍스트에 유혹을 받아 잘 속아 넘어가는 독자들 때문에 문제가 발생할 수는 있다. 이런 경우 오래된 텍스트에 쓰인 말은 성경과 일치하지 않는 방식으로 사용된 것일 가능성이 높다. 밀턴은 텍스트 자체가 불량품이나 위조이거나 신빙성이 없는 전설적인 이야기라면 이를 독자가 어떻게 신뢰하고 받아들일 수 있겠는가라고 묻고 있다(*CPW* 1. 639).

모든 일을 성경의 권위와 확실한 이성적 추론으로 입증하는 과정은 꼭 필요하지만 위험할 수도 있다. 인간적인 권위는 신뢰할 수 없는 것인 반면, 성경적인 권위는 주기적으로 확실한 추론으로 적용할 필요는 있지만 하나님의 말씀이기에 진실로 신뢰할 수 있는 유일한 권위이기도 하다. 휠러도 언급한 바와 같이 『주교제에 대하여』에서 밀턴은 신중한 읽기와 추론의 실례를 통해 위험하면서도 유익한 자료를 연구하는 데 적절한 방법을 스스로 제시함으로써 독자들이 연습하고 따라야 할 모범을 제공하고 있다(270). 또한 독자들에게 진리는 획득 가능한 것이며 모든 비성경적인 권위는 결함이 있을 수 있다는 사실을 상기시킨다. 학문적인 성격을 띠고 있는 이 글은 밀턴의 글 가운데서는 그래도 온건하고 정중한 텍스트에 속하지만 다음에 발표한 팸플릿은 다소 다른 어조를 선보이고 있다.

3)『스멕팀누스를 위한 반박』

밀턴은 세 번째 반주교제 팸플릿에서 그의 관심을 믿을 만한 텍스트에서 믿을 만한 자아로 돌리고 있다. 『스멕팀누스를 위한 반박』(*Animadversions upon The Remonstrants Defence Against Smectymnuus*)은 누가 더 영향력 있는 공적인 페르소나(persona)를 가지고 있는지를 결정하기 위해서 홀 주교에게 도전하는 글이다. 이 팸플릿은 홀의 『겸손한 항의』(*Humble Remonstrance*)에 대한 스멕팀누스의 반박문에 대응하는 글을 1641년 4월에 홀이 발표하자 이에 응수하여 밀턴이 7월경에 발표한 글이다. 풍자문의 전통을 따라 밀턴은 홀의 글 『변호』(*A Defence*)의 단어와 구절, 문장 등을 하나씩 분리해서 홀의 텍스트가 지닌 형태와 진실성을 와해시킨다. 이 소책자에서 밀턴은 결투하듯이 철저하게 논쟁적인 성격을 띠면서 거친 위트를 보여 주는데, 이는 콘즈도 말한 바와 같이 젊은 날 케임브리지 시절에 받은 교육의 영향을 반영하고 있는 것으로 생각된다(25). 영국 국교회처럼 훌륭한 학자를 많이 배출한 교회도 없다는 홀의 주장에 대해 밀턴은 격정에 가득 찬 어조로 "하, 하, 하"(Ha, ha, ha; *CPW* 1. 726)라고 비웃고 조롱함으로써 홀 주교의 위엄을 손상시켜 버린다. 서홍원의 말대로 "명망 있는 학자풍의 주교가 무명의 필자에게 형편없이 당한 것"이다(166).

밀턴은 홀의 생각과 주장을 조목조목 검토하면서, 외적인 권위와 내적인 권위 중 어느 쪽이 더 우월한가에 대한 문제를 제기하며 교회 정치와 행정에 대한 그의 생각에 도전한다. 송홍한의 지적처럼 밀턴은 "이전의 팸플릿에서 보여 준 자제된 논쟁이나 설득이 아니라 야유와 독설을 서슴지 않고 동원하여 홀의 약점을 꼬집으며 집중적으로 공격"한다(287). 그는 마치 전쟁을 하듯이 필봉을 휘두르며 온갖 언어적 공격을 퍼붓는데 "이전의 산문에서 보여 준 학자적 품위는 오간 데 없고 상스러운 욕설과 인신공격성 야유, 욕설, 그리고 풍자를 사용"하고 있다(송홍한 287). 비난조의 인신공격이 가득 차 있는 이 글에서 밀턴은 자신을 열성적인 청교도지만 재치있는 인물로, 홀을 초로의 난봉꾼 내지 거만하면서 점잔 빼는 사람으로 묘사하면서 둘의 개인적인 싸움으로 몰고 간다(Corns 25). 밀턴은 풍자 문학의 전통에 따라 진리가 미사여구에 가려질 경우에는 극단적인 언어를 사용해서라도 그 진리의 참 모습을 밝혀 내야 한다고 생각한 것이다.

이 글이 발표될 당시 불안하게 연합을 유지하고 있던 영국의 청교도 진영은 새로운 문제가 불거져 분열 조짐을 보이기 시작하였다. 스멕팀누스와 같은 장로파들은 모든 영국민을 포용하는 하나의 국가 교회라는 사상에 대해 주교제를 주창하는 자들과 생각을 같이하였으며, 하나로 통일된 신앙과 예배를 강하게 요구해야 한다고 보았다. 그러나 다른 청교도 목사들은 이 신앙과 예배의 일치라는 문제에 대해 생각을 달리했다. 이들은 서로 다른 교회의 성도들은 자신들 나름대로의 예배 형식과 교리를 가질 자유가 있어야 하며, 기독교인 개개인은 각자가 양심적으로 판단해서 자신에게 맞는 예배 형식과 교리를 가진 교단을 선택할 수 있어야 한다고 주장했다. 이처럼 보다 관용주의적인 입장을 가진 이들은 독립교회파(Independency)나 조합파(congregationalism), 혹은 조합교회주의적 독립파(congregational Independency) 등으로 다양하게 불렸다. 그러나 이같이 확실한 청교도 사상에 기초한 중도파들 이외에도 수많은 종파와 분파가 급속도로 생겨나 좋지 않은 평판을 듣기 시작한 것이 이 무렵이다. 이러한 상황에서 1640년에서 1642년 사이에는 주교제를 옹호하는 자들이 장로파에 대해 비난을 퍼부었고, 장로파와 같은 온건한 청교도들은 또 1642년 경부터 독립파나 종파에 대해 관용을 주장하는 자들을 공격하기도 하였다(Corns 28-29).

밀턴은 이 팸플릿에서도 『종교개혁론』에서처럼 표현의 자유의 중요성을 이야기하지만, 그중에서도 특히 성경을 해석하고 기도를 하는 데 있어서 "은총의 빛"(light of grace; *CPW* 1. 702)을 따를 자유에 대해 강조한다(Wheeler 271). 그는 인간에게 필요한 지식을 얻을 수 있는 최선의 도구인 성경을 읽을 때 우리 자신과 영혼에 대한 지식을 얻게 된다고 주장한다(*CPW* 1. 699). 성경은 하나님의 말씀이면서 전적으로 자족적이고 완전하기 때문에 그런 기능을 할 수 있다. 그러나 교부나 고대의 저자들은 훨씬 더 폭넓은 평가와 검증을 거칠 필요가 있다. 이들이 쓴 저술의 권위를 거부하고 성경의 권위에 우위를 부여하는 것은 다른 인간적인 권위에 복종하는 것으로부터 "순전한 마음을 해방시키는 것"(to free ingenuous minds; *CPW* 1. 698)이며, 은총의 빛으로 인도받아 성경을 읽고 스스로 판단을 할 때 독자 개개인에게 그 권위를 부여하는 것을 의미한다. 만약 어떤 사람의 성경해석이 이전의 교부들의 글보다 더 큰 권위를 가질 수 있다면, 한 성직자 개인이 드리는 기도가 전례(典禮, liturgy)의 기도문보다 더 큰 권위를 가질 수 있다는 것이 밀턴의 생각이다. 그는 일정하게 정해져 있는 기도와 전례의 형식은 "거듭해서 반복하여 말하는 무의미한 기도의 웅얼거림"(the vain babble of praying over the same things immediatly againe)에 지나지 않는 반면, 조용히 드리는 기도는 겟세마네 동산에서 예수의 기도처럼 "그 순간의 진실함과 열정으로 불붙은 영혼에서 뿜어져 나오는 슬픈 외침"(patheticall ejaculation rays'd out of the suddain earnestnesse and vigour of the inflam'd soul)이라고 말한다(*CPW* 1. 682). 그러므로 자신이 직접 드리는 기도는 기도하는 사람이 기도할 때 실제로 느끼는 마음과 감정을 표현하는 것이기 때문에 전례의 기도문보다 더 진정성 있는 것이라고 할 수 있다. 반면 예배의식에서 정해진 기도는 기도하는 사람의 의도나 마음의 상태를 반영하지 못할 수 있고 이럴 경우 그 기도는 아무 의미를 가지지 못하고 진정한 예배도 될 수 없다는 것이다. 이런 근거에서 밀턴은 전례문의 언어가 그 자체로 선하다는 홀 주교의 주장과 반론은 헛되다고 반박한다.

예배의 본질은 신도와 설교자가 함께 만들어 가는 협력적인 관계에 있다. 설교자가 자기 내면의 영혼에 목소리를 부여할 때 그는 회중들에게 바로 그 영혼을 전달하는 것이다. 설교자 "개인의 가슴에서 우러나오는 자유로운 목소리"(the free utterances of privat brests)를 들을 때 청중은 "진리라는 귀중한 보석"(the precious gemme of Truth)을 듣게 된다(*CPW* 1. 670).

밀턴은 이때 설교자가 드리는 진실한 기도는 그의 내면에 존재하는 본질에 형태를 부과하면서 자신의 소명을 완수하게 하고, 진정한 의미에서 회중들을 목회(ministering)할 수 있도록 해 준다고 주장한다.

이 『스멕팀누스를 위한 반박』에서 밀턴은 그의 "왕국이 가까이 와 있는"(kingdome is now at hand; *CPW* 1. 707) 그리스도와 놀라운 하늘의 광채에 열렬한 기도를 드리기 위해서 앞서 『종교개혁론』에서의 날카롭던 산문의 "거친 말투"(rougher accent; *CPW* 1. 662)를 바꾸고 있다. 이에 대해 로웬스타인은 열정과 기교가 서로를 강화하고 있다고 적절하게 평가하였다(Revolution 89). 이 팸플릿에서 밀턴은 묵시록적인 그리스도에게 "수 세대에 이어질 아름다운 노래"(an elaborate Song to Generations; *CPW* 1. 706) 부르기를 갈망한다.

4) 『교회치리론』

1 1640년대를 전후해서 영국은 영국 국교회와 청교도주의, 왕당파와 의회파, 그리고 부상하는 중산층 계급과 쇠퇴하기 시작한 귀족 계급 사이에 사회적으로나 이데올로기적으로 큰 갈등을 겪고 있었다. 이러한 갈등을 일으킨 문제 가운데 하나가 주교제와 전례(liturgy)에 대한 것이었다. 1637년에 찰스 1세는 로드 대주교를 앞세워 스코틀랜드 교회에 『성공회 기도서』(*Book of Common Prayer*)를 종교적 행위의 절대적 권위로 받아들이고 강제로 채택하게 하였다(Fallon 8). 이렇게 함으로써 장로를 중심으로 한 스코틀랜드 교회의 조직과 행정을 주교 중심으로 바꾸어 스코틀랜드 장로교파의 세력을 꺾고 교회 권력을 강화하려고 시도했다. 가톨릭에서와 같은 절대적인 의식보다는 말씀을 중시하며 보다 자유로운 형식의 예배를 허용하는 자신들의 『공동전례집』(*Book of Common Order*) 대신 『성공회 기도서』가 예배에 등장하자 스코틀랜드의 장로교인들은 이에 반발하

여 폭동을 일으켰다. 주교들이 로드의 명령에 따라 새로운 의식을 도입하자 장로교를 믿었던 스코틀랜드인들은 군주가 백성의 삶을 간섭하면 이를 거부할 수 있다며 장로파 교회에 충성을 다하겠다는 '국민맹약'(National Covenant)에 서명하고 주교제를 폐지하기로 결정하게 된다. 그러자 찰스는 잉글랜드 군대를 소집해 1639년 국경으로 진입하였는데, 이 전쟁이 바로 주교전쟁(Bishops' Wars)이다.

예일판 서문에서 랄프 호그(Ralph Haug)는 『교회치리론』을 "밀턴이 1641년에서 1642년 사이에 쓴 다섯 편의 팸플릿 가운데서 후대에 가장 기억될 작품"(*CPW* 1. 736)이라고 평하고 있다. 밀턴이 이후의 시와 산문에 자기 이름을 표시하는 것에 대단한 자부심을 느꼈다는 점을 고려하면, 이 책의 타이틀 페이지에 "Mr. 존 밀턴"(Mr. John Milton)이라고 처음으로 이름을 넣었다는 사실은 중요한 의미를 지닌다. 그리고 자신의 이름을 밝힌다는 것은 휠러가 말한 바와 같이 진리의 추구와 밀접한 관련이 있으며(272), 밀턴은 이 팸플릿의 2부에서 다른 사람들과 소통하면서 진리를 추구하는 과정 속에서 조국의 위대한 시인이자 자랑거리가 되겠다는 자신의 포부를 공적으로 표명한 것이다.

이 팸플릿을 출판하게 된 직접적인 계기는 어셔 대주교와 앤드루스(Lancelot Andrewes), 후커(Richard Hooker)같이 영국 국교회를 지지하는 자들이 주교제를 옹호하며 쓴 『고대와 현대의 교회 행정에 대해 여러 학식 있는 이들이 쓴 간략한 논문』(*Certain Briefe Treatises, Written by Diverse Learned Men, Concerning the Ancient and Moderne Government of the Church*, 1641)에서 그들이 밀턴을 향해 개인적인 공격을 한 것과 관련이 있다. 그러나 『교회치리론』은 사적인 공격을 강하게 가하는 『스멕팀누스를 위한 반박』과 『스멕팀누스를 위한 변호』 같은 밀턴의 다른 책들에 비해 보다 온건한 수사법을 구사하고 있다. 비록 성경의 인유와 은유, 알레고리로 시적이고 복잡한 구문에 약간의 독설을 가미하여 생기에 넘치기는 하지만, 전반적으로 『교회치리론』은 르왈스키(Barbara Lewalski)가 말한 바와 같이 이성에 기초한 합리적인 주장으로 "온건한 담론"(well-temper'd discourse; *CPW* 1. 746)을 펼치고 있다(141).

주교 혹은 고위 성직자를 공격하는 것이 주목적인 이 팸플릿의 제목에서 "Reason"이라는 단어는 다양하고 복잡한 의미를 지니고 있는데, 프랑스어의 "raison d'être"(존재 이유)나 "raison d'état"(국가 이성)라고 할 때의 "raison"과 비슷한 뜻이라고 할 수 있다. 이는 또한 판단(reckoning) 혹은 근거(account)를 의미하는 라틴어 "ratio"의 번역이기도 하다. 현대적 의미로 번역하면 "교회 행정의 존재 이유"(The Rationale of Chruch-government)나 "교회 행정의 합리적 근거"(The Reasoning behind Church-government) 정도가 될 것이다(Flannagan 902). 여기서 밀턴이 사용한 "고위 성직자"(prelate)라는 단어는 주교(bishop)나 대주교(archbishop), 혹은 총대주교(patriarch) 등 교회의 높은 성직에 있는 사람 모두를 지칭하는 용어였다. 이 단어는 밀턴이 "주교"나 "대주교"라는 단어 사용을 피하면서 로드 대주교 같은 권력 있는 누군가를 공격할 수 있게 해 주는 장치였다.

당시 로드의 세속적인 권력은 일반 시민에게는 무시무시하고 강력한 것이었다. 밀턴의 친구인 알렉산더 질(Alexander Gil)은 제임스 왕이 총애한 버킹엄(Buckingham)의 암살자를 칭송했다는 이유로 1628년에 로드에게 기소되어 2년간 투옥된 바 있었다. 밀턴은 이와 같은 위험을 감수하고 싶지 않았을 것이며, 종교적으로 영국 국교에 반대하였다가 당시 흔히 그랬듯이 귀나 코가 잘리고 싶지 않았을 것이다. 그렇지만 밀턴이 염두에 둔 독자는 로드 대주교가 아니라 의회이며, 그것도 상원과 하원 모두를 대상으로 하고 있다. 밀턴의 입장은 급진적이었는데, 그는 교회의 행정을 담당하는 성직자를 왕이 임명한 자들이 아니라 교인들이 선출한 자들로 제한하고자 했다. 그가 비록 이 팸플릿에서 군주제를 반대하는 입장을 취하고 있지는 않지만, 주교 뒤에 왕의 권력이 있다는 사실은 분명하다. 1640년대에 고위 성직자에 대해 공격을 퍼붓던 당시 밀턴은 이미 직접적이든 간접적이든 군주제에 대해 의문을 품고 있었을 것이며, 이는 포괄적인 의미에서 보면 왕에 대한 공격이라고 할 수 있다. 어쨌든 밀턴은 나라를 분열시켰다는 이유로 고위 성직자들을 싸잡아 비난했다.

주교들의 권력과 교회의 계급질서를 반대하는 것을 목표로 하여 복잡하고 자극적인 논쟁을 펼친 『교회치리론』은 "공적인 종교적 논쟁과 개인적인 소명에 대한 증언을 함께 엮어서"(Loewenstein, Revolution 90) 쓰고 있다. 이전의 반주교적인 글들처럼 이 글은 아주 열렬하게 로드 주교에 대해 반박한다. 로드는 하나님에 대한 외적인 경배는 통일성과 품위를 갖추어야 하며 거룩한 아름다움을 지녀야 한다고 강조한다. 이에 반해 밀턴은 "하나님께서 물질로 지어진 성전의 기둥, 둥근 천장, 그리고 문들을 측량하면서 큰 기쁨을 느꼈던가? 곧 없어질 대야와 제단, 그리고 희생에 하나님께서 그토록 정확하고 신중했을까?"(Did God take such delight in measuring out the pillars, arches, and doores of a materiall Temple, was he so punctuall and circumspect in lavers, altars, and sacrifices soone after to be abrogated; *CPW* 1. 757)라고 묻는다. 밀턴은 주교제가 분파를 막기 위해서 허락된 방편으로 오랜 시간에 걸쳐 발전해 온 제도라는 주교들의 주장을 반박하며, 의식주의와 성례를 중시하는 예배는 단지 종교적인 분파만을 가져왔다고 주장한다. 주교제는 영국의 프로테스탄트들을 해외의 개혁교회로부터 분리시켰을 뿐만 아니라 많은 분열과 망명자들을 양산했기 때문에 "주교제는 그 자체가 가장 개혁된 교회로부터 생겨난 하나의 분파이다"(Prelaty is a schisme itself from the most reformed; *CPW* 1. 791)라고 혹평하며 결론을 내린다.

밀턴은 대신에 고린도 전서 3장 16절의 구절처럼 성령이 거주하는 내적인 성전(inner temple)을, 더 나아가 말씀과 성령의 권위에서 생겨나는 자기 절제와 훈련 위에 세워진 교회를 강조한다. 밀턴은 눈에 보이는 계급적인 구조를 가진 교회에 대해서 거의 언급하지 않는다. 그에게 장로교 형태의 교회 행정과 정치는 개인적인 경건보다 덜 중요하다. 그는 참된 훈련은 "진절머리 나는"(cloy'd; *CPW* 1. 752) 반복이나 의식의 준수 등을 조장하거나 권하지 않는다고 하면서, "우리의 행복은 영광과 기쁨의 천 가지나 되는 행로로 운행할 것이다"(our happinesse may orbe it selfe into a thousand vagancies of glory and delight; *CPW* 1. 752)라고 주장한다. '궤도를 운행하다'라는 의미의 "orbe"와 함께 사용된 "vagancies"라는 단어는 원래 '행성이 궤도를 이탈하다'라는 뜻인데, 교회 안에서의 유랑이나 배회, 혹은 이탈이나 기행과 같은 분파를 의미한다. 밀턴의 이처럼 정교한 천문학적 비유와 언어는 로웬스타인(David Loewenstein)이 지적한 바와 같이 앞으로 있을 가장 논쟁적인 사안인 분파주의에 대한 도발적인 옹호를 예고하는 것이기도 하다(Revolution 90).

밀턴은 고위 성직자가 외면적인 권위를 앞세우고 예배 의식이나 아이콘, 예복 따위에 중요성을 부여하면서, 순수하게 도덕적이고 영적인 문제에 신경을 쓰기보다는 세속적인 권세에 집착한다는 점에서, 주교제는 기독교 정신과 거리가 멀다고 주장한다. 그는 주교와 같은 성직자들이 세속적인 권력이나 탐하면서 진정한 성직자의 본분을 망각하고 있다고 보았기에 정치와 종교는 반드시 분리되어야 한다고 확신했으며, 평생 이러한 믿음과 소신을 한 번도 굽힌 적이 없다. 그는 『교회치리론』을 마무리하면서 주교가 종교나 정부에 대해서뿐만 아니라 왕과 의회와 백성, 그리고 법이나 자유, 부, 심지어는 배움에 대해서도 "악의에 찬, 적대적이며 파괴적인"(malignant, hostile, destructive; *CPW* 1. 861) 존재라고 단정 짓는다. 그러면서 그 대안으로 장로파, 좀 더 엄밀히 말하면 독립교회파에 가까운 신약 교회의 행정과 조직을 제시한다. 밀턴은 주교들, 특히 탐욕스럽고 거만하고 과시적인 삶을 살며 이치에 맞는 모든 것에 대해서는 반대하면서 자신들의 관습을 지키려고 옛것에 집착하는 주교들이 교회를 다스리게 해서는 안 된다고 생각했다. 그는 이들이 거만하다고 말할 때 "lordly"라는 단어를 사용하고 있는데, 이 단어와 성부 하나님을 의미하는 "Lord" 사이의 차이는 상당히 교훈적이다. 밀턴은 오늘날 교회 신도들의 리더를 지칭하는 목사(minister)라는 단어의 원래 뜻이 종(servant)이라는 사실을 지적하면서, 이들이 세속적인 권력에 대한 과시적인 거만을 행사할 것이 아니라 교회의 종으로서 진실한 역할을 수행해야 된다고 생각했다(Flannagan 902).

『교회치리론』은 주교제에 반대하는 주장을 폭넓게 펴면서 성경에 규정된 교회 행정 조직의 모델로 장로교회를 든다. 송홍한도 주교제에 비해 "개인의 판단능력과 자유를 허용하며 상대적으로 민주적이고 자유로운 장로교를 신약성서의 복음이 제시하는 민주정신에 입각한 교회정치 체제로 파악"(296)한 것이라고 주장한다. 그러나 밀턴이 이야기하는 교회 조직은 엄밀히 말하면 장로교회라기보다는 "복음의 정신과 이성(reason)의 개념, 그리고 훈육(discipline)의 특성과 성직자와 평신도의 평등에 기초한 이상적인 것"(Lewalski 146)이라고 할 수 있다. 2부 2장의 "고위성직제도의 의식적인 교리는 이성과 복음의 목적에 반하는 것이다"(That the ceremonius doctrin of Prelaty opposeth the reason and end of the Gospel)라는 제목에서 "reason"은 인간의 이성보다는 성경적 근거와 권위를 뜻하며, 정신이나 목적과 거의 같은 의미로 사용되고 있다. 밀턴은 고위 성직자를 교회의 폭군이며 이들의 의식은 세속적이고 타락했다고 생각했으므로, 이들이 재판권을 행사하고 십일조를 징수하며 형벌과 고문을 가하는 등 세속적인 권력을 행사하는 것을 강하게 비판했다(*CPW* 1. 848-49). 세상의 치안판

사는 외적인 악만 처벌하여 공화국의 외적인 평화와 안녕을 유지하는 반면, 교회는 인간의 내면에 대한 영적인 권력만 가진다. 밀턴은 성경에 근거하여 모든 하나님의 백성은 "왕 같은 제사장"(a royall Priesthood; *CPW* 1. 844)이기 때문에 교회 행정은 모든 크리스천에게 자유롭고 개방되어야 한다고 주장한다. 결론적으로 주교제는 복음의 "완전한 자유"(perfect freedom)를 누리는 대신 "완전한 노예 상태"(perfect slavery)를 초래했다며(*CPW* 1. 854), 주교제를 중세 로망스에 등장하는 용으로 비유하면서 그 해결책은 성 조지(St. George)가 용(dragon)을 죽였듯이 '루트 앤 브랜치 청원'을 받아들여 주교제를 없애는 방법밖에 없다고 말한다(*CPW* 1. 857). 이어서 밀턴은 성서의 알레고리를 동원해 왕을 삼손(Samson)에 비유하면서, 강력한 힘을 지닌 삼손처럼 왕이 델릴라(Delilah)와 같은 주교들을 몰아내 줄 것을 희망하며 글을 마무리 짓고 있다(*CPW* 1. 858-59).

2 근대 초기에 관용은 종교적 자유를 일컫는 말이라기보다는 허용이나 인내의 개념에 좀 더 가까웠다. 16세기나 17세기만 해도 영국은 프로테스탄트들이 말하고 글 쓰고 출판할 자유를 누리는 프랑스나 폴란드에 비해 관용주의 정책이나 시행에 뒤져 있었다(Achinstein and Sauer 10). 영국에서는 종교개혁을 전후한 시기까지도 영국 국교회와 믿음을 달리하는 종교와 예배 행위를 탄압하였다. 1640년대에는 이단이 극적으로 확산되고 있어서 당시의 주류 인사들 사이에서는 종교적 관용이 질서 있고 통일된 경건한 국가의 통일체를 위협할 수 있는, 생각할 수도 없고 허용할 수도 없는 것으로 간주되었다(Lowenstein, Toleration 45). 찰스 1세 때 로드 대주교의 부상으로 격화되었던 국가가 종교에 권력을 행사하는 데 대한 불만은 영국 내전이 끝나갈 무렵 의회가 『성공회 기도서』의 사용을 금하고, 주교의 직이 폐지되고, 국왕의 처형을 준비하는 것으로 마무리된다. 내전과

공위기간 동안 관용에 대한 많은 논쟁이 일어났으며 호국경인 크롬웰도 종교적 관용을 지지했다. 그러나 왕정복고가 되면서 비국교도, 그 가운데서도 특히 청교도를 박해하는 종교적 박해가 다시 시작되었다. 그러다가 명예혁명 후 1689년 관용령(Act of Toleration)이 제정되면서, 비록 법에 의한 정치적이고 사회적인 속박은 여전히 존재했지만, 프로테스탄트 비국교도들을 처형하는 것이 금해졌다. 그러나 가톨릭과 유대교는 이 범위에 들지 못했으며, 프로테스탄트 교회를 넘어서까지 관용이 허용된 것은 19세기에 이르러서이다.

관용은 계몽주의 시대의 중요한 문제 가운데 하나였는데, 밀턴의 글은 관용의 역사에 대해서뿐만 아니라 문학과 역사의 관련성에 대한 우리의 이해를 넓히는 데 도움을 준다. 밀턴은 이혼 소논문과 『아레오파기티카』(*Areopagitica*)에서 신학적 논쟁을 펼치면서 관용을 주창했고, 『국왕과 관료들의 재직조건』(*The Tenure of Kings and Magistrates*)에서 장로파의 편협과 불관용을 공격했으며, 『영국민을 위한 변호』(*A Defence of the People of England*)에서 국민의 자유를 주장했다. 그는 심지어 왕정복고가 임박하여 국가교회(national church)가 다시 세워질 즈음에 『세속 권력론』(*A Treatise of Civil Power*)과 『고용 성직자 퇴출 방안』(*Considerations Touching the Likeliest Means to Remove Hirelings out of the Church*)을 통해 보다 포괄적인 정치 문화를 성취하는 수단으로 국교의 폐지를 촉구했다. 그의 신학 논문 『기독교 교리』(*De Doctrina Christiana*)의 서문은 정통이 아닌 기독교 분파와 그들의 입장에 대해 관용을 호소하는 글이다. 나아가 왕정복고 시기에도 분파에 반대하는 풍조에 대항하여 개인의 양심의 자유를 옹호한 밀턴은 오랫동안 관용을 주창한 영웅으로 취급 받아 왔다. 그러나 그가 관용적이지 못다는 평가도 있다. 왜냐하면 밀턴은 크롬웰이 아일랜드의 로마 가톨릭 교도들을 정복하는 정책을 옹호했으며, 로마 교회가 폭정을 자행한 데 대해 비난하면서 종교적인 관용의 대상에서 가톨릭을 배제하였기 때문이다. 로마 가톨릭에 대해서는 종교적 관용을 허락할 수 없다는 밀턴의 생각은 그의 마지막 팸플릿인 『참된 종교에 대하여』(*Of True Religion*)에서까지 그대로 유지되고 있다.

밀턴 당시 로드 대주교와 그를 추종하는 왕당파들은 영국 국교의 예배 의식과 주교제가 신이 제정한 것이며, "주교가 없으면 왕도 없다"(No Bishop, no King)라며 주교의 세속적인 업무와 권력이 왕을 절대적으로 돕는다는 주장을 폈다. 그러나 개혁파 청교도들은 『성공회 기도서』에 담긴 가톨릭적인 예배 의식을 없애고 주교제를 폐지하려고 했다. 주교제에 반대하는 자들은 주교를 가톨릭과 우상 숭배, 양심에 대한 탄압, 왕에게 나쁜 조언을 하는 것, 그리고 생활양식과 예배의식 면에서 지나치게 호화롭고 사치스러운 스타일 등과 같은 의미로 생각했다(Lewalski 127–28). 그리하여 조합교회파나 독립교회파를 비롯한 독립된 분파들은 왕이 지명하는 주교에 의해 움직이는 국가교회가 아니라 개개인의 성도들이 자유롭게 모인 교회를 원했다. 수십 년 전에 많은 사람들이 종교의 자유를 찾아 네덜란드나 뉴잉글랜드로 망명을 떠났으나, 이제 남은 자들도 점점 세력이 강해져서 종교적 관용을 강력히 요구하기 시작했다.

밀턴은 이전에도 분파(sects) 문제에 대해 언급한 적 있지만 주된 관심사는 아니었다. 콘즈는 이와 관련된 "분파"(sect[s])나 "분리파 신도"(sectaries), "종파"(schism[s]), "종파 분리주의자"(schismatic[s]) 등의 단어가 앞서의 세 팸플릿에서는 겨우 6번 나오는 데 반해 『교회치리론』에는 70번이나 등장한다는 사실에 주목하면서, 밀턴이 거의 신경과민에 가까울 정도로 이 문제에 천착하고 있음을 지적한다(30). 그는 주교제가 분파와 이단의 난립으로부터 교회를 지켜 주는 보루라는 주장에 대해 분파는 주된 문제가 아니라고 반박한다. 이 글에서 밀턴은 외국의 개신교 교회들이 종교개혁을 할 때 주교나 고위 성직자들이 이러한 움직임으로부터 멀리 벗어나 있기 때문에 이들이야말로 종파 분리주의자라고 주장한다. 반면 종파의 분립을 조장한다고 비난 받는 분파들이야말로 과거 개혁가의 전통을 계속 이어 가고 있다며 옹호한다. 즉 지금의 분파주의자들처럼 "초기 기독교도들은 그 당시에 지금의 패밀리스트(Familist)와 나체주의자(Adamite)[5]와 같이, 혹은 그보다 더 못한 사람들로 여겨졌다"(the Primitive Christians in their times were accounted such as are now call'd Familists and Adamites, or worse; *CPW* 1. 788)는 것이다. 그렇다면 분파는 종교적인 건강함의 표시이며, 또한 진리를 추구하는 데 왜 지적인 자유가 필요한지를 보여 주는 이유라고 밀턴은 주장한다.

사실, 고위 성직자들은 "현재 교회의 삐뚤어짐"(the present deformity of the Church; *CPW* 1. 794)을 변화시키려는 밀턴과 함께 개혁적인 생각을 가진 사람들의 용기를 꺾기를 희망하면서 종교적인 분파와 분리에 대한 두려움을 부채질하였다. 뿐만 아니라 장로교도들과 같이 당시 주류였던 성직자들은 열성적인 개신교의 분열과 그 급진적인 징후들에 대해 점점 더 불안감을 느끼고 있었다. 실제로 수 년 내로 엄청난 수의 분파와 인기를 끄는 이단들이 나타났으며, 왕과 관료들 사이에 이혼을 부추기는 자라는 딱지가 붙은 밀턴은 늘 그들 가운데 한 명으로 언급되었다. 밀턴은 『교회치리론』에서 "만일 우리가 무너지면 마치 하드리아누스의 성벽[6]

5 보헤미아와 네덜란드의 종교적 분파의 이름. 패밀리스트는 16-17세기 유럽에 있었던 신비주의적 기독교의 한 파인 the Family of Love(사랑의 벗, 사랑의 가족)의 교도로서 타락 이전의 순수한 상태를 회복할 것을 주장하며 재산도 서로 공유했다. 나체주의자는 성인에게만 침례를 베풀었는데 정결함의 표시로 나체로 의식을 행했으므로 그렇게 불렸다.(The Adamites, or Adamians, were adherents of an Early Christian sect (later considered heretical by the mainstream Church) that flourished in North Africa in the 2nd, 3rd and 4th centuries, but knew later revivals.)

이 무너지는 것처럼 분파의 홍수가 밀려들 것이라고 당신들은 말한다. 무슨 분파? 그들의 사상은 어떤 것인가? 우리에게 그 목록을 달라"(If we go downe, say you, as if *Adrians* wall were broke, a flood of sects will rush in. What sects? What are their opinions? give us the Inventory; *CPW* 1. 786-87)면서 이와 같은 두려움을 누그러뜨리려고 시도한다. 그러나 이러한 대응은 결과적으로 주류 측의 걱정과 염려를 없애는 데는 거의 실패한다. 밀턴의 일관된 생각은 "분파의 오합지졸들이 밀려온다"(a rabble of Sects will come in) 해도 "마음을 같이하는 선량한 수많은 프로테스탄트들이 지금은 당신들 때문에 분리되어 있는 교회에 가입할 것"(but a unanimous multitude of good Protestants will then joyne to the Church, which now because of you stand separated; *CPW* 1. 787-88)이기에 문제될 것이 없다는 것이다. 이는 몇 년 후 밀턴이 분파주의와 혁명을 활기차게 옹호할 것을 예견하는 부분이며, 그가 이 문제에 대하여 장로파들과 깊은 의견의 차이를 가지고 있음을 보여 준다. 로웬스타인은 "마음을 같이하는 다수"라는 구절을 종교적 진리는 하나이면서 다수일 수 있다는 밀턴의 생각을 반영하는 것으로 해석한다(Toleration 64).

밀턴은 1부(Book 1)를 마무리 짓는 7장(*CPW* 1. 794-800)에서 분파나 종파가 종교개혁에 방해가 되기보다는 오히려 이를 촉진시킨다는 점을 역설한다. 그는 주교를 위시한 고위 성직자들이 여기저기서 생겨나는 분파가 초래할 위험성을 지나치게 과장함으로써 그 소문을 들은 국민들이 주교제를 받아들이도록 압력을 가하는 것으로 본다. 초대교회 때 사도들도 교리를 비롯한 여러 가지 문제에 대해 회의하고 논의했던 것처럼, 분파주

6 로마 황제 하드리아누스(76-138)가 122년경에 영국을 다스릴 때 북방의 침략을 막기 위해 세운 방어벽. 군사적 목적과 더불어 세금 징수의 목적도 있었다고 한다. 당시 영국인들은 이교와 분파가 온다면 북쪽으로부터 온다고 생각하였다.

의자들의 주장도 진리를 창조하는 데 필요한 언어적 교류와 열정적인 논의를 불러일으키는 순기능을 한다고 밀턴은 보았다(*CPW* 1. 795). 자연계의 원소도 서로 상반되는 것들이 충돌할 때 본질에 어떤 변화가 일어나듯이, 비록 종파나 분파가 교계를 혼란스럽게 하는 것 같지만 이는 "종교개혁의 탄생에 앞서 오는 산고"(the throws and pangs that go before the birth of reformation; *CPW* 1. 795)일 뿐이라는 것이다. 그리고 만약 종교개혁을 목표라고 한다면 종파들 간의 논쟁과 언어적인 교류는 그 수단이라고 할 수 있기에, 밀턴은 "진실과 거짓의 열띤 조우"(the fierce enounter of truth and falshood; *CPW* 1. 796) 가운데 진리가 승리한 모습으로 나타날 것이며 교회의 개혁도 이루어질 것이라고 자신감 있게 주장한다. 진리가 지배하고 종교개혁이 완전히 이루어질 때 "많은 어리석은 실수와 광신적인 사상"(many fond errors and fanatick opinions; *CPW* 1. 796)은 우리의 믿음을 방해하거나 중단시키는 것이 아니라 지식을 단련시켜 줄 뿐이고, 그 과정에서 손쉽게 제거되고 말 것이기 때문이다. 그러나 종교적인 논쟁 그 자체가 절대선(positive good)이라며 『아레오파기티카』를 예견하게 하는 이러한 주장은 주교들뿐만 아니라 장로파들도 쉽게 받아들이기 힘들었을 것이다. 그럼에도 불구하고 밀턴은 사후에 자유주의자들 가운데 높은 명성을 누렸고, 18세기에 큰 영향을 끼친 유일한 급진적 청교도 관용주의자였으며, 오늘날 자유주의를 대변하는 인물로 평가되기도 한다.

3 이 글의 1부를 끝내면서 밀턴은 자신이 다루고 있는 주제에 싫증이 난 듯 지금까지 하던 이야기에서 벗어나 자신이 받은 교육과 인생의 선택, 야망과 계획, 그리고 정치적인 산문을 쓸 때 느끼는 불안감, 그의 시학과 예언자와 시인으로서의 소명감 등 자신에 대한 이야기를 시작한다. 주교제에 반대한 밀턴의 주장은 전문가들의 관심을 끌지만, 이 소책자는 2부에

실린 서문의 대부분을 차지하는 자전적인 내용 때문에 많이 읽히고 있다. 밀턴이 겪은 직업적·개인적인 위기는 혁명기의 종교적·정치적 위기와 서로 연관되어 있다. 그는 자신을 슬픈 예언자 예레미야와 비교하는 동시에, 격동기에 기존의 것들과 충돌하는 불협화음을 촉발시켜야 하는 예언적이고 열성적 작가의 부담을 얘기하면서, 예리하지만 말을 아껴야 하는 열정적인 그의 글의 성격을 정당화한다. 그럼에도 불구하고 그는 또한 부담이 되는 예언적인 직업과 이따금씩 논쟁의 "거친 논박"(hoars disputes; *CPW* 1. 821)에 참여하기 위해서 "즐거운 학문의 고요하고 정숙한 분위기"(the quiet and still air of delightfull studies; *CPW* 1. 821-22)를 포함하여 "조용하고 유쾌한 고독"(a calme and pleasing solitarynes; *CPW* 1. 821)을 깨뜨려야 한다는 사실에 대해 우려한다.

그러면 2부 시작 부분의 주제에서 벗어난 내용이 교회의 행정과 정치와 무슨 관련이 있을까? 사실은 별 관련이 없다. 그러나 밀턴의 산문에서 시인의 모습을 발견하기를 원하는 현대의 독자들에게는 팸플릿의 이 지점에서 일어나는 스타일의 변화는 극적으로 보일 것이다. 열정적으로 느껴지는 이미지와 함께 이 글은 생생하게 살아서 다가오는 듯하다. 비난은 우스꽝스럽게 들리고, 각각의 이미지는 깊은 암시로 확장되면서 시적 특성을 지니며, 새롭게 만들어 낸 신조어가 늘어난다. 2부의 서문에 담긴 자전적인 내용은 밀턴 자신의 경력에서 놀랄 만큼 일관된 계획을 보여 준다. 그것은 바로 하나님과 자신의 조국에 영광을 돌리기 위해 고상한 형태의 시를 모국어로 쓰고자 하는 시적 야망이다. 밀턴은 자신이 비록 저명하고 학식 있는 인물을 상대로 논쟁을 벌이기에는 나이가 젊다 하더라도 나이에 비해 폭넓은 학문적 깊이로 이를 극복하기를 원했으며, 자신의 주장에 공감할 "지적이고 공정한 청중"(the intelligent and equal auditor; *CPW* 1. 806)과 자신의 계획을 이해할 만한 "고상하고 학식 있는 독자"(the elegant

& learned reader; *CPW* 1. 807)를 만나고 싶어 했다.

이처럼 2부는 비록 교회의 체제와 개혁이라는 주제와 아무 관련이 없어 보이기는 하지만, 양심적이면서 젊은 시인 밀턴이 "하나님이 지금 나에게 빌려준 약간의 재능"(those few talents which God at that present had lent me; *CPW* 1. 804)을 자신이 믿는 대의(cause)를 위해 바치려는 개인적인 각오를 밝히는 등 전기적인 일탈(digression)이라고 할 수 있는 내용을 상당 부분 다루고 있다. 그는 홀이나 어셔, 앤드루스와 같이 영국 교회의 "높은 지명도를 가진 사람들"(with men of high estimation)과 논쟁을 할 때, 자신의 "젊은 나이"(green years; *CPW* 1. 806)와 자신이 상대적으로 무명에 불과하다는 사실에 대해 아주 민감하며 무거운 책임감과 부담감을 느꼈다. 그는 애송이 학자인 자신이 "상상의 높은 곳에서 날아오르는 시인"(a Poet soaring in the high region of his fancies; *CPW* 1. 808)이 되려는 포부를 접고, 교회 개혁이라는 종교적인 대의 앞에 침묵을 깨고 산문을 써서 밝혀야만 하는 안타까운 심정을 "왼손으로 하는"(of my left hand) "다른 일"(another task; *CPW* 1. 808)을 하고 있다고 토로한다.

앞서 1부에서 분파에 대해 확신에 찬 열띤 어조로 변호를 했던 밀턴은, 이 팸플릿의 2부에서 그것이 자기 자신에 대한 이야기가 될 때는 확신이 덜한 어조로 글을 쓰고 있다. 그는 자신이 공적인 삶에 들어서는 것을 위기에 반응하는 행위라고 여겼으며, 자신이 하는 일에 따라 사람들은 그가 어떤 인물인지 인식하게 될 것이라고 생각했다. 그가 진정 표현의 자유를 "보물"(treasure; *CPW* 1. 804)로 여기고 하나님과 교회의 대의를 옹호할 필요가 있다고 믿으면서도 논쟁에 참여하기를 게을리한다면 그 자신은 진실성이 없고 무가치한 존재로 전락하는 것이다. 하지만 이러한 논쟁에 참여하는 것은 그로 하여금 "내가 아직 내 개인적인 학문의 완성을 이루었다고 생각되지 않는 때에"(when I have neither yet compleated to my minde the full circle of my private studies; *CPW* 1. 807) 너무 때 이르게 글을 씀으로써 자신이 공언한 삶의 목표에 방해가 된다고 생각하게 했다.

자신의 양분된 충동 가운데 고민하면서, 밀턴은 "하나님과 그분의 교회의 대의가 변호되어야 하는 절박한 때"(when the cause of God and his Church was to be pleaded)에는 자신의 시를 "헛된 일"(vain subject; *CPW* 1. 805)[7]이라고 평가 절하한다. 또한 그의 "왼손"의 산물인 산문 글들을 선견지명과 고귀한 자부심을 지닌 시인의 시보다 상상력이 결핍된 세속적인 것으로 평가한다. 하지만 사실 논쟁가인 밀턴은 『스멕팀누스를 위한 변호』의 훌륭한 구절에서 열정(Zeal)의 불같은 마차를 상상하면서 자주 오른손에 펜을 들고 있다. 이처럼 열정적이고 시적인 산문을 많이 썼음에도 불구하고 그는 상상의 높은 세계를 날아오르는 시인이 아니라 저급한 산문의 세계에 머물러야만 하는 자신의 처지를 한탄한다. 그러면서 밀턴은 지금은 적절한 시기가 아니지만 서사시라는 야심 찬 형식을 염두에 두고 "그대로 사라지도록 할 수 없기 때문에 후에 쓰일 뭔가를 남겨 두고자"(leave something so written to aftertimes, as they should not willingly let it die; *CPW* 1. 810) 하는 자신의 열망을 드러내는 세세하고 정교한 문학적인 자서전을 쓰고 있다.

일반적으로 학자들은 『교회치리론』에 나오는 자서전적인 내용을 밀턴이 시인으로서 자신의 소명을 처음으로 밝힌 부분으로 간주한다. 그는 시와 설교를 광범위하게 비교 설명하면서, 이 둘은 모두 공적 소명으로 오직 소수에게만 허락하는 "하나님의 영감 어린 선물"(the inspired guift of God; *CPW* 1. 816)이라며 자신의 이야기를 풀어 나간다. 시와 설교는 또한 "영

7 이 당시 밀턴은 라틴 시와 짧은 시와 가면극만 썼으며 그중 다섯 편만 출판했는데, 그것조차도 이름을 밝히지 않았으므로 그를 시인으로 아는 독자는 극소수에 불과했다. 그래서 그의 시를 낮게 평가하고 있을 대부분의 독자들에게 동정을 구하기 위한 시도로 보인다.

광스럽고 고귀한 찬양으로 전능하신 하나님의 보좌와 그를 둘러싼 무리들과 그분이 하신 일을 찬양하는"(celebrate in glorious and lofty Hymns the throne and equipage of Gods Almightinesse, and what he works; *CPW* 1. 817) 것이다. 이 둘 다 밀턴이 일찍이 선택한 길인데 공적인 논쟁이라는 "긴급한 이유"(urgent reason; *CPW* 1. 820)로 말미암아 방해받게 되었다. "왼손으로 하는" 일인 논쟁에 빠져들게 된 밀턴은 자신의 이야기가 계속될 것인지, 아니면 종교개혁의 도중에 그 형태를 바꾸게 될 것인지 그 자신도 알지 못한다. 휠러의 말처럼 진리의 승리를 확신한 밀턴이지만 그 자신의 미래에 대해서는 그만큼 확신하지 못하고 있는 것이다(Wheeler 273).

밀턴은 호메로스나 베르길리우스, 소포클레스, 핀다로스 등과 겨루려는 자신의 야망에 대해 말하면서, 모국어인 영어로 프로테스탄트 크리스천에게 알맞은 주제를 다루는 데 자신의 재능과 열정을 쏟아부음으로써 신과 조국을 영광스럽게 하는 시를 쓰겠다는 대단한 계획을 밝힌다. 아마 저명한 교계의 지도자들을 상대하면서 그들에 비해 스스로를 덜 알려진 인물이라고 생각한 밀턴은 자신을 학식 있고 덕망 있는 인물로 내세움으로써 자신의 주장에 권위를 부여할 필요를 느꼈을 것이다. 이러한 수사적 전략을 '윤리적인 증거'(ethical proof)라고 부른다. 하지만 그는 자신이 도덕적이고 믿을 만한 인물임을 뒷받침하는 윤리적 증거의 관행을 훨씬 넘어서고 있다. 왜냐하면 밀턴은 자신을 신으로부터 선택받은 사자 가운데 한 명이라며 스스로를 선지자 이사야(Isaiah)에 비교하고 있기 때문이다. 나아가 그는 호메로스가 그리스에 한 일과 베르길리우스가 로마에 한 일을 잉글랜드를 위해 할 것이라며, 그들의 허구적인 작품에 도전하는 진정한 서사시로 그들을 능가하겠다는 시적 야망을 밝히고 있다.

논객이자 시인인 밀턴은 성령이 임한 선지자 이사야처럼 시에서 예언자 같은 모습을 보여 준다. 그는 1640년대 초반의 종교적인 격변에 정치적으로 휩싸인 자신을 발견하고 “정의와 하나님에 대한 진정한 예배로부터 왕국과 나라가 전반적으로 타락하는 것”(the general relapses of kingdoms and States from justice and Gods true worship; *CPW* 1. 817)을 한탄하는 시뿐만 아니라, “나라에 본보기가 되고 교훈적인 극적 구성”(Dramatick constitutions . . . doctrinal and exemplary to a Nation; *CPW* 1. 814-15)을 포함하는 영감을 받은 시를 쓰는 자신을 마음속으로 그리고 있다. 밀턴은 시인으로서의 자신의 운명을 조국의 운명과 하나로 보고, 천년왕국이 가까워 오는 시점에 잉글랜드 국민이 선택받은 백성으로서의 사명을 완수하는 것을 찬양하는 데 자신의 시적 재능이 사용될 것이라고 생각한다. 그 결과 그는 『투사 삼손』(*Samson Agonistes*)과 『실낙원』(*Paradise Lost*) 같은 작품을 남겼다. 『교회치리론』에서 밀턴은 현재의 순간에 자신에게 부과되는 필요와 제약에 대해 불평하지만, 자신으로 하여금 산문을 발표할 수밖에 없도록 만드는 당면한 정치적·종교적 위기는 로웬스타인의 말처럼 “그로 하여금 위대한 시적인 미래를 꿈꾸게 하고, 논쟁적인 산문 글에서 최고의 문학적인 포부를 언급하도록 하는 자극을 주었다”(Revolution 92)고 할 수 있다.

밀턴은 풍자가의 역할과 예언자와 시인의 역할은 서로 밀접하게 연결되어 있으며, 이들 셋 모두 종교개혁을 완성하기 위해 신으로부터 선택받은 영국민의 운명에 매우 중요하다고 보았다. 그러면서 논쟁과 시가 별개의 것이 아니라 긴밀하게 연관되어 있다고 계속 주장하고 있다. 이를 볼 때 이 당시의 밀턴은 논쟁과 시, 왼손으로 하는 일과 오른손으로 하는 일 사이에서 중요한 선택을 하고 있다기보다는 자신의 재능을 보다 긴급한 목표를 위해 바치고 있다고 생각했을 가능성이 높다. 그것은 바로 다름 아니라 교회와 국가와 영국 문화의 개혁에 주된 장애물인 주교를 제거하는 것이었으며, 밀턴은 반주교제 산문을 씀으로써 개혁을 촉진하는 풍자적이고 예언자적인 시인의 역할을 수행했다고 말할 수 있을 것이다.

4 『교회치리론』은 반주교제 소책자 가운데 가장 길면서도 사상적으로는 가장 모호한 글로 평가받고 있다. 특히 이단과 분파에 대한 관용주의적 입장을 이야기하는 부분이 그러하다. 그러나 밀턴은 글 전반에 걸쳐 신앙에 획일성을 강요하려는 생각에 반대하는 논리를 펴면서, 누구에게도 다른 사람의 믿음을 강요하거나 위협하지 않고 다양한 종파와 분파가 존재한다는 것 자체가 진정한 종교개혁이 진행 중임을 보여 주는 건강함의 표시라고 주장한다. 교리의 다양성은 비록 그 가운데 지나치고 빗나간 것이 있다고 할지라도 자유로운 사상을 강제로 억압해서 얻게 되는 정체된 획일성보다 낫다는 것이 밀턴의 일관된 신념이었다.

종교적 자유 가운데서도 특히 표현의 자유를 주장한 이러한 생각은 『아레오파기티카』에서 구체화되고 있다. 밀턴은 책에 대한 검열 문제는 종교적인 분파의 성장과 명백히 관련 있으며, 따라서 관용의 문제와도 관련 있는 것으로 보았다. 관용의 문제보다는 교육과 검열을 주된 관심사로 다루고 있는 이 팸플릿에서 그는 인간의 정신은 책을 읽을 때 개인의 양심과 자유의지에 따라 선악을 판단하는 훈련을 거치게 되므로, "지식은 더럽혀질 수 없으며, 의지와 양심이 더럽혀지지 않았다면 책도 더럽혀질 수 없다"(the knowledge cannot defile, nor consequently the books, if the will and conscience be not defil'd; *CPW* 2. 512)라며 선하든 악하든 모든 종류의 지식을 고려의 대상으로 받아들인다. 즉, 어떤 형태의 책도 분별 있는 독자가 읽지 못할 책은 없다고 단정 짓고 있다. 양심과 의지의 순수함에 관해 급진적인 윤리관을 가진 밀턴은 책을 읽을 때 양심에 따른 개인의 선택과 판단이 중요하며, 독자는 이성의 능력으로 책의 가치를 스스로 판단하여야 한다고 생각했다.

밀턴의 글은 17세기 중반 영국의 종교적·정치적·문학적 환경에 대해 많은 것을 말해 주고 있으며, 그의 종교적 관용에 대한 사상은 양심의 자유와 자연법, 평등, 이성, 열정 등에 대한 이론적이고 실제적인 다양한 그림을 제공하고 있다. 특히 밀턴의 열정적이고 수사적인 문체는 사상을 단순히 전달하는 데 그치지 않고 매우 효과적이고 강한 표현력을 지니고 있다. 종교개혁을 주창한 인문주의 사상가로서 개인의 경험을 강조한 밀턴은 로마 가톨릭에서 온갖 형태의 굴종과 의존, 그리고 이성으로부터 멀어지는 현상을 보았다는 점에서 동시대의 관용주의자들과 현저히 달랐다. 그는 로마 가톨릭의 우상 숭배와 교황의 권위가 성경을 제일의 종교적 지침으로 받아들이지 않는 것과 밀접한 관련이 있다는 이유로 로마 가톨릭을 관용의 범위에서 제외했지만, 『참된 종교에 대하여』에서 말한 바와 같이 성경을 해석하는 데 있어서 개개인의 해석의 차이를 가능한 한 허용하는 입장이었다.

밀턴은 가톨릭이 우상 숭배적이고 미신적일 뿐만 아니라 선동적이며, 정치적 위협이라기보다는 철학적 자유에 대한 위협이라고 보았기 때문에 이를 관용의 범주에서 제외했던 것이다. 이로 인해 밀턴은 양심과 이성의 자유라는 시각에서 관용을 주창한 점을 높이 평가 받으면서도, 한계와 모순을 동시에 보여 준다는 평가를 받고 있다. 그러나 관용을 논한 거의 모든 이론들이 어느 정도의 관용할 수 없는 대상을 포함하고 있기 때문에, 스미스(Nigel Smith)가 지적한 바와 같이 모든 사람이 자신들이 믿고 싶은 대로 믿을 수 있도록 관용이 허용되는 유토피아는 거의 존재하기 힘들다고 말할 수 있을 것이다(43-44).

종교적 관용과 박해, 자유의지와 삼위일체론에 반대하는 밀턴의 신학은 신앙의 지적인 자유를 옹호하는 유럽 엘리트 그룹의 전통과 맥을 같이 한다. 이처럼 삼위일체론을 받아들이지 않고 그리스도의 신성을 부인하는 아리우스주의(Arianism)를 믿는 등 정통에서 벗어난 사상을 지니고 있었던 밀턴이기에 이단이나 이설과 관련하여 관용을 이야기하고, 이 관용에 대한 주장이 사상의 자유에 대한 주장으로 나아갔다고 짐작할 수 있다. 자신의 양심과 이성에 기초한 비정통적인 사상을 지닌 밀턴은 양심의 자유와 종교적 자유에 대한 물음에서 나아가 개인의 자유에 대한 보다 넓은 옹호를 이야기하고 있다. 관용에 대한 그의 사상은 관용을 찬성하는 로크(John Locke)의 영향력 있는 글의 선구라고 할 수 있으며, 이들은 미합중국 헌법에 중대한 영향을 끼친 것으로 평가된다.

5)『스멕팀누스를 위한 변호』

반주교제를 주창한 밀턴의 팸플릿 중 가장 마지막 작품의 전체 제목은 『스멕팀누스에 항변한 항의자를 반박하며 쓴 겸손한 논박이라는 팸플릿에 대한 변호』이다. 이 소책자는 논쟁의 와중에 어떤 주장과 그에 대한 응답, 그리고 그것을 또다시 공격하는 팸플릿 전쟁이 어떻게 전개되었는지를 보여 준다. 1641년 1월에 홀이, 주교가 사도의 직위를 이어받는다며 주교제를 옹호하고 전례(典禮, liturgy)를 변호하는 왕당파의 입장을 대변하는 글 『겸손한 항의』(*Humble Remonstrance*)를 발표하자 이를 반박하는 글이 쏟아졌는데, 그 가운데 하나가 바로 1641년 3월에 스멕팀누스가 쓴 긴 반박문(*An Answer to a Booke Entituled, An Humble Remonstrance*)이다. 이 반박문에 대해 홀은 다시 『변호』(*A Defence*)로 응답했고 스멕팀누스는 또다시 응수하는 글을 써서 반박하였다.

홀이 『변호』를 발표하자 7월경 밀턴은 익명으로 『스멕팀누스를 위한 반박』을 통해 이를 격렬하게 비판한다. 그러자 그해 말이나 이듬해 초에 『반박이라는 모략적이고 상스러운 비방문에 대한 겸손한 논박』(*A Modest Confutation of a Slanderous and Scurrilous Libell, Entituled,*

Animadversions)이 밀턴의 개인적인 공격에 응수하면서 익명으로 발표된다. 이 글에서 밀턴에 대한 공격은 매우 사적이고 인신 공격적이어서 그는 자신을 방어할 수밖에 없는 상황에 처한다. 그것이 서홍원의 지적대로 이 팸플릿의 기조가 공격적이기보다는 방어적인 이유이기도 하다(169). 『반박이라는 모략적이고 상스러운 비방문에 대한 겸손한 논박』의 저자는 밀턴을 선량한 주교를 몰아내고 그 자리를 차지하려는 비열한 위선자로 매도하였다. 콘즈는 이러한 공격이 엘리자베스 시대 이후 주교제 논객들이 청교도들의 광신적 태도를 개인적 야망을 이루기 위한 저급한 수단으로 치부하며 풍자적으로 공격하던 것과 맥을 같이한다고 파악한다(34). 또한 이 글의 저자는 밀턴이 『스멕팀누스를 위한 반박』에서 가끔 사창가의 이미지를 사용한 것을 트집 잡아, 밀턴이 그 세계를 잘 알고 자주 드나들었다는 것을 반증한다고 주장한다.

이러한 개인적인 공격에 대해 밀턴은 1642년 4월 『스멕팀누스를 위한 변호』에서 홀과 그의 아들 로버트(Robert)에 대해 더 신랄한 공격으로 응답한다. 아마 밀턴은 이 익명의 글을 홀의 아들이 썼다고 생각했던 듯하다. 밀턴이 이들의 공격에 대응한 글은 학창 시절 연마한 논쟁의 솜씨를 유감없이 보여 준다. 로웬스타인은 냉소적인 비웃음과 조롱, 격정과 같은 요소는 초기의 혁명적인 산문들에 나타나는 밀턴의 예언자적인 목소리에서 가장 주목할 만한 특징들이라고 평가한다(Revolution 89). 이 논쟁을 좋아하는 열정적인 논객은 자신의 분노를 정당화하고 미온적인 태도를 조롱하며 미신에 사로잡힌 박해자들을 가차 없이 조롱하는 순교자들을 존경한다. 성직자들에 대한 한결같은 조롱과 풍자는 밀턴이 교묘하게 이용하는 논쟁적인 무기들이다. 따라서 그의 논쟁의 상대자들인 평범한 논객들이 자신을 극장과 사창가에 갔다고 비난할 때, 그는 자기가 대학 다닐 때 허세 부리는, 장차 성직자가 될 인물들이 궁정인들 앞에서 과장되게 연기하면서 형편없이 공연한 것을 그들이 "몸을 파는"(prostituting) 짓을 했다고 냉소적으로 회상하면서 되받아 공격하고 있다(*CPW* 1. 887). 열정적인 청교도인 밀턴은 "중앙 제단의 무대 위에서 오래된 의복을 입은"(in an antick Coape upon the Stage of a High Altar; *CPW* 1. 930) 외형적인 예배와 잘 차려입은 의복과 의식만 중시하는 로드와 그의 추종자들을 냉소적으로 말할 때 이 기억을 상기하면서 논쟁적인 목적을 위해 이용하고 있다. 얼마 전 시인으로서 자신의 소명을 처음으로 밝힌 바 있는 밀턴이 홀 주교를 비롯한 주교제를 지지하는 성직자들을 조롱하고 욕하는 논쟁적인 글을 쓰고 있다는 사실이 아이러니하다.

『스멕팀누스를 위한 변호』에서 밀턴은 "짐승처럼 생긴 불타는 두 유성이 끄는"(drawn with two blazing Meteors figur'd like beasts; *CPW* 1. 900) 자신의 불타는 듯한 마차에 오르는 열정(Zeale)의 모습을 상상할 때 "시인들이 사용하는 것처럼 잠시 하늘로 오를 허락"(may have leave to soare a while as the Poets use; *CPW* 1. 900)을 얻는 것으로 묘사한다. 이 생생한 묵시록적인 이미지는 에스겔 1장에 등장하는 상상의 마차에서 영감을 받고, 『실낙원』 6권에 등장하는 성자(Son)가 타는, 묵시록에 나오는 듯한 마차를 연상시킨다. 이는 시각적인 이미지가 풍부한 밀턴의 산문이 로드의 주교제와 맞서서 논쟁할 때 어떻게 "매우 가열된 열정"(a well heated fervencie; *CPW* 1. 663)과 열띤 시학을 표현할 수 있는지를 보여 준다(Loewenstein, Revolution 89). 말하자면 "느슨한 고삐를 흔들며 무적의 전사 열정은 그 불타는 바퀴 아래 사제들의 뻣뻣한 목에 상처를 남기며 주홍빛의 사제들의 머리 위를 밟고 지나간다"(the invincible warriour Zeale shaking loosely the slack reins drives over the heads of Scarlet Prelats . . . brusing their stiffe necks under his flaming wheels; *CPW* 1. 900)와 같은 표현에서 이를 잘 느낄 수 있다.

『교회치리론』과 마찬가지로 이 글도 지금은 주로 밀턴의 자전적인 묘사 때문에 자주 읽힌다. 여기서 그는 논박자의 개인적 공격에 대항하는 데 필요하다고 생각해서인지 자신의 윤리와 일상적인 삶의 미덕을 강조하고 있다. 즉 앞서의 터무니없는 중상과 모략을 일축해 버리고 실제 자신이 얼마나 성실하고 모범적인 삶을 살고 있는지를 알리는 데 집중한다. 그는 자신의 인생 경험과 자신이 지금까지 해 온 학업과 연구, 그리고 자신의 문학적 야망 등에 대해서 자세히 들려준다. 이에 대해 밀턴의 전기 작가들은 만약 그를 공격하는 글이 발표되지 않았다면 이런 이야기도 알려지지 않았을 것이라며 그러한 공격이 있었다는 사실에 고마워한다(Fallon 9).

밀턴은 진정한 기독교 시인이라면 반드시 갖춰야 할 미덕으로 성결(chastity)을 강조하고, 자기처럼 위대한 시인이 되기를 바라는 자는 그 자신이 진정한 시가 되어야 한다고 주장한다(*CPW* 1. 890). 이처럼 밀턴은 자신과 자신의 성격을 공격하는 『반박이라는 모략적이고 상스러운 비방문에 대한 겸손한 논박』을 다시 반박하면서 위기에 처한 자아의식을 분명하게 드러내고 있다. 진리를 수호하는 일은 공적인 행동을 요구하지만, 그 과정에서 진리를 위해 싸우는 개인은 그 자신이 틀렸거나 그 일을 수행하기에 부적당하다는 사실이 드러날 가능성도 있기 때문에 상처를 받기 쉽다. 『스멕팀누스를 위한 변호』는 개인의 진실성을 변호함으로써 진리를 수호하고자 한다. 밀턴은 "내가 믿는 진실의 한 구성원으로서"(as a member incorporate into that truth whereof I was perswaded; *CPW* 1. 871) 글을 쓰면서 동시에 시대의 요구와 필요 때문에 방해를 받은 이야기를 완성하여 본질적인 자신의 자아를 분명하게 표현하기를 모색한다. 그렇다면 밀턴의 반주교제 논쟁의 마지막 공격은 휠러의 말처럼 방해받은 자아에서 평정을 되찾은 자아로 옮겨가고 있다고 하겠다(273).

『교회치리론』과 『스멕팀누스를 위한 변호』에서 밀턴은 완전히 일관성 있는 자기표현을 하고 있지는 않지만 줄곧 보다 깊은 진실성을 추구하면서 자아를 드러냄과 동시에 진리를 밝히는 작업을 하고 있다. 그는『스멕팀누스를 위한 변호』를 통해 본질적인 자아를 변호하는데, 이처럼 자신의 삶을 드러내고 밝히는 것은 전투와 같다고 말한다. 왜냐하면 이러한 작업은 어떤 사람의 언행이 일치하는지를 시험해 보는 것이기 때문에 위험한 과정이며 일종의 시련과 같다고 보는 것이다(*CPW* 1. 888-89).

밀턴은 이 팸플릿의 자전적인 내용을 다룬 부분에서 성경 읽기와 조용한 기도, 그리고 행동의 중요성을 강조하고 있다. 이는 앞서 발표한 팸플릿에서는 진리탐구를 가능하게 하는 요소였지만 여기서는 자아를 표현하는 방식의 타당성을 강화하는 수단이 되고 있다. 그는 자아를 공적으로 표현하는 것은 영혼의 진보를 위해 모든 크리스천들에게 필요하다고 보았다. 인간은 이성을 행사함으로써 말이 유창해지는 것처럼 영혼은 그것을 표현할 때에 발전하게 되며, 언변이 유창한 것과 그 사람의 인격은 연관성을 갖게 된다고 밀턴은 주장한다. 그렇기 때문에 사람들이 공적인 행동이라는 시험을 통해서 자신을 위기에 처하게 할 필요가 있다는 것이다. 이런 방식으로 밀턴은 아리스토텔레스가 말한 정치적 동물로서의 인간을 이해한다.

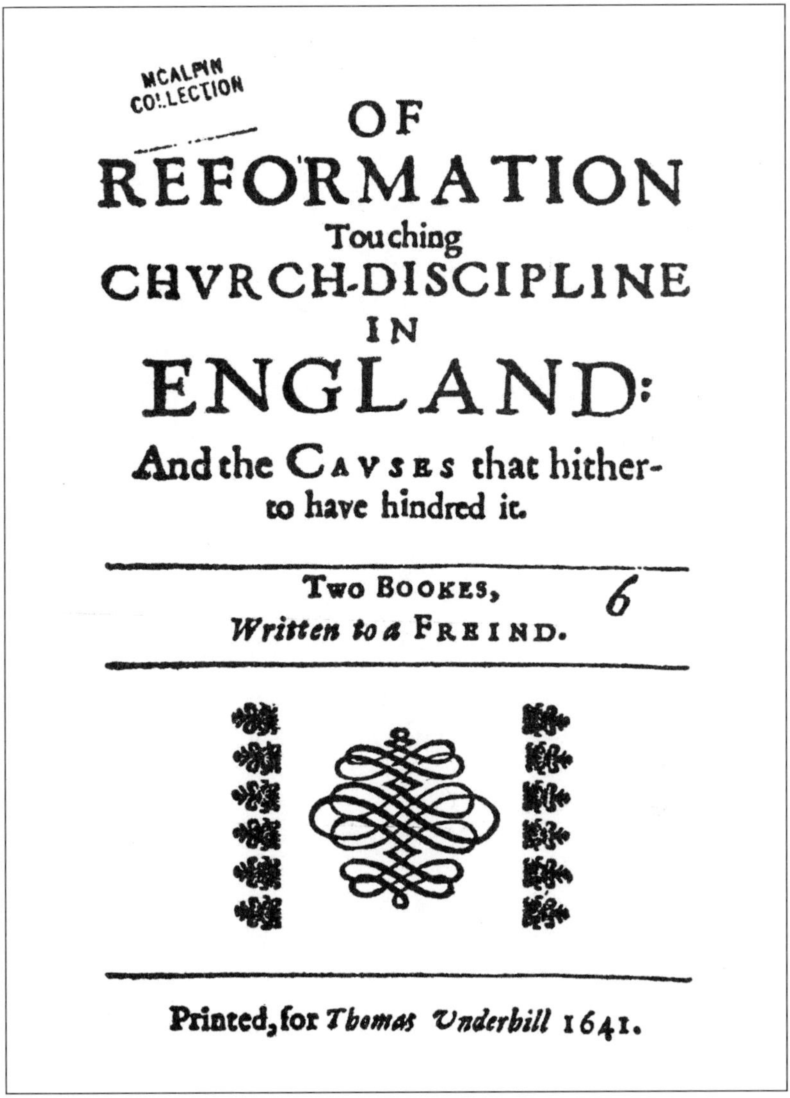

OF REFORMATION Touching CHVRCH-DISCIPLINE IN ENGLAND: And the CAVSES that hitherto have hindred it.

TWO BOOKES, Written to a FREIND.

Printed, for Thomas Underhill 1641.

그림 1_『종교개혁론』 표지

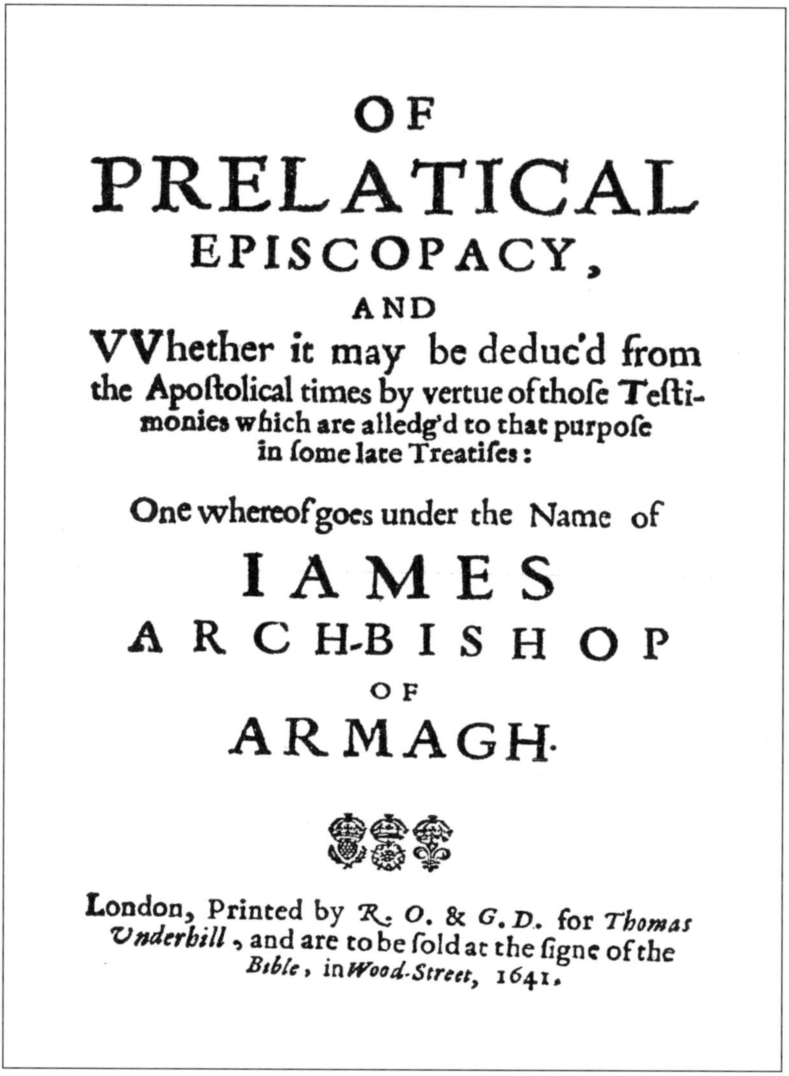

OF
PRELATICAL
EPISCOPACY,
AND
VVhether it may be deduc'd from the Apoſtolical times by vertue of thoſe Teſti-monies which are alledg'd to that purpoſe in ſome late Treatiſes:

One whereof goes under the Name of

IAMES
ARCH-BISHOP
OF
ARMAGH.

London, Printed by *R. O.* & *G. D.* for *Thomas Underhill*, and are to be ſold at the ſigne of the *Bible*, in *Wood-Street*, 1641.

그림 2_『주교제에 대하여』 표지

ANIMADVERSIONS
UPON
The Remonſtrants
Defence

AGAINST
SMECTYMNUUS.

LONDON,
Printed for *Thomas Underhill*, and are
to be ſold at the Signe of the *Bible* in
Woodſtreet, 1641.

그림 3_『스멕팀누스를 위한 반박』 표지

THE

REASON

OF

Church-governement

Urg'd against

PRELATY

By Mr. John Milton.

In two Books.

LONDON,

Printed by E. G. for Iohn Rothwell, and are to be sold at the Sunne in Pauls Church-yard. 1641.

그림 4_『교회치리론』 표지

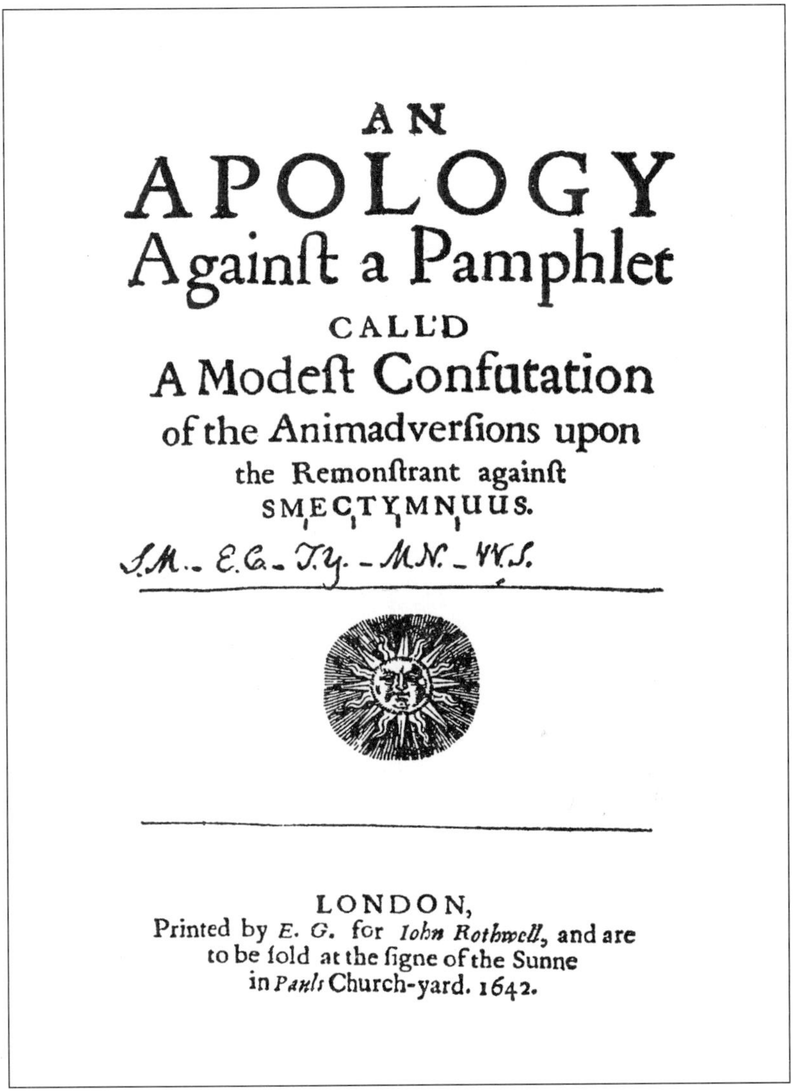

AN

APOLOGY

Againſt a Pamphlet

CALL'D

A Modeſt Confutation

of the Animadverſions upon

the Remonſtrant againſt

SMECTYMNUUS.

S.M.- E.C.- T.Y. - M.N. - W.S.

LONDON,

Printed by *E. G.* for *Iohn Rothwell*, and are

to be ſold at the ſigne of the Sunne

in *Pauls* Church-yard. 1642.

그림 5_『스멕팀누스를 위한 변호』 표지

제3장

개인적·가정적 자유: 교육, 검열, 이혼에 관한 팸플릿

Middle Milton

제3장

Milton's Prose

『스멕팀누스를 위한 변호』(*An Apology against a Pamphlet*)를 출판한 직후인 1642년 6월 밀턴은 런던을 떠나 아버지의 소유지인 옥스퍼드 근교에 집세를 받으러 갔다. 그는 리처드 파월(Richard Powell)에게서 12파운드의 이자를 받을 목적으로 옥스퍼드셔(Oxfordshire)의 포리스트 힐을 향한 여정에 올랐다. 파월은 씀씀이가 헤픈 지주이자 치안판사로서, 밀턴의 부친이 1627년에 300파운드를 빌려 준 사람이다. 밀턴의 조카 에드워드 필립스는 "총각으로 떠났던 그가 한 달을 머문 후에 결혼한 몸으로 집에 돌아왔는데, 그의 아내는 파월의 장녀인 메리(Mary)였다"라고 후일 기록하고 있다. 결혼식을 올린 후 당시 33세의 밀턴은 17세 된 신부를 자기 집으로 데려왔다. 그러나 유명한 왕당파 정치 지도자의 딸을 만나 한 달도 채 안 되어 치른 결혼은 이내 성급했던 것으로 판명이 난다. 왕당파 가문의 밝은 분위기에서 자란 발랄한 메리는 자기보다 두 배나 연상이며 엄격한 청교도였던 밀턴과 여러 면에서 잘 맞지 않아 결혼생활이 행복하지 못했다. 게다가 왕당파와 의회파의 대립이 무력 대결로 치닫던 시기에 두 집안의 정치적 반감 등의 이유로 메리는 결혼한 지 몇 주도 안 되어 친정으로 돌아가고 만다. 그러던 중 1642년 8월 22일 찰스 1세가 노팅엄 성(Nottingham Castle)에 왕의 깃발을 게양하고 잉글랜드 내전(English Civil Wars)의 시작을 알렸다. 그로부터 몇 년간 서로 적대적인 왕당파와 의회파 군대가 런던과 옥스퍼드 사이에서 진퇴를 거듭하며 두 도시를 분리시켰다. 그녀는 한 달 정도 친정에 머물 생각이었으나 불행하게도 내전이 일어나 돌아오지 못하게 되고 그 결과 이 신혼부부의 관계는 확실히 소원해졌다. 메리 자신이 원하였든 원하지 않았든 전쟁이 발발함으로써 그녀는 남편에게로 돌아가기 힘든 상황이 되었던 것이다.

그러나 밀턴은 열렬한 왕당파였던 파월 가문 출신인 부인이 자신을 버리고 도망갔다고 결론짓는다. 그는 1643년에서 1645년의 2년 동안 이혼의 합법성을 주장하는 4편의 소책자를 작성하는 데 열정을 쏟았다. 밀턴은 성서와 신학, 철학 등에 근거하여 남편과 아내가 정신적·육체적으로 함께 할 수 없다면 법으로 결혼을 유지하도록 강요해서는 안 된다고 주장했다. 이러한 그의 생각은 사방으로부터 공격과 비난을 받게 된다. 당시 가장 급진적인 개혁가를 제외한 대부분의 사람들은 결혼은 깰 수 없는 것으로 생각했으며, 그의 적들은 수년 동안 그에게 "이혼 주창자"라는 딱지를 붙이고 그를 비난했다. 그러나 밀턴은 메리와 1645년 화해했으며 메리가 세상을 떠날 때까지 이혼하지 않았다. 이 일은 그의 가장 위대한 산문 『아레오파기티카』(*Areopagitica*)를 쓰는 촉매가 되었다.

밀턴의 결혼이 곧바로 와해된 이유는 알려져 있지 않다. 하지만 밀턴이 자신의 학문적 에너지의 방향을 주교제도로부터 이혼 문제로 전환한 사실만 보더라도 불화의 심각성을 짐작할 수 있다. 17세기 영국에서는 재혼이 허용되는 이혼은 의회에서만 허락받을 수 있었다. 의회에 쉽게 접근할 수 없었던 일반 국민들은 교회 법정으로 가야만 했다. 교회 법정은 오직 "식탁과 침대로부터의" 이혼이라고 부르는 법적 별거 형태를 허락할 권리만 가지고 있었다. 수 세기에 걸쳐 교회법에서는 여섯 가지의 이혼 사유를 규정해 두었다. 그것은 간통이나 남색, 수간과 같은 성적인 죄와, 성불구, 신체적 학대, 배교, 혈족관계, 그리고 성직자가 되는 경우 등이었다. 밀턴의 경우는 아내로부터 버림을 받은 것과 같은 상황이지만 잉글랜드에서 유기(desertion)는 1857년까지 이혼 사유가 되지 않았다.

바로 이 시기에 밀턴은 계약과 형평의 문제, 자연법사상, 자유 등의 개념을 다루면서, 성격적인 불일치가 이혼의 조건이 될 수 있다는 주장을 편 이혼에 대한 논문들을 집필한 것으로 알려져 있다. 1643년 1월 밀턴은 교회와 국가가 개인의 결혼과 이혼을 제한하는 것은 부당하다고 비판한 『이혼론』(*The Doctrine and Discipline of Divorce*)을 출간하였다. 이 글에서 그는 이혼의 전통적 사유들이 불충분하다면서, 만약 결혼 생활이 정신적으로나 감정적으로 황폐하게 될 경우 남편은 아내와 이혼할 수 있어야 한다고 주장하였다. 1643년에 익명으로 초판이 발표된 『이혼론』은 이듬해에 내용이 보완되어 재판이 발간된다. 이 팸플릿은 제목을 그대로 번역하면 『이혼의 교리와 원리』 정도가 될 것이며, 이는 "교회법의 속박과 다른 오류로부터 사랑의 원리로 인도된 기독교인의 자유로", "양성의 행복을 위해 회복된" 사상이라고 부제에서 밝히고 있다. 글의 제목이 시사하듯이 밀턴은 여기에서 이혼의 문제를 다루고 있지만, 그것은 단지 전체 교회 개혁안의 세부적인 사항 중 하나일 뿐이다. 그의 다른 산문들과 마찬가지로 『이혼론』에서도 가톨릭의 세력으로 물든 영국 교회를 좀 더 철저하게 개혁하려는 것이 밀턴의 주 목적임을 알 수 있다. 긴 제목에서 드러나듯 밀턴은 교회법의 억압과 다른 과오에서 벗어나, 율법과 복음서에 나타난 성서의 진정한 의미대로 결혼의 참된 의미를 구하려 했다.

『이혼론』에 연이어 발표한 세 편의 산문인 『이혼에 관한 마틴 부처의 견해』(*The Judgement of Martin Bucer*), 『테트라코던』(*Tetrachordon*), 『콜라스테리온』(*Colasterion*)은 남녀 간의 관계에 맞추어 기독인의 자유를 규정하려는 글로서, 각 개인의 생활에 직접적인 영향을 미치는 내용으로 말미암아 반응 또한 민감하고 즉각적이었다. 현재까지도 언론의 자유를 옹호한 뛰어난 글로 자주 인용되는 『아레오파기티카』가 사실상 그의 『이혼론』에 대한 반발과 비난에 대한 또 다른 답변이기도 한 것을 보면, 이혼을 다룬 세 편의 글이 밀턴이 쓴 산문의 핵심을 이루면서 그를 청교도혁명의 핵심적인 논객으로 만들어 준 중요한 계기가 되었음을 알 수 있다. 또한 '양성을 위해'(the Good of Both Sexes) 썼다는 『이혼론』은 여성주의적인 접근이 활발한 요즈음 밀턴의 여성관을 알아보는 가장 적합한 자료가 될 수 있다.

사실 밀턴은 결혼하기 수년 전부터 이혼 문제에 관심을 가졌던 것으로 보이며, 후년에 『기독교 교리』(*De Doctrina Christiana*)에서도 같은 관점을 반복하고 있다. 그 자신의 결혼과 별거라는 개인사를 떠나서도 밀턴이 결혼과 이혼의 문제에 관심을 가질 수 있었던 것은 당시 신학자들 사이에 이 문제가 지대한 이슈로 떠올랐기 때문이다. 종교개혁을 겪으면서 신교와 구교는 여러 사안에서 날카로운 대립을 보였는데, 그중에서도 결혼과 이혼의 문제는 각 교파 신자들의 생활에 직접적인 영향을 미치는 예민한 부분이어서 신학자들의 이론이 반드시 투영될 수밖에 없는 프리즘과도 같았다. 밀턴 스스로 밝히고 있듯이 자유의 문제가 그에게 그리도 절박했다면, 양성 간의 관계를 현실 속에서 규정하는 결혼 제도의 구속이야말로 밀턴이 신 앞에 자유로운 기독인 상을 마련하기 위해 반드시 짚고 넘어가야 할 부분이었을 것이다.

밀턴은 철저한 신교도로서 자신의 양심과 신앙에 비추어 이러한 결혼관을 분석하고 있다. 그는 기존의 어리석은 주장을 그대로 답습하는 것을 단지 얼굴만 있는 관습(Custom)과 머리는 없으면서 맹목적이고 육감적인 신체만 갖춘 실수(Error)의 결합으로 비유하고, 성서의 권위에 의존해서 이혼에 대한 자신의 관점을 피력한다. 성서는 남녀 간의 결혼을 교회와 그리스도의 결합에 비유하면서 그 신비를 강조해 왔다. 그러나 밀턴은 부부를 한 몸으로 만드는 것은 육체가 아니라 마음과 정신이고, 그리스도와 교회의 관계가 지니는 신비를 마음 없는 부부관계에까지 일괄적으로 적용하는 것은 옳지 못하다는 것이다. 결혼의 진정한 의미는 부부 간의 일체감을 이루는 경우에만 보장되는 것이며, 밀턴이 말하는 가장 중요한 결합 원인은 바로 『테트라코던』에서 말하고 있듯이 "정신과 기질이 맞아야 한다는 것"(fitnes of mind and disposition; *CPW* 2. 605)이다. 또한 결혼의 목적은 흔히 생각하듯 욕정에서 해방되기 위한 것도 아니고 생식과 출산을 위한 것도 아니며, 상호 위로와 도움(mutuall solace and help; *CPW* 2. 601)임을 잊지 말아야 한다고 밀턴은 역설한다. 육체적 동반이 아니라 정신적 교제가 결혼의 핵심이라는 생각은 밀턴이 그의 전 생애에 걸쳐 변함없이 견지한 관점이었고, 『기독교 교리』에서도 같은 주장을 발견할 수 있다. 밀턴은 인간의 고독과 외로움을 없애기 위해 영혼과 정신의 동반자인 "적절한 돕는 자"(a meet help; *CPW* 2. 240)를 구하는 것이 결혼의 원래 목적이므로 부부는 육체적인 차원에 머물러 욕정을 해소하는 것이 아니라 정신적 교제를 통해 고독을 위로받는 데에서 진정한 즐거움을 구해야 한다고 보고 있다.

그러므로 서로 마음이 맞지 않는다는 이유야말로 이혼의 가장 중요한 사유가 되어야 한다는 것이 밀턴의 주장이다. 교회법에서 그토록 중시하는 이혼 사유인 간음은 사실 상대방과의 정신적 부조화에서 느끼는 고통만큼 심각한 손상을 주지는 않기 때문이다. 밀턴은 간음을 이혼의 유일한 사유라고 보는 교회법은 결혼을 단지 육체의 결합으로만 보는 불경스러운 견해라고 반박했다. 그는 서로 마음이 맞지 않는데도 불구하고 오로지 잠자리를 같이했다는 이유만으로 결혼생활을 억지로 이어 가라고 강요하는 것은 인간을 정신이 아니라 육체로 규정하는 것과 마찬가지라고 비난한다. 진정한 기독인의 생활에서 중요한 것은 단지 남녀가 함께 사는 것이 아니라 다정하고 깊이 있게 대화를 나눌 수 있는 상대와 사는 것이다. 밀턴은 결혼이라는 교제를 통해 종교적이고 일상적인 생활의 동료를 얻는 것이 중요하며, 생식과 출산은 결혼에서 가장 하찮은 정도의 가치만을 지닌다고 주장한다.

이혼에 관한 두 번째 팸플릿인 『이혼에 관한 마틴 부처의 견해』는 밀턴이 마틴 부처의 이혼론을 번역하면서, 프로테스탄트들 가운데서 존경받는 그를 외부 공격에 대한 방어막으로 사용하는 글이다. 세 번째 팸플릿인 『테트라코던』은 신명기를 근간으로 한 모세의 이혼법과 마태복음에 기록된 예수의 말 사이의 불일치에 대해 다루면서, 신구약의 네 군데 성경구절을 근거로 결혼과 이혼에 대한 주제를 확장시키고 있다. 『테트라코던』과 거의 동시에 출판된 『콜라스테리온』은 한 익명의 저자가 쓴 글에 대하여 노골적인 비난을 퍼붓는 등 개인적 공격을 담고 있다. 밀턴의 생각은 오늘날의 관점에서 보면 별로 급진적일 것 없는 합리적인 주장이지만, 당시에는 마음 내키는 대로 이혼할 수 있다는 매우 위험하고 분별없는 견해로 받아들여졌다. 밀턴도 여성이 결혼에 대해 동등한 권리를 가져야 한다고 주장한 것은 아니다. 그럼에도 불구하고 그의 견해는 몇 가지 측면에서 수 세기를 앞선 것이었다. 실제로 잉글랜드 법은 1970년대에 들어서야 회복 불가능한 결혼 파탄을 이혼 사유로 인정하여 공포하게 된다.

『아레오파기티카』는 밀턴의 산문 중 가장 잘 알려진 것으로, "검열을 받지 않는 출판의 자유를 위해 잉글랜드 의회에게 한 존 밀턴의 연설"(A Speech of Mr. JOHN MILTON for the Liberty of Unlicensed Printing, to the Parliament of England)이라는 부제가 달려 있다. 작가와 독자가 출판물을 통해 서로 의견을 교환할 수 있는 자유를 역설하고 있는 『아레오파기티카』는 시대를 앞서 언론의 자유를 주장하고 있으며, 잉글랜드에서 사전 검열제 없이 출판할 권리를 다룬 가장 설득력 있는 항변서로서의 가치를 지니게 되었다. 이 글에서 밀턴은 선악을 아는 지식은 서로 붙어 있는 쌍둥이와 같아서 인간은 이 둘을 구별하기 힘들며, 이들을 구별하고 선을 취할 수 유일한 방편은 사상의 자유를 통하는 것이라고 주장했다(*CPW* 2. 514). 『아레오파기티카』는 검열의 문제점을 제기하면서 출판의 자유와 종교적 관용을 주창했다는 점 이외에도, 밀턴 사상의 핵인 자유의지에 관한 신학을 본격적으로 다루고 있다는 점에서 매우 중요한 위치를 차지하고 있다.

앞서 주교제로 인하여 부패한 영국 교회를 개혁하기 위해 애썼던 밀턴은 1644년 『교육론』(*Of Education*)이라는 소책자를 통해 영국의 교육 체제를 개혁하기 위한 또 다른 싸움을 하게 된다. 그는 이혼 문제에 대한 일련의 산문들과 『아레오파기티카』를 발표하는 와중에 이 『교육론』을 출판하였다. 『이혼론』이나 자유언론사상이 개인적인 자유를 주장한 것이라면, 『교육론』은 자유공화국의 이상적 지도자를 육성하기 위한 교육 프로그램을 제안한 것이다. 원래 이 글은 개혁가 사무엘 하틀립(Samuel Hartlib) 등을 중심으로 한 과학과 교육 사상가와 정책 입안자들을 포함한 소수의 독자를 염두에 두고 쓴 것이어서 제목이 "하틀립 씨에게"라고 되어 있다. 이 글은 가톨릭의 전통의 영향을 강하게 지니고 있던 영국 교육의 커리큘럼에 개혁을 가하고, "하나님을 다시 바로 앎으로써 우리 시조가 타락하게 된 것을 회복하는 것"(to repair the ruins of our first parents by regaining to know God aright; *CPW* 2. 366-67)을 교육의 목적으로 선포하고 있다. 밀턴은 소수의 학생을 선발하여 자신의 집에서 학교를 운영했으며, 1640년대 말 즈음에 그는 아마도 자신의 학교를 위해서 『영국사』(*The History of Britain*)의 전체 6장 중 4장을 집필했을 것이다. 이 책은 브리튼 섬의 바닷가에 트로이의 브루투스(Brutus)가 도착한 신화적인 순간에서 시작하여 노르만 정복까지를 연대기적으로 다루고 있다. 그러나 이 책의 출판은

1670년이 되기까지 이뤄지지 않는다.

이혼 옹호자로서의 밀턴의 명성은 주교제 폐지를 주장한 논객인 그에게 불명예스러운 것이었지만 아이러니하게도 긍정적인 결과도 초래하였다. 필립스의 기록에 따르면 당시 밀턴이 메리와 이혼하고 데이비스(Davies)라는 사람의 딸과 결혼하려 한다는 소문이 파월 가에 전해지자 이들은 메리의 결혼이 깨지지 않도록 하기 위해 온갖 애를 다 썼다고 한다. 그리하여 이들은 아마 1645년 중반경에 화해를 한 것으로 보이며, 1645년 가을 밀턴은 메리와 함께 바비칸(Barbican)에 있는 대저택으로 이사하였다. 이렇게 메리는 3년 만에 밀턴에게 돌아오게 되고, 이들은 재결합한 후 1652년에 그녀가 죽을 때까지 큰 문제 없이 결혼생활을 하였다. 밀턴과 메리 사이에는 아들 하나와 딸 셋이 태어났는데, 장남의 이름은 존(John)이고 세 딸의 이름은 앤(Anne)과 메리(Mary), 그리고 데보라(Deborah)였으며, 큰 딸 앤은 정신지체장애자였다고 한다.

밀턴은 전 생애에 걸쳐 주교제 폐지와 종교적 관용, 교회(종교)와 국가(정치)의 분리 등을 통한 종교적 자유, 이혼과 출판의 자유를 비롯한 개인적·가정적 자유, 그리고 공화정에 대한 자신의 신념에 바탕을 둔 정치적 자유를 실현하기 위해 시와 산문을 발표하거나 현실 정치에 직접 참여함으로써 노력했다. 이 장에서는 이혼에 관한 팸플릿 네 편과 이상적 지도자를 육성하기 위한 교육을 논한 『교육론』, 그리고 사전 검열 없는 출판의 자유를 논한 『아레오파기티카』를 중심으로 그의 개인적·가정적 자유에 관한 사상을 자세히 살펴보려고 한다.

1) 『이혼론』

1 1643년 8월 밀턴은 이혼에 관한 첫 번째 팸플릿인 『이혼론』의 초판을 익명으로 발간했다. 그로부터 약 16개월 전 그는 논쟁적인 산문 출간을 중

단했는데, 그러한 결정을 내린 이유는 아마 『교회치리론』의 자서전적인 여담 부분에서 고백한 바와 같이 시끄러운 난투가 벌어지는 논점에 대해 환멸을 느꼈기 때문일 것이다. 1642년 8월 찰스 1세는 의회를 진압하고 정부를 되찾기 위해 군대를 일으켰고, 의회가 이에 대응하여 언제 끝날지 모르는 첫 내전(Civil War)이 시작되었다. 의회와 의회 지지 세력의 본거지이면서 동시에 밀턴의 출생지이자 거주지이기도 한 런던은 한동안 왕당파에 의해 점령될 심각한 위협에 빠져 있었다. 그러나 수도 내부에서는 청교도혁명이 빠르게 진행되고 있었다. 장기의회는 그 당시 주요 신학자로 구성된 상임 위원회, 즉 웨스트민스터 위원회(Westminster Assembly of Divines)를 소집했다. 1643년 1월 1일 첫 모임을 연 이들은 잉글랜드 교회의 교리와 원리를 총 점검하는 일과 밀턴이 반주교제 논문에서 주창했던 부차적인 개혁을 담당했다.

밀턴은 이듬해에 장을 구분하고 내용을 보완하여 『이혼론』 재판을 발간했다. 이 팸플릿 초판의 제목과 부제를 그대로 번역하면 "양성의 행복을 위하여 회복된 이혼의 교리와 원리. 교회법의 속박과 다른 오류로부터 사랑의 원리로 인도된 기독교인의 자유로. 성경의 많은 부분이 오랫동안 잃어버렸던 의미를 되찾게 됨. 종교개혁을 하려는 바로 지금 생각하기에 시의적절한 사상"(Restored to the Good of Both Sexes: From the bondage of Canon Law, and other mistakes, to Christian freedom, guided by the Rule of Charity. Wherein also many places of Scripture, have recover'd their long-lost meaning. Seasonable to be now thought on in the Reformation intended)이라는 긴 내용을 담고 있다. 1644년 초에 상당히 많이 증보된 재판에는 "교회법의 속박과 다른 오류로부터 신구약을 대조한 성경의 참된 의미로 양성의 행복을 위하여 회복된 이혼의 교리와 원리. 여기서 또한 하나님의 율법이 허용하고 그리스도가 폐지하지 않았던 죄를 폐하거나 정죄하는 잘못된 결과들이 바로잡힘. 두 번째 개정판이고 두 권으로 많은 내용이 증보됨. 위원회와 잉글랜드 의회에게"(Restor'd to the good of both Sexes, From the bondage of Canon Law, and other mistakes, to the true meaning of Scripture in the Law and Gospel compar'd. Wherein also are set down the bad consequences of abolishing or condemning of Sin, that which the Law of God allowes, and Christ abolisht not. Now the second time revis'd and much augmentd, In Two Books: To the Parliament of England with the Assembly)라는 새로운 부제가 붙어 있다. 교회법으로 억압되어 왔고 여러 면에서 잘못되어 있는 이혼에 관한 생각과 법을 사랑의 원리와 기독교인의 자유라는 관점에서 개혁하고 성경이 말하는 결혼의 진정한 의미를 되찾는 것이 밀턴의 주 관심사임을 알 수 있다. 그는 모든 율법이 존재하는 목적은 인간의 행복과 복리를 위한 것이라는 전제하에, 이혼을 금지한 성경의 구절들을 새롭게 해석하였는데, 그 반응은 민감하고 즉각적이었으며 파장도 엄청났다. 초판과 달리 재판에서는 이 글이 장로파들로 구성된 웨스트민스터 위원회와 의회를 주 독자층으로 염두에 두고 쓴 글임을 분명히 밝힘으로써 이들을 통해 이혼과 관련한 정책을 개혁하려는 의도를 드러내고 있다. 또한 초판에는 출판업자와 출판지에 대한 정보는 실으면서도 정작 저자의 이름은 밝히지 않은 데 반하여, 재판에서는 출판업자의 이름은 빠지고 대신 저자의 이름이 이니셜로 "The Author J. M." 이라고 밝혀져 있다. 이는 이 팸플릿이 명백히 자신의 신념을 담고 있으며 반대자를 적절한 토론에 초대한다는 의미를 담고 있다.

밀턴이 다룬 주제는 정치적인 이유와 개인적인 이유에서 시의적절했다. 교회의 주교제와 교회법 체제를 폐지한 후 잉글랜드 교회를 안정시키기 위해 의회는 웨스트민스터 위원회의 조언을 구하였는데, 위원회가 다룬 문제 가운데 결혼과 이혼도 포함되어 있었다. 『이혼론』을 발표할 당시 밀턴은 아내에게 거의 버림받았다고 할 정도로 불행한 결혼생활을 하고 있었다. 밀턴은 33세가 되던 1642년에 유명한 왕당파 정치지도자인 리처드 파월(Richard Powell)의 장녀로 당시 17세인 메리 파월(Mary Powell)을 만나 한 달도 채 안 되어 결혼했다. 그러나 서로 간에 실망스러운 두 달을 보낸 후 그녀는 옥스퍼드셔에 있는 자신의 가족에게로 돌아갔고 밀턴은 1645년까지 그녀를 다시 만나지 못했다. 17세기 당시 결혼에 관한 영국의 법률은 배우자의 부정이나 학대로 인해 이혼하게 된, 잘못이 없는 쪽도 다시 결혼할 권리를 갖지 못하도록 규정하고 있었다. 이러한 상황에서 밀턴은 메리와의 성급하고 무분별한 결혼을 돌이키기 위해 이혼할 자유의 필요성을 느끼게 된다. 밀턴은 이후 『영국민을 위한 두 번째 변호』(*A Second Defence of the English People*)에서 이혼에 관한 팸플릿들이 "문명 생활에 없어서는 안 되는 세 가지 종류의 자유"(three varieties of liberty without which civilized life is scarcely possible; *CPW* 4. 1. 624)인 종교적·가정적·시민적 자유를 확장하려는 사심 없는 열정의 산물 중 하나에 불과하다고 밝히고 있다. 그러나 패터슨(Annabel Patterson)은 밀턴의 네 편의 이혼 팸플릿의 출판 동기와 출판 이후 대중의 반응, 그것에 대한 그의 대응을 다룬 글에서 밀턴의 조카 에드워드 필립스(Edward Phillips)의 증언을 토대로, 갑작스러운 결혼과 아내가 친정으로 간 후 소식이 두절된 과정, 그로 인한 밀턴의 심경을 밝히면서 네 편의 글 가운데 적어도 첫 번째인 『이혼론』은 그가 개인적으로 겪은 좌절과 모멸감, 괴로움 등이 저술의 동기가 되었다고 주장한다(279). 밀턴이 남긴 『비망록』(*Commonplace Book*)으로 미루어 볼 때 그는 메리와 결혼하기 전부터 결혼과 이혼이라는 문제에 대해 곰곰이 생각하고 있었다는 것을 알 수 있지만, 『이혼론』에서는 그의 결혼생활이 무척 불행하고 충격적이었다는 사실이 여기저기서 감지된다. 밀턴은 앞서 반주교제 소책자에서 주교를 '종기'(Wen)나 '사마귀'(wart)에 비유(*CPW* 1. 583-84)할 정도로 매우 생동감이 있는 직유와 은유로 자신의 강조점을 명확하게 표현하였다. 그러나 『이혼론』 초판에서 그는 생동감은 훨씬 덜하지만 자신의 주장을 한층 더 침착하게 전달하는 또 다른 산문적 목소리를 처음으로 내고 있다.

2 밀턴이 결혼할 당시 그의 생애에 대한 기록은 상대적으로 빈약하지만 이즈음 그는 한 부유한 미망인과 결혼하도록 제의를 받은 것 같다. 그 때 밀턴은 "나는 분별 있고 고상한 정신을 가진 사람들과 같이, 가장 부유한 미망인보다 가난하지만 정직하게 자란 처녀를 선택할 생각이다"(I think with them who both in prudence and elegance of spirit would choose a virgin of mean fortunes honestly bred, before the wealthiest widow; *Apology*, *CPW* 1. 929)라고 자신의 심경을 피력하고 있다. 물론 이 말이 결혼이나 배우자에 대한 밀턴의 일반론적인 생각인지 아니면 특정 여성을 염두에 두고 한 말인지는 분명하지 않지만, 그가 결혼을 어떻게 개념화하고 설명했는지 분명하게 보여 준다. 밀턴은 결혼 계약(marriage contract)을 낭만적이고 애정에 기초한 시각에서 해석한 진보적 사회 구성원이었다고 할 수 있다.

로렌스 스톤(Lawrence Stone)은 근대 초기에 일어난 결혼 계약에 대한 생각의 변화를 생생하게 묘사하고 있는데, 그 변화 가운데 가장 중요한 요인은 급진적인 신교도들이다. 이들은 점점 생겨나고 있는 핵가족제도 내에서 친족에 대한 충성보다 개인적인 믿음에 더 충실하면서, 구원을 개인적인 선택의 관점에서 인식하는 세계관을 지지하였다. 스톤은 17세기 성의 정치학에 일어난 혁명을 다음과 같이 요약하고 있다.

> 1700년대 즈음에 자본가 계급(bourgeois)과 지주 계급(gentry) 가운데

새로운 가족 형태가 명백히 부상하고 있었다. … 이들의 구체적인 사례는 다음과 같다. 강한 혈족 간의 유대는 사양길에 접어들었고 그러한 유대가 남아 있더라도 점차 가까운 친척 사이로 한정되었다. 배우자 선택은 부모의 결정이 아닌 자유로운 선택에 의해 이루어졌고 돈이나 지위 혹은 권력의 향상에 대한 계산만큼이나 지속적인 상호 애정에 대한 기대감도 작용하였다. 최고의 귀족층을 제외하고는 결혼지참금이나 과부급여(jointure)와 같은 재정적인 문제가 안정되고 탄탄한 애정에 기초한 미래의 개인적인 행복에 대한 전망만큼 결혼협상에 결정적인 역할을 하지 못했다. 그 결과 상속녀와의 결혼은 점점 줄어들었고, 한 혈족의 같은 지파 내에서의 결혼도 감소했으며, 젊은 남자가 상당히 나이가 든 여성과 결혼하는 경우도 줄어들었다. (Stone, *The Family* 411-12)

스톤은 결혼과 배우자의 선택에 있어서 개인 상호 간의 관계를 중시하는 새로운 경향의 본보기로 밀턴을 자주 언급하고 있다. 밀턴의 첫 번째 결혼은 앞서 그가 결혼에 대해 밝힌 생각을 행동으로 옮긴 결과로 볼 수 있다. 사실 밀턴의 첫 번째 부인이 된 메리 파월은 나이가 어린 아가씨로 재정적으로도 볼품없는 결혼 상대였다. 그녀는 옥스퍼드셔 출신 지주 계급인 젠트리 집안의 맏딸이었다. 그녀의 아버지는 밀턴의 아버지를 비롯한 많은 대부업자로부터 돈을 빌렸는데, 밀턴의 아버지는 파월 집안으로부터 아주 가까운 곳에서 성장하였다고 한다. 밀턴은 일 년치 이자를 받으러 갔다가 1642년 여름 메리를 처음 만났고 짧은 구애 끝에 그녀와 결혼을 했다. 당시 그녀의 아버지 리처드 파월의 순 자산은 땅에 있었고 그 대부분이 저당 잡혀 있는 상태였다. 근대 초기에 유산계급(the propertied classes)이 결혼할 때는 통상적으로 신부의 아버지가 사위에게 자신의 딸을 지켜 주는 비용으로 자산이나 일정액의 돈을 지참금으로 지불하였다. 밀턴도 파월 집안의 당시 형편에 비추어 상당히 괜찮은 액수인 천 파운드의 지참금을 받기로 되어 있었으나 1674년 그가 죽을 때까지 그 돈을 받지 못했다.

밀턴은 33세의 나이에 앞서 말한 17세의 "가난한 집안의 처녀"와 결혼을 했다. 당연히 그녀는 그가 잠자리를 같이한 첫 여자였을 것이다. 밀턴의 초기 전기 작가들은 그 관계가 처음부터 실망스러운 점이 없지 않았다는 사실에 대체로 의견을 같이한다. 얼마 후 그녀는 친정으로 돌아갔으며 그곳에서 삼 년을 머물렀다. 그렇게 된 가장 큰 원인은 내란이었던 것 같다. 옥스퍼드는 왕당파의 임시 수도였고, 밀턴은 의회파의 본거지인 런던에 살고 있었다. 왕당파였던 파월 집안사람들은 골수 청교도인 밀턴과의 혼인 관계로 인해 자신들의 집안이 어려움에 처할 수 있다고 판단했을 것이다. 이들의 결혼 관계에 대한 자세한 속사정을 알 수는 없지만, 이런 개인적인 사건을 겪음으로써 급진적이고 탐구심이 많은 밀턴이 당시 별로 논의가 되지 않았던 이혼 개혁이라는 문제를 집중적으로 다루게 되었을 것이라는 사실은 쉽게 추측할 수 있다. 『이혼론』에서 밀턴은 결혼하기 전에 서로의 성격을 신중히 살펴야 하겠지만 대개의 경우 아가씨들은 새침을 떨며 자신의 나태한 본성을 숨기는 경우가 많기 때문에 결혼하고 나서야 도무지 대화의 상대가 되지 않는 사람임을 알게 될 가능성이 충분히 있다고 주장한다. 그러면서 착실하고 훌륭한 신사일수록 배우자를 선택하는 문제에서는 경험이 없어서 실수를 저지르는 경우가 많다며, 마치 자신의 경우를 이야기하듯이 강변하고 있다(*CPW* 2. 249).

밀턴이 이혼 개혁을 위해 활동한 것은 자신의 아내와 이혼하기 위한 새로운 구실을 만들기 위해서일까? 콘즈(Thomas Corns)는 이 문제가 밀턴에게 그처럼 단순한 것이 아니었다고 주장한다. 1643년 여름 밀턴이 시작한 운동은 정서적으로나 지적으로 혹은 사상적으로 도저히 서로 성격이 맞지 않아서 결혼의 좋은 목적이 달성될 수 없다면 법을 고쳐서라도 구제책을 마련해 주어야 한다는, 결혼에 대한 그 시대의 진보적인 생각과 일치했다는 것이다(Corns 38-39). 그러나 밀턴이 내린 논리적인 결론인 인간관계를 중시하는 고상한 결혼관을 동시대인들은 받아들이기 어려웠던 것으로 보인다. 당시의 법에 의하면 결혼을 성례(sacrament)로 간주하면서, 재혼을 할 수 있는 권리가 있는 이혼이란 없으며, 간음이나 성적 불구, 혹은 처자 불법유기(desertion)의 경우에만 이혼이 허용되었다. 따라서 이혼한 경우 일반적으로 양측의 재혼은 허용되지 않았으며, 오늘날의 별거와 같이 혼자 먹고 잘 수 있는 자유만 허락되었다(Patterson 280). 이혼은 부부 중 한 명의 잘못에 의해 성립되었고, 서로를 불행하게 하는 결혼이라는 개념은 법적인 이혼의 사유로 중요한 의미를 지니지 못했다. 이혼에서 일반적으로 문제가 되는 것은 부부가 성생활을 할 수 있는지, 또는 상대가 다른 상대에게 성적으로 충실한지 등 근본적으로 성적인 내용들이었다. 물론 밀턴도 결혼이 일반적으로 성적인 관계이고 성생활이 결혼에서 중요한 부분임을 인정한다. 그러므로 그는 이혼을 하지 못하고 재혼을 할 수 없어 성적 불만을 느낀 남편이 "창녀촌을 찾거나 이웃집 침실을 드나듦으로 잃어버린 만족을 채우게 될 때, 이는 이 불행의 일반적인 임시변통일 뿐이다"(piece up his lost contentment by visiting the Stews, or stepping to his neighbours bed, which is the common shift in this mis-fortune; *CPW* 2. 247)라고 했다. 양성 간의 지적인 조화의 중요성을 강조한 밀턴은 우발적으로 간음하거나 창녀를 찾는 것은 깊은 대화를 나누는 사랑과는 근본적으로 차원이 다른 것임을 분명히 하고 있다.

당시 유럽 대부분의 프로테스탄트 국가들이 결혼을 성례로 보는 견해를 거부하고 배우자의 간음으로 인해 이혼한 경우 잘못이 없는 쪽의 재혼을 허용한 데 반해, 같은 프로테스탄트 국가인 영국만 유독 재혼을 금하는 교회법을 고집한 점이 아이러니하다. 이에 밀턴은 단지 간음과 불감증의 경우에만 이혼을 허락하는 교회법을 고수함으로써 영국민들이 종교개혁을 이루는 데 더디다고 비판의 목소리를 높인다. 그는 성경을 근거로 이혼법의 개혁을 주장하고, 이혼을 허용하는 성경 본문과 이를 금하는 본문을 해석하면서 상충되는 이들 사이의 조화를 모색하고 있다. 밀턴은 모세가 "남편이 아내에게서 수치스러운 일을 발견하여 아내와 같이 살 마음이 없을 때에는"(she find〔s〕 no favor in his eyes, because he hath found some uncleanness in her) 이혼할 수 있다고 말한 신명기 24장 1-2절과 하나님이 "사람이 혼자 사는 것이 좋지 아니하니 내가 그를 위하여 돕는 배필을 지으리라"(it is not good that man should be alone; I will make him an help meet for him)고 한 창세기 2장 18절을 언급하면서, 육체적이고 정신적인 불일치 모두를 고려하는 좀 더 폭넓은 관점에서 이혼을 주장한다.

그렇다고 해서 밀턴이 사소한 이유로 이혼하는 것까지 옹호하는 것은 아니다. 진정한 결혼이란 정신적인 교감이 끊임없이 이뤄지고 영혼과 육체가 하나가 되는 것이므로, 이러한 결합을 이루지 못하는 개인의 경우에는 이들을 자유롭게 해 주기 위해 이혼이 허용되어야 한다는 것이다. 어떤 부부는 인간의 타락으로 생긴 "자신들의 잘못이 아닌 본성"(faultles proprieties of nature; *CPW* 2. 237)에 의한 기질이나 성격 때문에 서로 사랑할 수 없고, 따라서 서로의 외로움을 채워 줄 수 없는 경우가 있다. 사실 사랑하지 않는 배우자와 성관계를 갖는 것은 외로움을 달래 주기보다 오히려 외로움을 증대시킨다고 할 수 있다. 밀턴은 모세가 이혼의 사유로 신명기에서 말한 "수치스러운 일" 내지는 "부정함"(uncleanness; fornication)이란 성적인 부정만을 의미하는 것이 아니라 지적이고 정신적인 부조화(incompatability)까지 포함하는 것으로 본다. 즉, 이는 단지 간음과 같은 성적인 죄뿐만 아니라 "남편에게 확실한 모욕감을 주기 위해서인 듯 지속적으로 행해지는 고집 센 행동"(continual headstrong behaviour, as tends to plain contempt of the husband; *CPW* 2. 335)도 의미하는 것으로 해석한다. 그는 나아가 사사기 19장 2절에서 말한 "행음"(fornication)도 "간음이 아니라 남편을 거스르는 완고한 불순종"(stubborn disobedience against the husband, and not for adultery; *CPW* 2. 336)으로 이해해야 한다는 독특한 논리를 펴고 있다.

그러나 이러한 해석은 "음행한 연고 없이 아내를 버리면 이는 저로 간음하게 함이요 또 누구든지 버린 여자에게 장가드는 자도 간음함이니라"라는 신약 마태복음 5장 32절의 이혼을 엄격히 금하는 듯한 예수의 말과 관련지을 때 어려운 문제에 직면하게 된다. 예수가 마태복음 19장 3-9절에서 배우자가 간음한 경우 외에는 이혼을 분명하게 금한 것에 대해서 밀턴은 마음이 강퍅하고 위선적인 바리새인을 표적으로 한 가르침이라고 재해석한다. 이혼에 대해 서로 상반되는 듯이 보이는 성경의 구절들을 해석하는 밀턴의 전략은 예수의 말씀을 문자적으로만 해석해서는 안 되며, 때로 가혹하게 보이는 표현은 그 전후의 맥락을 고려하여 받아들여야 한다는 것이다. 예수가 이혼에 대해 한 말도 그를 시험하려고 미끼로 던진 질문에 대해 바리새인을 책망하기 위한 것이므로 이를 문자 그대로 협의적으로 해석할 것이 아니라 역사적 정황에 비춰 이혼을 너무 쉽게 하는 방종한 풍조를 책망하는 말로 봐야 한다는 입장이다. 김인성도 이 구절에 대해 이혼 증서만 주면 이혼할 수 있다는 바리새인들의 지나친 율법주의와 인색한 사랑을 예수가 질책하는 말로 해석하고 있다(88). 밀턴의 주장을 좀 더 자세히 살펴보면 다음과 같다. 즉, 이혼에 대한 모세의 가르침은 단지 실제적으로 재판의 기준이 된 사법적 법(judicial law)일 뿐만 아니라 도덕률(moral law)이기도 하다는 것이다. 따라서 만약 이혼을 허락하게 되면 유대인으로 하여금 죄를 범하도록 허락하고 심지어 이를 조장하는 모순에 하나님이 빠지게 되므로, 이런 이유로 예수는 이혼을 금했다고 본다.

밀턴은 결혼이라는 제도에 대해 "둘이 한 몸을 이룰지로다"라는 창세기 2장 24절 말씀은 "생육하고 번성하라"(창 1:28)는 명령이 의미하는 성생활이나 자손을 낳는 데 그 주된 목적이 있는 것이 아니라고 말한다. 그는 아담의 외로움을 달래기 위해 "돕는 배필"로 이브를 주었으므로 결혼의 목적은 진정한 교제에 있다는 사실을 강조한다. 성서는 남녀 간의 결혼을 교회와 그리스도의 결합에 비유하면서 그 신비를 강조하고 있지만, 그리스도와 교회의 결합을 결혼한 부부에 비유하는 것은 영육 간의 완전한 결합을 이루었을 경우에만 해당되며, 단지 함께 잠자리를 한다는 것만으로는 부부애의 은총과 신비를 겪을 수 없다는 것이 밀턴의 생각이다. 신은 인간의 고독과 외로움을 없애 주려고 영혼과 정신의 동반자인 "적절한 돕는 자"(a meet help; *CPW* 2. 240)를 만들어 주었으며, 결혼의 목적은 흔히 생각하듯 욕정에서 해방되기 위한 것도 아니고 생식과 출산을 위한 것도 아닌, 상호 위로와 도움에 있다는 것이 그의 주장이다. 이처럼 결혼에 대한 욕구는 단지 육체적 욕정의 대상을 구하려는 것이 아니라 동료애로 맺어질 적절한 교제의 대상을 찾으려는 열망이므로 밀턴은 이를 "이성적인 열정"(rationall burning; *CPW* 2. 251)이라고 부른다. 따라서 외로운 삶의 해악으로부터 남자를 위로하고 새 힘을 돋우어 주기 위해 남자와 여자 사이에 적절하고도 유쾌한 친교를 대화로 나누는 것이 결혼의 가장 큰 목적이라고 밀턴은 해석한다(최재헌 381).

그러나 콘즈는 이혼 팸플릿에 담긴 이러한 밀턴의 급진적인 생각은 국가의 정책을 바꾸거나 영향을 주기는커녕, 국가가 왜 이러한 이단과 이설을 억압해야 하는지에 대한 본보기를 제공해 준 꼴이 되고 말았다고 지적한다(43-44). 밀턴은 급변하는 상황 속에서 생겨나는 이단과 분파에 대해 극단적인 관용을 주장함으로써 의회나 웨스트민스터 위원회 내에서 다수를 차지하는 장로파의 반감을 샀던 것이다. 밀턴의 『이혼론』은 급속도로 악명 높아졌으며, 밀턴은 사회 조직의 근간을 이루는 결혼 제도를 무너뜨리고 이로 인해 재산의 합법적인 보존과 양도를 불가능하게 하는 성적인 자유주의자 내지는 방탕아로 간주되고 말았다. 결과적으로 그의 급진적인 이혼론은 장기의회나 웨스트민스터 위원회에서 진지하게 검토되지 못했다. 그러나 1644년 2월에 내용이 증보되어 재판된 『이혼론』은 독자들의 관심을 크게 불러일으켜 1645년 7월경에 매진이 될 정도로 많이 팔렸다.

밀턴은 순진하게도 자신의 주장이 청중들에게 환영 받을 것이라 예상하면서 자신이 "술과 기름 발명자들보다 나은, 시민과 인간의 삶에 공적인 은혜를 끼친 사람들 중 한 명으로 평가받기를"(be reck'n'd among the publick benefactors of civill and humane life; above the inventors of wine and oyle; *CPW* 2. 240) 기대하였다. 그러나 그는 자신이 개정판에 첨가한 것처럼 "인정받지 못하는 진리의 유일한 옹호자"(the sole advocate of a discount'nanc't truth)라는 "나쁜 평판"(evill report; *CPW* 2. 224)을 얻었을 따름이다. 결혼과 이혼 문제를 다룬 웨스트민스터 위원회에서 의장을 맡았던 허버트 파머(Herbert Palmer)는 1644년 8월 13일 의회에서 설교를 하면서 『이혼론』을 가리켜 "자신의 이름을 책에 넣어서 여러분들에게 헌납할 정도로 너무나도 무례하고 뻔뻔한 작가가 쓴 악하고 불태워져야 마땅한 책"(a wicked book . . . deserving to be burnt, whose author hath been so impudent as to set his name to it and dedicate it to yourselves)이라고 비방하였다. 개정판에 새롭게 덧붙인 제사(epigraph)인 "사연을 듣기 전에 대답하는 자는 미련하여 욕을 당하느니라"(He that answereth a matter before he heareth it, it is folly and shame unto him)라는 잠언 18장 13절은 당시 밀턴에게 가해졌던 신랄한 비판이 어느 정도였는지를 짐작하게 한다.

『이혼론』은 밀턴의 다른 중요한 이혼 소책자인 『테트라코던』(*Tetrachordon*)처럼 내용이 양분되어 있다. 그는 한편에서는 상호 간에 비난할 점이 없는 성격상의 불일치로 인한 이혼을 주장하고, 다른 한편에서는 남성의 정신적인 바람이나 기대를 저버린 여성을 맹렬히 비난하고 있다. 밀턴은 거의 평등주의에 가까울 정도로 동반자 사이의 조화를 강조하며 이상적 결혼을 분명하게 말하면서, 동시에 고린도 전서 11장 3절의 내용을 그대로 받아들여 남자는 "그를 위하여 지음을 받은 여자의 머리"(the head of the other sex which was made for him)라고 주장한다. 그는 순결하고 죄로부터 깨끗하게 회복된 성(redeemed sexuality)에 대한 비전을 품고 있으면서, 한편으로는 정신적으로 조화를 이루지 못하면서 육체적으로만 하나가 되는 부부는 "한 몸이 되기보다는 오히려 억지로 묶여 있는 두 시체이거나 … 죽은 송장에 묶여 있는 살아 있는 영혼일 것이다(instead of beeing one flesh, they will be rather two carkasses chain'd unnaturally together; or . . . a living soule bound to a dead corps; *CPW* 2. 326)라며 성관계를 격이 떨어지는 용어로 묘사한다.

밀턴이 이처럼 대비되는 주장을 동시에 하고 있는 것은 서로 맞지 않는 부부 사이에 사랑도 없이 가지는 성관계를 견딜 수 없이 혐오스러운 행위로 여길 정도로 그가 결혼과 부부의 성에 대해 이상주의적 시각을 지니고 있음을 분명히 보여 준다. 『이혼론』은 3인칭 시점을 사용하고, 언급된 수많은 무분별한 결혼의 예를 복수로 교묘히 위장하지만, 이런 장치에도 불구하고 독자들은 밀턴의 적나라한 모습을 충분히 읽어 낼 수 있다. 밀턴이 사용한 성적인 언어표현을 분석해 보면 그의 성적 혐오가 개인적인 경험과 무관치 않음을 알 수 있다. 밀턴은 이성애적 행위를 동물적인 것과 동일시할 뿐 아니라 신체적 노동 또는 고역으로 여기고 있고, 은유와 완곡어법을 도처에 사용함으로써 오히려 상황을 악화시킨다. 이는 여성주의 비평가들이 『이혼론』에 나타나 있는 밀턴의 추상적인 사고와 철학적 이상주의가 바로 여성 혐오 전통을 드러내고 있다고 비판하는 부분이기도 하다.

『이혼론』에서 찾아볼 수 있는 이러한 상충되는 듯한 내용은 실제로나 겉으로 보기에 모두 밀턴의 자전적인 상황과 관련이 있고, 또 그 상황을 설명해 주기도 한다. 『이혼론』은 밀턴처럼 단지 배우자를 잘못 선택하여 성적인 만족을 누리지 못하고, 신으로부터 허락받은 영혼과 육체의 결합을 박탈당한 고결한 젊은 남자를 3인칭 시점에서 강조하여 묘사하고 있다. 밀턴은 반주교제 팸플릿과 초기 시에서 그의 예언자적 재능과 문학적 위대함이 자신의 흠 없는 미덕과 순결함과 밀접히 연관되어 있는 것으로 이야기한다. 그런데 지금 그는 불행한 결혼생활의 중압감 아래서 혹시나 신과 멀어지는 것이 아닐까 하는 우려에 깊이 빠져 있으며, 이혼에 대한 주장 때문에 자신이 온 국민으로부터 난봉꾼이라고 욕을 듣는 냉혹한 현실을 깨닫는다. 밀턴은 "여호와 하나님이 가라사대 사람이 독처하는 것이 좋지 못하니 내가 그를 위하여 돕는 배필을 지으리라"라는 창세기 2장 18절의 말씀처럼 돕는 배필과 이상적인 결혼을 희망하면서, 자신이 사랑하지 않는 여성과의 결혼이라는 덫에 걸렸다고 말한다. 그 결과 그녀와의 성생활이 "영혼의 합법적인 만족"(the souls lawfull contentment)에서 생겨나는 "평화와 사랑의 순수한 감동"(the pure influence of peace and love)의 "원천"(fountain; *CPW* 2. 249)이기보다는 "기쁨도 없이 노예처럼 방아 찧는 노동"(that to grind in the mill of an undelighted and servile copulation; *CPW* 2. 258)과 같다고 토로한다. 이 소책자에 사용된 밀턴의 언어를 분석한 르 꽁뜨(Edward Le Comte)는 『밀턴과 성』(*Milton and Sex*)에서 이는 성적 경험에 대한 개인적인 혐오감을 기록한 것이라고 결론을 내리고 있다(29-30). 이처럼 『이혼론』은 이상적인 바람과 동시에 이러한 기대가 깨어진 데서 느끼는 씁쓸함을 구체적이고 사실적으로 표현하고 있다.

3 독자들은 『실낙원』(*Paradise Lost*)과 그 이후의 작품들에서 젠더 관계에 대해 씨름하는 『이혼론』의 흔적을 읽을 수 있다. 시에서 남성과 여성의 성이 가부장적인 관점에서 다뤄지고 있는지, 아니면 평등하게 묘사되고 있는지를 두고 현대 독자들 사이에 많은 논란이 일고 있다. 지금까지 비평가들은 밀턴을 영문학에서 가장 가부장적인 시인 가운데 한 명으로 간주해 왔으며, 그의 시에는 실제로 매우 남성 중심적인 생각들이 많이 드러나 있다. 그럼에도 불구하고 이 열정적이고 감각적인 시를 쉽게 가부장적인 시로 분류하기는 힘들다. 왜냐하면 『실낙원』에서는 남녀 간의 관계가 종종 가부장적인 모델과 평등한 모델 사이를 오가면서 다뤄지고 있기 때문이다. 남성과 여성의 복잡한 관계를 다룰 때에 『실낙원』은 상하관계와 평등이라는 문제에 대해서 모호하고 심지어는 모순되는 입장을 취하고 있기까지 하다. 다음은 『실낙원』에서 가장 문제시되는 부분 중의 하나인 아담과 이브를 묘사한 단락이다.

둘은
성이 같지 않아 보이는 것처럼, 똑같지는 않지만,
남자는 사색과 용기를 위하여,
여자는 부드러움과 상냥하고 매력적인 우아함을 위하여 만들어졌다,
그는 하나님만을 위하여, 그녀는 그 안의 하나님을 위하여.

though both
Not equal, as thir sex not equal seem'd;
For contemplation hee and valour form'd,
For softness shee and sweet attractive Grace,
Hee for God only, shee for God in him. (*PL* 4. 295-99)[8]

여기서 벌써 성적인 평등과 상하관계 사이의 긴장을 느낄 수 있다. 이 구절에 대해서는 주로 두 방향으로 해석되는데, 밀턴을 여성혐오주의자로 보거나 아니면 복잡한 17세기의 역사적·문화적 맥락에서 아담과 이브의 재현을 평가하거나이다. 밀턴은 여성의 창의성을 침묵시켜서 이브를 학대하고 있다는 비난을 받아 왔다. 그러나 역사적 맥락에서 아담과 이브를 조명하게 되면 공격을 받으면서도 감동적이고 강하고 웅변적인 사람으로 밀턴을 옹호하는 쪽으로 기울게 된다. "동등하지 않고"와 같은 구절들은 남녀관계나 성별에 있어서 가부장적인 관점을 보여 준다. 특히 마지막 행은 남성이 여성의 머리이며, 따라서 남성이 여성보다 우위에 있고 아내는 남편에게 복종해야 한다는 성경의 사상을 반영하고 있다. 그러나 이 장면들이 사탄이 에덴동산을 처음 조사하는 동안에 일어났다는 사실에 주목할 필요가 있다. 즉 아담과 이브 부부와 이들이 에덴에서 누리는 즐거움을 질투심 어린 시선으로 바라보는 사탄의 관음증적인 시각에서 제시되고 있다는 점이다. 이는 화자의 관점을 액면 그대로 받아들이는 것을 어렵게 하면서 독자들의 반응을 상당히 복잡하게 만들고 있다. 그렇다면 여기서 "성이 같지 않아 보이는 것처럼"이라는 생각은 누구의 견해인가? 에드워즈(Karen L. Edwards)도 말한 바와 같이 『실낙원』에서 'seem'과 'seeming'은 창조자와 창조 사이의 사랑의 결속을 피조물이 이해하지 못한다는 사실과 사탄의 이중성을 나타내는 단어이다(145). 그렇다고 해서 위의 구절을 단순히 사탄의 관점이라고 단정할 수만은 없다. 다만 위의 구절에서 우리가 짐작할 수 있는 부분은 아담과 이브가 각기 다른 자질과 미덕을 지녔다는 사실이다.

8 밀턴의 시는 *John Milton: Complete Poems and Major Prose*, ed. Merritt Hughes (New York: Odyssey, 1957)에서 인용하였다.

이혼 팸플릿에 나타난 결혼에 관한 논의가 『실낙원』의 아담과 이브의 결혼의 청사진이라고 할 수는 없다. 이혼 팸플릿이 목표로 한 표적은 당시 타락한 결혼 개념이었다. 『실낙원』은 결혼에 대한 팸플릿이나 이론적 분석이 아니라 시이며, 그 속에서 아담과 이브의 특별한 관계가 상상적으로 드러나 있다. 유의할 점은 시에서 타락한 피조물은 계급과 계층, 그리고 상대적 지위에 집착한다는 것이다. 지옥에서는 비교급과 최상급을 끊임없이 사용한다. 반면에 천국에서는 각각의 피조물을 다른 피조물과 절대적 비교를 하지 않으면서 각각의 독특하고 구별된 탁월함을 찬양한다. 위의 구절에서는 계급에 대한 집착이 밑바닥에 잠재되어 있음을 느낄 수 있는데, "둘은/ 성이 같지 않아 보이는 것처럼, 똑같지는 않지만"이라는 표현은 사탄이 계층과 지위에 대해 보이는 관심과 일치한다. 그러나 "both/ Not equal"이라는 독특한 문법적 구성은 서로 다르다는 것을 어느 정도 인정하지만 그것보다는 아담과 이브의 동질성을 더 강조하는 표현이다. 여성은 남성의 영광을 동등하지는 않지만 상당 부분 공유한다는 말이기도 하다. "같지 않고"(Not equal)라는 말은 "성적인 특질"(thir sex)이 동일하지 않은 것처럼 그들이 동일하지 않다는 것을 의미한다. 이는 아담의 특별한 장점인 사색과 용기가 이브의 부드러움, 상냥하고 매력적인 우아함과 대조를 이룬다는 점에서 다시 한 번 강조된다. 당시의 문화 배경 속에서 사색과 용기는 부드러움과 매력적인 우아함보다 더 높은 가치를 부여받았다. 따라서 사색과 용기는 전통적으로 남성적인 것으로, 부드러움과 우아함은 여성적인 것으로 여겨졌다. 그럼에도 불구하고 밀턴은 두 가지 미덕 모두가 생산적인 인간존재의 필수항목이라 믿었는데, 아담의 미덕은 독립적 개별성과 철학적 사색을 촉진하며, 이브의 미덕은 친교와 의사소통을 육성하는 인간관계를 가능하게 하기 때문이다.

후에 이브가 아담을 "나의 안내자이며 머리"(my Guide/ And Head; *PL*

4. 442-43)라고 부른 것은 아담이 그녀를 “유일한 짝이며 이 모든 즐거움의 유일한 부분”(Sole partner and sole part of all these joys; *PL* 4. 411)이라고 부른 것에 대한 응답이었다. 말하자면 사랑으로 이루어진 그들의 연합은 사소한 불평등보다는 거의 평등함을 강조한다. 이러한 밀턴의 해석은 당시 프로테스탄트주의자들과 목사들에게는 전형적인 것이었다. 그들은 남성이 여성보다 우월하다는 사실보다는 여성이 사랑과 결혼을 통해 남편의 수준에 얼마나 가까이 도달할 수 있는가에 초점을 맞추고 이를 강조하였다.

밀턴을 현대의 페미니스트로 보는 것은 그를 여성혐오주의자로 보는 것 만큼이나 부당하다. 아담과 이브의 관계를 해석하기 위해서는 밀턴의 결혼관을 이해하여야 한다. 종교개혁과 17세기 청교도의 가르침, 그리고 고전, 중세 르네상스 시와 철학에 기초한 그의 결혼관은 그의 작품에 명백하게 드러나 있다. 『실낙원』에서 아담은 이브를 처음 보았을 때 다음과 같이 말한다.

지금 나는
내 뼈 중의 뼈, 살 중의 살, 내 자신을
눈앞에 보고 있습니다. 그 이름은 여자, 남자에게서
나왔으니, 이 때문에 남자는 부모를 떠나
아내와 합쳐 한 육체가 되고
한 마음 한 영혼이 되리이다.

I now see
Bone of my Bone, Flesh of my Flesh, my Self
Before me; Woman is her Name, of Man

Extracted; for this cause he shall forgo
Father and Mother, and to his Wife adhere;
And they shall be one Flesh, one Heart, one Soul. (*PL* 8. 494-99)

밀턴은 이브가 다른 여성들과는 달리 "남편의 갈비뼈에서 나왔으며"(moulded out of her husbands rib) 그래서 이 둘은 다른 어떤 커플보다 "더 가까운 결합관계"(a neerer alliance)라고 강조한다(*CPW* 2. 601). 이런 점에서 이브는 아담의 몸의 일부이고 따라서 그의 "자신"(Self)이다. 실낙원에서 아담과 이브는 완전히 분리된 개체가 아니라 서로 연합하여 하나의 인격체를 이루고 있다고 보아야 할 것이다. 밀턴은 "한 육체"(one flesh)에 "한 마음, 한 영혼"을 추가하여 아담과 이브의 결혼의 본질을 말하고 있다. 성적인 결합은 그 자체로는 결혼의 목적이라 할 수 있는 남성과 여성의 친밀한 결합을 가져오지는 않기 때문에, 밀턴은 성경의 "한 육체"가 감정과 영혼의 결합을 포함해야 한다고 주장한다. 이런 의미에서 밀턴은 "사랑과 위로와 적절한 돕는 자"(love and solace and meet help; *CPW* 2. 603)가 없는 결혼은 결혼이 아니라고 보는 것이다. "한 육체, 한 마음, 한 영혼"은 육체뿐만 아니라 마음과 영혼이 함께하지 않는 결혼은 결혼의 목적을 흐리게 하므로 종료되어야 한다는『이혼론』의 핵심적인 사상을 표현하고 있다. 이와 같이『실낙원』에 묘사된 에덴동산의 결혼은 1640년대의 논쟁 속에서 형성된 견해를 반영하고 있는 것으로 보아야 한다.

밀턴이 결혼 초 겪은 불행으로 심한 모욕과 실망을 느낀 후 쓴『이혼론』에서 강조하는 것은 "남편도 아내만큼이나 결혼 생활에서 견딜 수 없을 만큼 상처를 받을 수 있다"(a husband may be injur'd as insufferably in mariage as a wife; *CPW* 2. 324)라는 사실이다. 밀턴은 아내란 남편에게 안정감과 위로를 줄 수 있어야 하는데, 그렇지 못할 경우 남편에게 외로움만 더 느끼게 하기에 이러한 공허한 관계는 하나님이 맺어 준 결혼의 원래 의미에서 크게 벗어난 것이라고 주장한다. 이혼에 대한 자신의 주장이 양성의 행복을 위한 것이라고 말하지만, 콕스(Rosanna Cox)도 지적한 바와 같이 이혼 팸플릿에서 밀턴이 결혼의 의미를 재평가하고 이혼에 대해 제안하는 내용은 주로 남성의 행복을 위한 것이라고 일반적으로 이해된다(136-37). 밀턴은 결혼의 심리적·사회적 측면은 무시하고 육체적인 면만을 강조하여 위선을 조장하는 법률 체제의 잘못을 지적하면서, 기질적으로 맞지 않아 행복한 결혼 생활이 불가능한 부부에게는 새로운 기회를 제공해야 한다고 주장하였다. 그러나 김인성이 지적하듯이 "부부 상호 간의 사랑을 바탕으로 한 자유로운 영혼의 대화를 이상적인 결혼으로 제시하고 있지만 이 관계에서 상호적인 이해를 보낼 사람은 오로지 여성뿐"(101)이라는 모순을 안고 있다고 하겠다.

이처럼 서사시 『실낙원』과 첫 이혼 소책자에서 발견되는 밀턴의 남성 우월적 주장은 그가 살던 시대와 성경에서 일반적으로 통용되던 생각이라고 할 수 있다. 그렇다면 밀턴이 남긴 중요한 공은 남녀 간의 영적인 대화를 바탕으로 한 결혼에 대한 비전이 가장 깊은 수준에서 아담과 이브를 묘사함으로써 제시되고 있다는 점일 것이다. 이 비전은 주로 이브의 입을 통해 "그대와 함께 이야기 나누다 보면 시간 가는 줄 몰라요"(With thee conversing I forget all time; *PL* 4. 639)와 같은 사랑스러운 대사를 통해 서정적이고 아름답게 표현되고 있다.

4 성의 정치학에 대해 민감한 오늘날의 비평가들은 밀턴의 『이혼론』에 담긴 남성중심주의에 주목해 왔다. 여성에게서 지적인 교제를 갈망하면서 무과실 이혼(no-fault divorce)을 주장한 밀턴은, 이론상으로는 양성 간의 상호 존중을 높이 평가하며 이를 주장하고 있지만 실제로는 여성이 남

성을 위해 창조되었다는 남성 중심의 가치를 견지하고 있다는 비판을 받기도 한다. 예를 들어 나이퀴스트(Mary Nyquist) 같은 비평가는 밀턴이 부부 사이의 친밀한 상호 관계를 주장한 점이 높이 평가되고 있으나, 실제로 이혼에 관한 논문에서 이를 언급한 부분은 매우 짧을 뿐만 아니라 그 논지가 균형감을 잃고 너무 추상적인 개념의 벼랑 끝에 불안정하게 서 있다고 비판한다(105). 이는 밀턴의 개혁적인 이혼론의 바탕에는 남성이 자신의 아내를 지배하고 다스릴 권한이 있으며 양성의 지위에는 엄연한 불균형이 존재한다는 남성 중심적인 생각이 뚜렷이 존재하고 있음을 지적하는 말이다. 그러나 비록 그의 이혼에 관한 이론이 논리적으로는 일관성이 결여되어 있다 하더라도 심리적으로나 언어적으로는 일관성을 갖추고 있으며, 모든 글이 그의 대담하고 굴하지 않는 이상주의적인 성격을 그대로 반영하고 있음은 인정해야 할 것이다.

밀턴은『이혼론』재판에서 이혼법을 개정할 수 있는 힘이 1640년대 중반 당시에 웨스트민스터 위원회와 의회에 있음을 알고 이들을 주 독자층으로 하여 글을 썼다고 밝혔다. 만약 이 위원회가 밀턴의 생각을 받아들였다면 의회는 개혁적인 이혼법안을 통과시켰을 것이다. 그러나 밀턴이 가장 중요시한 독자인 엄격한 청교도 성직자와 그들의 정치적 후원자들은 공적이거나 사적인 삶의 영역에서 여성의 평등을 받아들이지 않았을 것이 분명하다. 지금까지 이혼법은 혼외정사나 성불구와 같이 성적인 문제만 이혼 사유로 인정하였으나, 정신적인 문제를 육체적인 문제보다 훨씬 중요시한 밀턴은 성적인 문제만을 중요시하는 이혼법이 보다 차원 높은 문제를 고려하는 이혼법으로 대체되어야 한다고 생각했던 것이다. 성적인 관계란 단순히 성적인 것 이상이어야 한다는 밀턴의 주장은 오늘날 인간적인 애정을 강조하는 의미로 받아들여지고 있다.

결과적으로 말해서, 이혼에 대한 자신의 주장으로 인해 “시민과 인간의 삶에 공적인 은혜를 끼친 사람들" 중의 한 사람으로 여겨지길 바랐던 밀턴의 희망이 완전히 빗나간 것은 아니었다. 결혼을 "대화가 통하는 어울리는 영혼"(fit conversing soul〔s〕; *CPW* 2. 251)의 결합이며 동등하거나 거의 동등한 자들이 멍에를 매는 것이라고 보는 그의 생각은 시대를 훨씬 앞선 것이었다. 영국에서는 부부가 어느 한쪽의 과실에 의하지 않고도 이혼할 수 있도록 하는 법이 1971년에 제정되었는데, 스톤은 이러한 생각이 바로 밀턴의 주장에서 시작되었음을 밝히고 있다.

> 성적인 자유와 급진적인 생활양식의 큰 물결이 서구를 뒤덮고 있던 1969년에 평의원 엡스(Mr L. Abse)는 무과실 이혼(no-fault divorce)에 관한 새로운 생각을 법으로 제정하자는 법안을 영국 의회에 제출했다. 부부간 과실에 관한 옛 원칙을 버리고 이제 이를 대체할 원칙은 1640년대에 존 밀턴이 처음 주장했던 것인데, 돌이킬 수 없이 파멸로 치닫는 부부 관계를 구제하는 것을 이혼의 유일하고 정당한 근거로 삼는 것이다. … 이 안건은 통과하여 1971년 1월 1일 법으로 제정되었다. (Stone, *Road to Divorce* 406, 409)

만약 우리가 불행한 결혼생활을 하는 부부가 간음이나 성적 무능력에 대해 입증하지 않고도 이혼할 수 있다고 생각한다면 그 시대에는 사실상 거의 아무도 동조하지 않았던 밀턴의 주장을 따르고 있는 것이다.

2) 『교육론』

밀턴은 1640년 이후로 궁극적인 개혁을 위한 법적 혹은 신학적 전통과 성경의 재해석자이면서 교사로서 교육 프로그램에 전적으로 몰두하는데, 『교육론』이나 『아레오파기티카』를 쓴 목적도 이런 맥락에서이다. 그는 사무엘 하틀립(Samuel Hartlib)을 중심으로 한 과학적인 개혁가 그룹과 밀접한 관계를 유지했다. 이들 그룹에서는 최종적인 개혁의 성격을 논하면서 국제적인 흐름에 맞추어 급진적인 종교와 정치, 그리고 자연철학에 대한 생각을 서로 공유하였다(Smith 105). 얼마 전까지 주교제로 인하여 부패한 영국 교회를 개혁하기 위해 애썼던 밀턴은 1644년에 『교육론』이라는 소책자를 통해 영국의 교육 체제를 개혁하기 위한 또 다른 싸움을 시작한다. 1640년대 영국에서는 이상적인 공화정에 대한 자신의 생각과 사상을 팸플릿이라는 열린 형태의 공적인 장(場)을 통해 발표하는 경우가 많았는데, 이때 팸플릿은 하나의 주제에 대하여 주장하기에 충분한 8~16쪽 정도의 분량이었다. 밀턴은 이 교육 개혁안이 친척과 알고 지내던 귀족 자제들을 자신이 직접 소규모로 가르쳐 본 경험을 바탕으로 한 것이기는 하지만, 이 계획이 시간의 제한을 받지 않고 어느 때나 모든 교육 개혁에 적용될 수 있는 보편적인 시도가 되게 하려고 했다. 『교육론』은 이러한 주제를 다룬 다른 팸플릿에 대해서는 별로 언급하지 않고 자신이 선생이자 교장으로서 학교를 운영해 본 실제적인 경험에 기초하고 있기 때문에 놀랄 만큼 독창적이고 개인적인 성격을 띠고 있다(Flannagan 64). 원래 이 글은 밀턴이 개혁가 하틀립 등을 중심으로 한 과학과 교육 사상가와 정책 입안자들을 포함한 소수의 독자를 염두에 두고 쓴 것이어서 제목이 "거장 하틀립 씨에게"(To Master Samuel Hartlib)라고 되어 있다. 말하자면 『교육론』은 "거장" 사무엘 하틀립에게 보내는 편지 형식의 글로서 자유공화국의 이상적 지도자를 육성하기 위한 교육 프로그램을 제안한 것이라고 할 수 있다.

밀턴이 살았던 시기의 잉글랜드에서 새로운 교육학을 지지한 대표적 인물이었던 하틀립은 프러시아인 이주자이면서 18세기에 기획자 혹은 거장이라 불렸으며, 과학과 교육의 혁신을 위한 수많은 시도와 고안을 가지고 사회를 향상시키는 데 관심이 있었다. 그는 자신의 계획을 영향력 있고 신뢰할 수 있는 인물들에게 알리고 자문을 구했으며, 이 정보에 대해 그들은 분석하고 비판하고 검증함으로써 의견을 주고받았다. 하틀립이 자문을 받는 인적 네트워크에는 네덜란드와 뉴잉글랜드에 있는 사람들까지 포함되어 있었다. 그는 양봉에서부터 담배 재배, 누에 키우기와 물고기 포획에 이르기까지 다양한 방면에 관심이 있었다. 17세기 중반 프로테스탄트 의회에서 비공식 고문 역할을 한 하틀립은 잉글랜드 농경지의 효율적인 사용이나 버지니아 식민지에서의 이상적인 사회 계획 등 다양한 정책을 지지했다. 국가적 산업에 대한 기여와 헌신으로 그는 의회로부터 연금을 받게 된다. 하틀립은 근대 교육의 아버지라 불리는 체코의 교육자 코메니우스(Johann Amos Comenius)[9]를 1641년 잉글랜드로 초청하였으며, 1640년대 초에는 밀턴이 교사로서 생계를 이어 가면서 교육에 관련한 책을 쓰도록 요청한다. 이에 대해 밀턴은『교육론』에서 "지금 교육 개혁에 대해 글을 쓰는 것은 당신의 간절하고 진심 어린 간청 때문입니다"(to write now the reforming of Education, . . . by your earnest entreaties, and serious conjurements; *CPW* 2. 362-63)라고 말한다. 하틀립은 국가가 10년 후에나 알아보게 되는 존 밀턴의 뛰어남을 이미 알았던 것 같다.

오늘날 '휴머니즘'이란 말은 쉽게 그 의미를 파악하기 어려운 용어가 되

9 코메니우스는 보헤미아의 니브니체에서 하층 중간계급인 제분업자의 아들로 태어났으며 그의 성장기는 매우 불우했다. 24세 때인 1616년, 종교개혁자인 요한 후스에 의해 시작된 보헤미아 형제교단의 목사가 된다. 보헤미아 왕국의 민중에게 큰 세력을 가지고 있던 '보헤미아 형제교단'의 목사로 재직하던 그는 30년 전쟁(1618~1648) 중 합스부르크가의 박해를 받아 신교도라는 이유로 추방당하고, 이때부터 도피와 은둔 생활을 시작하게 된다. 이때 그는 조국의 해방이 전 국민의 계몽에 기초하며, 모든 청소년을 조직적이고 효과적으로 교육하기 위해 합리적인 학교교육 제도를 수립해야 한다는 것을 깨닫게 된다. 그는 모든 계급의 남녀 아동을 동일한 학교에서 교육하라는 공립 집단 교육을 주창했으며, 근대 자연과학과 경험주의, 리얼리즘 사상을 도입한 교육론을 펼쳤다. 폴란드·영국·스웨덴 등을 전전하다가 1670년 암스테르담에서 생애를 마친 코메니우스는 17세기 최고의 교육자이자 세계평화주의자로서 오늘날까지 기억되고 있다.

어 버렸지만, 근대 초기의 학자들에게 이 단어는 그리스와 라틴의 고전에 기초한 교육 프로그램을 의미했다. 이탈리아에서는 13세기까지 거슬러 올라갈 수 있는 이 프로그램의 발생이 종종 서구 문화의 한 시기로서의 르네상스의 두드러진 특징으로 여겨진다. 『교육론』이 전통적인 휴머니즘을 옹호하는 글임에도 불구하고 이 팸플릿은 휴머니즘의 문화적 영향을 종결짓기 위해 몰두한 17세기 유럽의 교육에 기원을 두고 있다. 17세기에 들어서 새로운 교육학이 등장하기 시작했는데 그 대부분의 지지자들은 프로테스탄트였다. 몇 세기에 걸쳐 수많은 역사적 변화를 겪은 후에 점차 새로운 교육학이 도입되기 시작했으며 그 변화는 전 세계 교육 시스템에서 실행에 옮겨져 과학적 경험주의가 교과 과정을 지배하게 되었다. 베이컨(Francis Bacon)의 책들, 그중에서도 특히 『노붐 오르가눔』(*Novum Organum*)[10]에서의 전통적인 논리학과 수사학에 대한 공격은 이들 개혁자에 의해 칭송되고, 그리스와 라틴 학문 연구의 무미건조한 풍조에 대한 대안으로 제시된다. 일반적으로 인문학을 대표하는 문학은 신이 창조한 세계나 베이컨이 근대의 과학적 방법으로 측정한 세계가 아니라 자신의 언어로 창조한 세계에 얽매여 있는, 진정한 학문이 아니라 현학적이고 속물적이며 엘리트주의적인 가짜 학문으로 인식되었다. 그래서 코메니우스는 국가의 지원하에 남학생이든 여학생이든 모든 아이들에게 경험적이고

10 1620년에 영국의 철학자 베이컨이 라틴어로 쓴 책. 과학적·철학적 탐구를 위한 귀납법을 설파하고 있다. 아리스토텔레스의 논리학서인 『오르가눔』에 대항한다는 뜻으로 붙인 이름이다. 고대의 연구 방법에 대한 새로운 근대 과학의 연구 방법을 제창하였다는 철학사적 의의를 갖는다. 중세적인 사유 방법에 대한 결별과 근대적 귀납법을 상징하기도 한다. 제명은 새로운 학문의 도구 또는 방법을 의미하며 '신기관'이라고 번역된다. '아는 것이 힘이다'라는 16세기 자연의 해석과 인간의 자연 지배에 대한 새로운 시각을 제시한 책으로 평가받는다. 베이컨은 젊었을 때부터 학문의 개혁에 뜻을 두어 1605년에 『학문의 진보』를 공표한 후, 전 6부로 구성되는 『대개혁』을 구상하고 그것의 실현을 위하여 노력하였다. 과학적 귀납법을 제창한 이 책은 그 『대개혁』의 제2부에 해당된다.

직업적인 교육을 제공하는 학교를 선호했다. 인문학 교과 과정에서 학생들이 책을 읽되 그리스와 아시아 사이의 전쟁을 배우기 위해서 헤로도투스(Herodotus)를 읽고, 드라마의 방식을 알기 위해서 도나투스(Donatus)를 읽으며, 대중연설의 기교와 규범을 이해하기 위해서 퀸틸리아누스(Quintilian)와 키케로(Cicero)를 읽는 식이다. 라틴어도 여전히 가르치지만 단순함과 효율성을 강조하는 아주 능률적인 방식으로 교육하였다.

밀턴은 르네상스 교육학에 대해 코메니우스가 비난한 몇 가지 점에는 전적으로 동의했다. 그는 교육이 비경제적이고 비능률적이며 낙담스럽다고 생각했다. 특히 무용지물이 되어 버린 논리학을 혐오하면서 전통적인 커리큘럼에 베이컨이 중요하게 강조한 과목들이 없다는 사실을 개탄했다. 직업 교육을 제안한 코메니우스처럼 밀턴도 실질적인 전문가로부터 배우는 것이 현명하다고 생각했다. 그러나 밀턴은 휴머니스트 교육을 받은 르네상스적 영감을 지닌 인물이기도 했다는 점에서 이들과 구별된다. 하틀립과 코메니우스는 풍요로운 예술과 문학의 힘에 대해 거의 얘기한 바가 없지만, 이 예술과 문학의 힘이야말로 밀턴에게는 존재의 중심이 되는 진리였다(Kerrigan 968).

『교육론』은 잉글랜드 혁명과 종교개혁을 완수할 엘리트를 교육하는 것을 목적으로 하기 때문에 기본적으로 기독교적 성격을 띠고 있다. 이 팸플릿은 가톨릭 전통의 영향을 강하게 지니고 있던 영국 교육의 커리큘럼에 개혁을 가하고, "하나님을 다시 바로 앎으로써 우리 시조가 망쳐 놓은 것을 회복하는 것"을 교육의 목적으로 선포하고 있다.

> 그러므로 교육의 목적은 하나님을 다시 바로 알고 그 지식으로 인해 그분을 사랑하고 닮아 가며 그분과 같이 됨으로써 우리 시조가 망쳐 놓은 것을 회복하는 것입니다. 이는 우리가 믿음이라는 하늘의 은총

과 하나 되어 최고의 온전함을 이루는 참된 미덕을 갖춘 영혼을 소유함으로써 가장 가까이 갈 것이기 때문입니다.

The end then of learning is to repair the ruins of our first parents by regaining to know God aright, and out of that knowledge to love him, to imitate him, to be like him, as we may the nearest by possessing our souls of true vertue, which being united to the heavenly grace of faith makes up the highest perfection. (*CPW* 2. 366-67)

밀턴은 이처럼 교육의 궁극적인 목표를 아담과 이브의 타락과 낙원에서 추방됨으로 인해 잃어 버린 것을 회복하는 것이라고 선언하고 있다. 종교적이고 신학적인 목표를 첫 번째 교육 목표로 제시한 그는 교육 개혁을 프로테스탄트 종교개혁의 마지막 단계라고 생각했다. 그리고 교육의 두 번째 목표로 "한 남성이 평화로운 시기나 전시에 공사(公私) 간의 모든 업무를 정당하고 능숙하고 관대하게 수행할 수 있게 하는 것"(that which fits a man to perform justly, skilfully and magnanimously all the offices both private and publike of peace and war; *CPW* 2. 378-79)이라며 훌륭한 시민으로 교육할 목적을 밝히고 있다. 그렇다면 우리 시조가 잃어버린 것을 회복하려는 교육의 목표는 콘즈의 지적처럼 청교도 국가의 지도층 엘리트를 대상으로 한 것이기 때문에 재산이 없는 남성에게는, 그리고 여성일 경우엔 어떤 계급의 여성에게도 상관이 없는 것이라고 할 수 있다(62-63). 즉, 그의 학교는 전시에 대비하여 유능한 장교를 양성하고, 평화로운 시기를 위해 농업을 진흥시키는 것과 같은 경제 발전을 도모할 유능한 인물이나 국회의원, 교회 지도자 등을 양성하는 것이 목적이었다. 전시에나 평상시에나 공사 간의 모든 관직의 업무를 공정하고 능숙하게 수행하도록 교육시키는 것을 학교의 목표로 설정하고 있는 것이다. 이러한 밀턴이 그리는 이상적인 학교는 베이컨적인 실용성뿐 아니라 존경할 만한 휴머니스트 작가들에 대해 시간을 할애한다. 신을 제대로 앎으로써 인간이 잃어버린 것을 회복하기 위해 교과 과정에 기독교 교육을 넣었을 뿐 아니라, 서사시와 음악 등 고전 교육과 군사 훈련 등 거의 모든 것을 배우는 시간이 있었다. "르네상스적 전인교육이라는 기반 위에 실용주의적 개혁을 도입"(송홍한 4)한 밀턴은 말하자면 구 교육학과 신 교육학 사이의 절충안을 구현한 선도적인 인물이었다고 할 수 있다.

밀턴의 교육학적 계획의 두드러진 특징 가운데 하나는 전체 커리큘럼을 마칠 때까지 독창적인 글쓰기를 뒤로 미루는 것이다. 그러고 나서 유능한 작가나 작곡가로 만들어 주는 것이 바로 교육의 최상의 역할이라고 보았다. 그는 당시 영국 학교의 교과 과정이 1년이면 쉽고 즐겁게 배울 수 있는 라틴어와 그리스어에 7~8년의 시간을 들이고 있다고 개탄하고 있다(*CPW* 2. 370-71). 당시 영국에서는 라틴어 문법을 기계적으로 암기하는 과도한 문법 중심의 교육 방식을 택하고 있었다. 그리고 밀턴은 아직 충분히 배우지 못한 미숙한 상태에서 교과 과정상 여러 가지 주제에 대해 글을 쓰는 것은 좋지 않으며, 작문은 학문적으로 무르익은 시기의 완성된 행위가 되어야 한다고 믿었다.

> 머리가 텅 빈 학생들에게 논문이나 시, 연설문을 쓰도록 강요하는데, 이러한 일은 성숙한 판단력으로 할 행위이며 오랜 독서와 관찰로 머리를 채우고 나서 마지막으로 할 작업입니다.

> forcing the empty wits of children to compose Theams, verses, and Orations, which are the acts of ripest judgement and the finall work

of a head fill'd by long reading, and observing. (*CPW* 2. 372)

이처럼 밀턴은 지나친 문법 중심의 교육과 성급한 글쓰기가 학습에 대한 흥미를 잃게 만드는 비효율적인 방법임을 지적하고 있다. 그리고 학문을 가르치는 일반적인 방법에 있어서도, 제일 쉬운 과목부터 시작하지 않고 논리학과 형이상학 등 가장 이해하기 어려운 책을 처음에 제시하여 학업에 싫증나게 만들고, 가치 있고 즐거운 지식을 얻는 대신에 파편적인 개념과 알아들을 수 없는 소리로 오히려 혼란스러움만 키우고 있는 교육 현실을 비판한다. 이에 밀턴은 쉬운 것부터 시작해서 어려운 것으로, 구체적인 것에서 추상적인 것으로, 감각적인 것에서 지적인 것으로 나아가며 단계별로 점진적으로 교육을 실시할 것을 제안한다. 그는 자기 자신도 시를 쓸 때 아직 글을 쓸 만큼 성숙하지 못했거나 준비가 덜 된 것은 아닐까 하는 걱정과 염려를 「소네트 7번」이나 「리시다스」의 첫 행 등 곳곳에서 비치고 있다. 『교육론』은 1644년에 출판되었으며, 곧이어 1645년에 『시집』(*Poems*)이 출판되었다. 이 시집을 출판했다는 사실은 밀턴이 마침내 예술적인 완성의 첫 단계에 도달했다는 것을 알려 준다. 밀턴은 『교육론』에서 표현된 교육적인 이상과 자신의 시적 야망의 성취 사이에 밀접한 관련성을 느꼈는데, 그가 죽기 한 해 전에 출간된 1673년판 시집(*Poems Upon Several Occasions*)에 "하틀립 씨에게 부치는 교육에 대한 소논문"을 전재(reprint)했다는 사실에서도 이러한 점이 암시된다. 밀턴이 산문 작품을 시집과 함께 출판한 것은 이것이 유일하다.

밀턴은 대중에게 무상으로 교육을 제공하고, 이 교육을 통하여 영국민이 도덕성(morality)과 영적 비전(spiritual vision)을 갖기를 원했다. 나아가 그리스도의 재림을 준비하면서 매 순간 최선을 다할 수 있는 사람을 길러 내는 것이 교육의 궁극적인 목표가 되어야 한다는 종말론적 비전(apocalyptic vision)을 가지고 있다. 전쟁과 정치적 격동의 시기에 밀턴은 소수의 학생을 선발하여 자신의 집에서 학교를 운영했다. 밀턴은 학생들이 배움의 첫 시기로부터 20대 초반까지 법학이나 의학 연구를 위한 대학원 교육을 제외하고는 전적으로 대학 교육을 폐지하고자 했다. 밀턴은 또한 학교가 큰 집에서 운영되어야 한다며 다음과 같이 구체적으로 제안한다.

> 우선 150명 정도를 수용할 수 있는 학원용 넓은 주택과 대지가 있어야 합니다. 20명 정도는 수행원들이고 지도경영 체계는 일원화되어 있어야 합니다.
>
> First to finde out a spatious house and ground about it fit for an *Academy*, and big enough to lodge a hundred and fifty persons, whereof twenty or thereabout may be attendants, all under the government of one. (*CPW* 2. 379-80)

실제로 밀턴은 자신의 큰 집을 학교로 사용했다. 그는 16세기에 헨리 8세가 가톨릭 교회의 토지와 건물을 국유화했던 것처럼 나라에서 부패한 성직자의 큰 집을 압류해서 자신에게 학교로 줄 것을 제안한다. 그는 학교에 많은 직원이 존재하지만 스탭의 존재에도 불구하고, 학교의 교장 선생(chief master)의 직위를 담임교사(one-room schoolmaster)의 직위와 같은 것으로 간주한다. 그리고 그 한 교사에게 학생들을 체벌할 수 있는 권한을 포함한 절대적 권위를 부여한다. 밀턴은 그 자신도 케임브리지에서 교사의 말을 듣지 않는다고 자기 개인교사에게 매질을 당했다는 기록이 남아 있으며, 그의 아내 메리가 남편의 학생이 체벌을 당한다는 이야기를 듣고 속상해했다는 증거도 있다. 이처럼 벌을 받거나 주는 등 규율적인 방식은 당대에 흔하고 전형적이었음을 알 수 있다. 그러나 밀턴은 진정한 교육, 특히 고등교육의 경우는 자기 동기부여가 있어야 하고 자발적이어야 한다고 믿었다.

밀턴이 제시한 커리큘럼을 좀 더 자세히 소개하면, 언어를 공부할 때는 제일 먼저 중요 문법 규칙을 익힌 후, 세베스(Cebes)나 플루타르크(Plutarch), 소크라테스(Socrates)의 담화집, 퀸틸리아누스 등 재미있는 교육에 관한 책을 읽게 하였다. 그리고 다른 시간대에는 산수 규칙과 기본적인 기하를 배우게 했다. 저녁 휴식 후부터 취침 전까지는 쉬운 신학과 성서 이야기를 생각하도록 제안한다. 다음 단계로는 카토(Cato)나 바로(Varro), 콜루멜라(Columella) 등 농업 관련 저자들의 책을 공부하도록 하였다. 이런 식으로 물리학 개요와 더불어 산수, 기하, 천문, 지리학의 원칙들을 공부하고 난 후에는 수학의 하부개념인 삼각법을 익히고, 이어서 요새학과 건축학, 병기학, 항해학 등 실용과학을 공부한다. 그리고 자연 철학에서는 유성의 역사, 광물, 식물과 생물에서부터 원자학에 이르기까지 서서히 공부한다. 자연 과학과 수학을 배우면서 동시에 사냥과 목축, 양어, 방목, 정원 가꾸기, 약제, 건축, 기계, 항해, 해부 등의 유용한 경험도 쌓는다(*CPW* 2. 382-92).

학생들이 좀 더 분명하게 이성적인 행동을 할 수 있게 되면 "도덕적 선과 악에 관해 깊이 생각하고 판단하게"(with some judgement contemplat upon morall good and evill; *CPW* 2. 396) 될 것이며, 이때 플라톤(Plato)과 크세노폰(Xenophon), 키케로, 플루타르크(Plutarch) 등의 도덕적 작품들을 읽게 한다. 개인의 임무를 완벽히 소화하고 나서는 경제학과 정치학, 법 등을 공부한다. 그러면서 일요일과 매일 저녁에는 신학과 고대와 현대의 교회 역사를 공부한다. 다음 단계에서는 역사서, 영웅시, 그리고 데모스테네스(Demosthenes)나 키케로, 유리피데스(Euripides)나 소포클레스

(Sophocles) 등의 고전 비극을 읽는다. 그리고 마지막으로 논리학과 수사학, 시학을 배우게 한다.

> 이제 마지막 단계로 명료하고 우아하게, 그리고 고상하거나 보통이거나 저급한, 어울리는 문체에 따라 담화하고 쓸 수 있게 해 주는 유기적인 예술을 읽을 때입니다. … 이제 움켜쥔 논리의 주먹을 쫙 펴서 우아하고 화려한 수사학으로 발전시킬 시기입니다. 플라톤, 아리스토텔레스, 팔에레우스, 헤르모게네스, 롱기누스의 규칙을 통해 익힌 수사학은 세련되지는 않지만 간단하고 감각적이면서도 열정적인 시를 낳을 것입니다. 여기서 시라고 함은 작시법을 의미하는 것이 아니라 … 아리스토텔레스의 『시학』, 호라티우스, 카스텔베트로, 타쏘, 마쪼니 등에서 진정한 서사시, 극시, 서정시의 규칙이 무엇인지, 주제와 문체의 어울림이 무엇인지, 장엄한 걸작이라는 것이 과연 무엇인지를 가르쳐 주는 궁극적인 학문을 의미합니다.

> And now lastly will be the time to read with them those organic arts which inable men to discourse and write perspicuously, elegantly, and according to the fitted stile of lofty, mean, or lowly. . . . it be time to open her contracted palm into a gracefull and ornate Rhetorick taught out of the rule of *Plato, Aristotle, Phalereus, Cicero, Hermogenes, Longinus*. To which Poetry would be made subsequent, or indeed rather precedent, as being less suttle and fine, but more simple, sensuous and passionate. I mean not here the prosody of a verse, . . . but that sublime art which in *Aristotles poetics*, in *Horace*, and the *Italian* commentaries of *Castelvetro, Tasso, Mazzoni*, and others,

teaches what the laws are of a true Epic poem, what of a *Dramatic*, what of a *Lyric*, what decorum is, which is the grand master peece to observe. (*CPW* 2. 401-5)

이런 교육을 통하여 학생들이 "사물에 대한 보편적인 통찰"(an universall insight into things; *CPW* 2. 406)로 가득 채워질 때 비로소 훌륭한 작가가 될 수 있다고 밀턴은 주장한다. 밀턴이 그리는 이상적인 학교가 우리에게는 콘즈의 말처럼 "억압적이고 권위적이고 엘리트주의적이며, 남성 우월적이며 군사적이고, 지저분하게 현학적이고 계급이 판치며 애정이 결핍된, 한마디로 말해 지옥 같은 곳"(63)으로 보일 수도 있을 것이다. 그렇다고 밀턴이 제시한 커리큘럼에 이런 학습 활동만 들어 있는 것은 아니며 적절한 체력 단련과 휴식도 제안하고 있다. 그는 "평화 시기와 전시에 모두 유용할"(equally good both for Peace and warre; *CPW* 2. 408) 프로그램으로 검술과 격투, 음악 감상을 들었는데, 검술과 격투로 체력을 기르고 규칙적인 목욕과 식사 시간 전 음악 감상 및 휴식으로 지친 정신을 달래도록 권한다. 또한 고대와 현대의 군사 전략을 익혀 전투, 행진, 주둔, 방어, 포위, 공격 기술에서 군인으로서의 기본 소양을 쌓아 향후 나라를 위해 빼어난 사령관이 될 자질을 기르도록 하고 있다. 이렇게 배움의 토대를 잘 닦은 후에는 도시와 농촌, 바다와 무역 상업도시 등 국내의 자연을 두루 돌아보게 하여 산 경험을 익히도록 하였다.

밀턴은 실제로 자신의 작은 학교에서 위에서 제시한 커리큘럼을 시험했지만 옥스퍼드와 케임브리지의 교육 철학에는 적대적이었다. 자신이 케임브리지에서 문학 석사학위를 받았음에도 불구하고 그는 예술을 배우는 학생들의 대학 교육을 냉소적으로 반대했다. 밀턴은 『교육론』에서 사람들이 케임브리지가 아니라 자신의 학교에서 실시하는 교육 프로그램에 따라 훈련해야 한다고 권유한다. 밀턴의 조카이자, 그가 1640년에서 1646년경 운영했던 작은 학교의 제자이기도 한 에드워드 필립스(Edward Phillips)에 의하면, 밀턴은 자신의 의도를 성취했다. 이 학교는 라틴어와 그리스어를 아주 짧은 기간 동안 가르쳤는데, 농업, 군대와 관련된 저작에서부터 서사시에 이르기까지 모든 예들을 그리스와 로마의 문학에서 가져왔다. 밀턴은 어렸을 때부터 자신에게 부과되었던 일반적인 교육 체계를 뒤집으면서, 학생들이 아이들의 책에 상당하는 단순하지만 흥미로운 그리스와 로마의 작품을 읽도록 만들었다. 그리고 마지막에는 수사학이나 신학과 같은 보다 이론적인 영역을 공부하는 것으로 마무리 지었다. 이러한 교육에 대한 밀턴의 비전은 콘즈가 진단한 것처럼 상당히 진보적이고 앞을 내다보는 것이기는 하지만 소수의 특권층에게만 제한된 것이라고 할 수 있다. 학교의 성격은 오늘날의 이튼(Eton) 같은 잉글랜드의 퍼블릭 스쿨과 옥스브리지를 합쳐 놓은 것과 비슷해서 학비를 낼 만한 여유가 있고 교육을 받을 능력이 있는 남성만이 교육의 대상이 될 것이기 때문이다(Corns 63). 밀턴은 이상의 교육을 12세에서 21세 사이의 학생에게 제공하는 것으로 계획하였다.

르 꽁뜨(Edward Le Comte)는 코메니우스와 밀턴의 교육이론 사이의 유사점과 차이점에 대해 다음과 같이 요약한다. 즉, 두 사람 다 라틴어 조기 교육의 중요성에 대해서 역설했지만, 코메니우스는 계급과 나이, 성을 막론하고 교육을 제공해야 한다는 평등주의자였고, 문학 교육은 등한시하면서 직업적인 훈련을 강조했다고 지적한다(*Milton Dictionary* 218). 밀턴은 엘리트와 좋은 집안 출신 남성에 한해서 교육의 기회를 제공하면서 정치가로서의 경력을 쌓는 것을 중요하게 여겼다. 이에 비해 코메니우스는 보편적인 직업 교육을 더 원했다. 밀턴은 자신의 학생이 수업에서 그리스와 로마의 고전을 읽기를 원했지만, 코메니우스는 이교도 작가들에 대해 적의를 가지고 있었고 그들의 작품을 인용하는 것을 꺼렸다. 코메니우스는 무역과 공학, 외교 분야에 유용하게 사용되는 용어들을 편집했으며, 실용적이고 기계적인 분야를 강조했다. 이에 반해 밀턴은 과학 기술적인 것보다는 기품 있고 고매한 것을 강조했다. 예를 들어 밀턴의 학생들이 전쟁에서 군대의 진영을 어떻게 배치할 것인지에 대해 배우는 것은 귀족계급의 학생들이 훌륭한 장교가 되어 군대를 더 잘 통솔할 수 있게 하기 위한 것이었다. 코메니우스의 주요 저서가 라틴어를 사용하여 상업과 산업을 진보시키는 전문적인 글쓰기 교본이라고 한다면, 밀턴은 플라톤의 『국가』(*Republic*)와 카스틸리오네(Castiglione)의 『궁정인』(*The Courtier*)에 나오는 학교를 모델로 하여 자신의 학교를 만들고자 한다. 코메니우스는 학생들이 음악이나 수학, 시 이론 등을 배우거나, 운동을 규칙적으로 하거나, 시골의 노동자들을 관찰하기 위해 교외로 나가는 일 따위는 염두에 없었을 것이다.

밀턴은 『교육론』에서 학생들에게 단순하고 감각적이고 열정적인 시에 대한 사랑을 심어 주려고 했다. 『실낙원』을 집필할 준비를 하고 있던 그는 자신이 제안한 커리큘럼에서 단지 시의 운율을 따져 분석하는 방식으로 학생들을 훈련시키려고 했던 것이 아니라는 사실을 알 수 있다. 『교육론』을 쓰고 있던 당시에 밀턴은 런던시의 방어와 같은 군사적인 문제에 깊은 관심을 갖고 있었으며, 그의 학교는 검술과 축성술 등 실질적인 훈련뿐 아니라 군사 훈련도 강조했다.

밀턴은 『교육론』에서 문화적인 편견을 드러내는데, 프랑스어와 라틴어로 된 법률 용어를 제대로 발음도 못하는 영국의 법률가에 대해 참을 수 없어했다. 그러나 그는 이탈리아의 문화와 문학을 사랑했으며, 자기 학생들이 라틴어와 이탈리어 억양을 발음할 수 있도록 힘썼다. 그리고 카스텔베트로(Castelvetro)[11]나 타소(Tasso)[12] 같은 이탈리아 르네상스 시대 비평가나 서사시 시인들처럼 학생들이 고전 서사시를 해석할 수 있도록 교육하고자 했다. 밀턴은 엄한 규율주의자라기보다는 학생들을 자상하게 격려해 주는 아주 인간적인 선생이었다. 그는 신체적 훈련과 지적 훈련을 병행하지 않는 학교를 못마땅하게 생각했다. 필립스에 따르면 밀턴은 자신의 개인적 취향에도 불구하고 교육 방식에 있어서는 결코 현학적인 척하지는 않았다고 한다.

하틀립은 교육 연구에서 자신의 자문이나 승인 없이는 어떠한 책도 출판하지 않는 친구가 많았다. 밀턴이 그 핵심 조직의 멤버는 아니었지만, 하틀립은 여행가이면서 사회를 개선하기 위한 여러 계획을 가지고 있으며 많은 책의 저자이기도 한 밀턴을 존경했다. 『교육론』을 마무리하면서 밀턴은 자신이 "최선의 고상한 교육 방식"(the best and Noblest way of Education; *CPW* 2. 414)에 대해 하틀립과 몇 번이나 의견을 나눴다고 밝히고 있다. 그러나 정작 이 팸플릿이 출간되었을 때 교육에 대해서 많은 작품을 출판한 하틀립 진영의 반응은 별로 우호적이지 않았다. 비록 밀턴은 이 작품을 쓰도록 하틀립이 간청한 것으로 말하고 있지만, 하틀립이 밀턴의 작품을 출판하지 않았다는 사실은 이상하지 않다. 왜냐하면 밀턴은 마지막에 실질적인 제안을 하면서 하틀립이나 코메니우스의 영향을 전혀 반영하지 않았기 때문이며, 세인트 폴 학교에서 자신이 겪은 좋은 경험과 케임브리지에서 첫 개인 지도교수였던 윌리엄 채플(William Chappell) 밑에서의 나쁜 경험에 기초하고 있다. 많은 학자들은 베이컨의 사상이 밀턴

11 카스텔베트로(Lodovico Castelvetro, ca. 1505~1571). 이탈리아의 언어학자·문헌학자. 특히 극(drama) 분야에서 신고전주의의 발전에 중요한 역할을 하였다.

12 타소(Torquato Tasso, 1544~1595). 이탈리아 소렌토 출신의 시인. 르네상스 문학 최후의 시인으로, 최대의 걸작으로는 제1차 십자군 원정에 의한 예루살렘 점령을 쓴 서사시 『해방된 예루살렘』(1575)을 들 수 있다. 『해방된 예루살렘』은 후기 르네상스 정신을 완전히 종합한 것으로 유럽 문단에 큰 영향을 주었다.

과 하틀립, 코메니우스에 미친 영향에 대해 지적해 왔다. 베이컨은 직접적인 관찰과 인간의 자기 인식, 그리고 귀납적인 추론에 기초해서 학생들의 정신에 지식을 구축하는 교육 시스템을 체계화하려고 시도했다. 여러 상황으로 미루어 볼 때 밀턴과 하틀립의 관계는 밀턴이 교육 관련 소책자를 출판하면서 불편하게 되었을 수 있다. 그러나 밀턴은 하틀립이 가장 좋아하는 교육철학자인 코메니우스의 주요 사상의 실효성에 대해 근본적으로 반대하였지만, 자신의 소책자를 출판할 때는 코메니우스를 옹호하는 하틀립의 지지를 원했던 것으로 보인다.

『교육론』은 밀턴의 생애에 두 번 출판되었는데, 첫 번째는 표지 없이 익명의 팸플릿으로 나왔다가 1644년 6월 4일에 합법적인 출판 등록을 하고 출판된다. 두 번째는 1673년 『시집』의 한 부분으로 23페이지에 걸쳐 실리게 된다. 비록 이 소책자가 서적 판매상이면서 출판업자인 언더힐(Thomas Underhill)의 이름으로 등록되어 있지만 정작 출판업자가 누구인지는 알려져 있지 않다. 파커(William Parker)는 언더힐이 이 책이 출판되도록 주선해 주고, 밀턴이 자비로 출판을 했다고 추정한다(256). 밀턴의 친구이자 서적 판매업자인 토마슨(George Thomason)은 1640년대와 1650년대에 발행되었던 팸플릿의 방대한 자료를 모아서 현재 '토마슨 소책자'(Thomason Tracts)라고 불리는 개설서를 편찬했다.

교육에 대한 밀턴의 관심은 이후의 글에서도 계속 나타난다. 그는 『영국민을 위한 두 번째 변호』(*A Second Defence of the English People*)와 『자유공화국 수립을 위한 준비되고 쉬운 길』(*The Readie and Easie Way to Establish a Free Commonwealth*)에서 국고로 전국에 학교와 부설 도서관을 많이 설립하여 젠트리 계급의 자녀에게 무상으로 언어와 학예를 교육할 것을 거듭 제안하고 있다. 밀턴은 논리학과 수사학을 교육한 다음 한층 복잡하고 섬세한 시를 가르치게 함으로써 기존 교육의 우선순위와 틀을 바꿔 놓았다. 그리고 과학적이고 실용적이면서 경험을 중시하는 교육을 강조하면서도 인문주의 소양을 갖춘 지도자를 길러 냄으로써 예수의 재림을 준비하는 묵시론적인 교육관을 보여 주기도 한다. 이에 대해 송홍한은 밀턴이 "당시의 대학교육이 보여 준 현학적이고 비실용적인 측면에 청교도적 환멸을 느낀 것도 사실이나, 기독교 휴머니스트로서 영적인 것과 자연적인 것을 통합한 교육론을 설정했다고 할 수 있다"(교육론 11)고 평가한다. 이처럼 영국의 작가 가운데서 매우 드물게 교육에 관한 글을 남긴 밀턴의 『교육론』은 몇 십 년 뒤인 1693년에 출판되어 18세기에 유럽 여러 나라의 언어로 번역 소개되고 이후 루소(Jean-Jacque Rousseau)를 비롯한 교육 사상가들에게 큰 영향을 끼친 로크(John Locke)의 『교육에 관한 몇 가지 고찰』(*Some Thoughts Concerning Education*)과 함께 17세기 영국에서 출판된 교육에 대한 대표적인 저술로 평가된다.

3) 『이혼에 관한 마틴 부처의 견해』

『이혼론』을 출판한 이후 밀턴은 대륙의 종교개혁가 가운데 자신과 이혼에 대한 생각을 같이하는 사상가를 발견하여 1644년 7월에 자신의 첫 번째 번역서인 『이혼에 관한 마틴 부처의 견해』(*The Judgement of Martin Bucer concerning Divorce*)를 출판하였다. 이 두 번째 팸플릿은 부처가 당시 개혁가로서 영국에 초대된 적도 있고 상당한 권위가 있었기에 밀턴이 그를 외부 공격에 대한 방어막으로 사용한 듯하다. 『이혼에 관한 마틴 부처의 견해』의 원 제목은 "그리스도의 왕국 제2권에서 에드워드 6세에게 헌정되고 지금 영어로 번역된 이혼에 관한 마틴 부처의 판단, 이혼의 교리와 원리를 회복하려는 최근의 책이 마틴 부처의 권위로 여기에서 확정되고 정당화됨"(The Judgement of Martin Bucer, concerning Divorce, Writt'n to Edward the sixt, in his second Book of the Kingdom of Christ. And now

Englisht. Wherein a late Book restoring *the Doctrine and Discipline of Divorce*, is heer confirm'd and justifi'd by the authoritie of Martin Bucer)이라고 길게 붙어 있다. 비록 폭스(John Foxe)의 『순교자 열전』(*Acts and Monuments*)과 종교개혁에 주도적인 역할을 한 신학자의 전기와 역사들에서 내용을 추가했지만, 이 팸플릿의 서문에 "학자들이 마틴 부처에게 보낸 전폭적인 동의의 증거들"(Testimonies of the high approbation Which learned men have given of Martin Bucer)이라고 밝힌 것처럼 대부분은 부처의 책에 있는 내용들이다.

이 글은 밀턴이 부처의 권위에 기대어 자신의 입장을 변호하고 있는 듯하다. 이 책의 표지에 "영국 의회에게"(To the Parliament of England)라고 또다시 쓰고 있다. 그리고 요한복음 3장 10절인 "네가 이스라엘의 선생이면서, 이런 것도 알지 못하느냐?"(Art thou a teacher of Israel, and know'st not these things?)라는 표제를 공격적 의도를 담은 신호로 사용한다. 또한 이 팸플릿은 부처에 대한 존경심뿐만 아니라 프로테스탄트 순교자로서의 그의 위치와 그가 고향에서 집요한 괴롭힘을 당한 것, 에드워드 6세의 보호를 받은 것, 그리고 사후에 가톨릭에게서 매도당한 내용을 담고 있다. 밀턴은 또한 이혼에 대한 자신의 관점과 부처와 매우 유사한 이력을 가진 개혁 신학자 파기스(Paulus Fagius)의 관점 사이의 유사점을 덧붙였다. 여기에 담긴 뜻은 명확하다고 콘즈는 지적한다. 즉, 만일 밀턴이 계속해서 프로테스탄트에게서 집요한 괴롭힘을 당한다면 프로테스탄트들은 가톨릭처럼 행동을 하고 있는 것이고 자신은 진정한 프로테스탄트 순교자를 닮았다는 것이다(Corns 48-49).

16세기에 스트라스부르와 남부 독일을 중심으로 종교개혁을 이끈 부처는 루터(Luther)와 멜란히톤(Melanchthon), 쯔빙글리(Zwingli), 깔뱅(Calvin) 등과 함께 개신교 개혁자 가운데 가장 영향력 있는 인물이었다.

그는 독일과 스위스의 종교개혁 운동을 하나로 연합하고 개신교와 로마 가톨릭 사이의 재연합을 위한 협상을 준비하기도 했다. 그는 쯔빙글리의 영향을 받아 제도로서의 교회뿐만 아니라, 개인 생활의 사적이고 사회적인 측면의 전체가 성경에 게시된 바대로 하나님의 뜻에 따라 조직되어야만 한다고 강조하였다. 부처는 "15세 때 토마스 아퀴나스의 전통을 따르는 도미니크 수도회에 들어가 수도사가 되었으나 후에 에라스무스의 영향을 받아 신앙의 실천을 통해 교회를 개혁하고자 하는 인문주의자가 되었다" (이은선 27). 종교개혁 운동을 하던 부처는 스트라스부르에서 추방당하였는데, 이때 영국 종교개혁 지도자 토마스 크랜머(Thomas Cranmer) 대주교가 그를 1549년에 영국으로 초청하였고 그는 케임브리지 대학의 교수가 된다.

그의 생애 말년에 출간한, 영국 교회 개혁의 청사진을 담은 대표작 『그리스도의 왕국』(*De Regno Christi*, 1551)은 종교개혁의 교리적이고 실제적인 이해를 제시하고 있다. 이 책은 에드워드 6세의 통치 기간 동안에 그의 후원 아래 종교개혁이 시민의 삶 속에 확산되는 방식으로 영국에서 진행될 것이라는 기대를 가지고 저술되었다. 말하자면 성도 개인의 영적인 생활을 개혁하는 데 머물지 않고 국가적 차원에서 교회의 제도적 개선과 신앙 개혁에 대한 비전을 구체화하고 있다. 우리는 이 책에서 이은선이 말한 바와 같이 "한 개혁자가 자신의 생애 말년에 이제 종교개혁이 막 시작되던 영국에 대하여 품었던 원대한 개혁의 비전을 찾아볼 수 있다"(30-31). 이처럼 『그리스도의 왕국』은 부처가 에드워드 6세에게 영국에서 종교개혁을 이루고 국가 공동체 전체의 변혁을 이루기 위해 추천하는 프로그램을 담고 있으나 1553년 에드워드 6세는 세상을 떠나고 만다. 그러자 그의 누나이자 헨리 8세의 장녀인 매리(Bloody Mary)가 왕위를 계승하여 로마 가톨릭 교회를 복구하고 영국에서 모든 종교개혁의 흔적을 없애려고 시도한다. 부처는 이단자로 낙인찍히고 그의 모든 유물은 공개적으로 불태워졌으며, 그가 이 책에서 제안한 모든 프로그램은 시행되지 못하였다.

부처의 『그리스도의 왕국』은 두 권으로 구성되어 있는데, 1권은 그리스도 왕국에 대한 성경신학적 이해를 제시하고 있고, 2권은 국왕이 어떻게 국가적 차원에서 그리스도의 왕국을 건설해 나갈 것인지에 대한 구체적인 방안들을 제시하고 있다. 그 방안은 바로 교회와 공동생활과 관련된 열네 가지 법률의 제정이다. 『그리스도의 왕국』 2권에 포함된 결혼과 이혼에 관한 많은 장들은 아마 부처가 영국으로 오기 전에 쓴 것으로 보이는데, 거의 1/4을 차지하는 이 부분은 나머지 주제와 다소 불균형을 이룬다. 그는 그리스도의 가르침에 비추어 이혼 문제를 논하면서, 재혼의 권리와 함께 이혼이 어떤 조건하에서 허용될 수 있는지를 밝히고 있다. 그의 주장은, 이혼은 간음의 경우뿐만 아니라 결혼의 본질이 실현될 수 없는 것으로 입증될 때 허용되어야 하며, 무죄한 상대방은 재혼할 권리가 있다는 내용으로 요약된다.

『이혼에 관한 마틴 부처의 견해』는 『그리스도의 왕국』 가운데 7번째 법률인 결혼과 이혼에 관한 15장에서 47장까지를 발췌하거나 전체를 번역하여 싣고 있다. 여기서 부처는 이혼에 대해 반복적으로 옹호하면서 재혼할 수 있는 권리에 대해서도 주장하고 있다. 그는 결혼을 통제하는 것은 교회가 아니라 공공권력의 기능이며, 이혼이 허용되는 이유로 간통 이외에 여러 가지를 들고 있다. 그는 합법적으로 이혼한 자들의 재혼할 권리를 옹호한다. 그리고 이러한 자신의 생각은 성경이 뒷받침하고 교부들도 그렇게 생각했다고 하면서, 마태복음 5장과 19장에 기록된 예수의 말씀을 간음 이외의 경우에는 이혼을 금하는 것으로 보아서는 안 된다고 주장했다. 부처는 28장 "우리 주 그리스도는 결혼과 이혼에 대해서나 다른 민사적인 문제에 있어서 새로운 법을 만들고자 하지 않으셨다"(That our Lord Christ intended not to make new Laws of mariage and divorce, or of any civil matters)라는 제목하에서 다음과 같이 주장한다.

> 우리 주님은 회개와 용서에 대해 말씀하시기 위해 오셨다. 따라서 율법을 잘못 이해하여 정당한 이유 없이 자기 아내를 버리면서도 죄의식도 느끼지 않는 자들을 보시고 율법에 대한 올바른 해석을 그들에게 상기시키고, 여성은 원래 남성과 하나로 밀접히 결합되었기 때문에 육체와 영혼에서 모두 영원한 결합을 이루어야 함을 가르치셨다. 그렇지 않은 경우 결혼 생활은 이미 깨어진 것이다.

> Our Saviour came to preach repentance, and remission; seeing therefore those who put away thir wives without any just cause, were not toucht with conscience of the sin, through misunderstanding of the law, he recall'd them to a right interpretation, and taught that the woman in the beginning was so joyn'd to the man, that there should be a perpetual union both in body and spirit: where this is not, the matrimony is already broke. (*CPW* 2. 456)

부처는 여러 가지 합당한 이혼의 사유를 들면서 인간이 마치 하나님보다 더 거룩하고 현명한 것처럼 강간과 간음을 쉽게 생각하고, 이혼을 엄격히 금하고 합법적인 이혼을 한 사람들에게도 재혼을 허락하지 않는 것에 대해 개탄한다. 그는 47장 "이 논문의 결론"(The Conclusion of this Treatise)에서 "가정에서부터 삶의 순결과 거룩함을 찾을 수 없다면 공화국 내에서 이것이 회복되거나 지속될 수 없을 것이다"(chastity and purenes of life, can never be restor'd, or continu'd in the Common-wealth, unlesse it be first establisht in private houses; *CPW* 2. 476)라며 다음과 같이 마무리 짓는다.

> 만약 이혼을 해야 하는 불행이 결혼에 닥친다면 두 사람은 합법적으로 헤어질 수도 있으며 하나님의 법과 자연법, 그리고 경건한 왕들의 법에 따라 재혼이 허용되어야 한다. 내가 성경의 분명한 권위에 비추어, 그리고 옛 교부들의 글과 다른 증거로 밝혀 보여 줬듯이.

> when that unhappines urges, that they be lawfully dissolv'd, and other mariage granted, according as the law of God, and of nature, and the Constitutions of pious Princes have decreed; as I have shewn both by evident autorities of Scripture, together with the writings of the ancient Fathers, and other testimonies. (*CPW* 2. 476)

밀턴은 자신의 주장을 부처와 그의 동료인 파기스가 공유했기 때문에 그것이 더 옳다고 말하지는 않는다(*CPW* 2. 439-40). 그러나 그는 자신의 주장이 용납하기 힘든 몇몇 광신자의 이념은 결코 아니며, 1640년대 2차 종교개혁의 선봉적인 황금시대를 연 에드워드 6세 때의 영국에서도 공유한 주장이기 때문에 퓨리턴 신학자들로부터 존경받을 만한 주장이라고 강조한다. 또한 표제에서 주장하는 것처럼 밀턴을 비방하는 장로교도들은 그의 주장의 역사적 진실에 대해 무지하여서 그런 행동을 하는 것이라고 주장한다.

이 소책자는 한결 침착한 어조로, 비개인적이며 성적인 주제에 대해 말을 아끼고 있다. 밀턴은 『이혼론』을 집필할 당시에는 부처의 관점에 대해 몰랐다가 나중에 이혼에 대한 부처의 생각이 자신의 주장과 일치하는 것을 발견하고 매우 기뻐했을 것이 틀림없다. 『이혼에 관한 마틴 부처의 견해』는 존경받는 종교개혁가인 부처가 이혼에 대해 자신과 같은 견해를 갖고 있었다는 것을 알고, 그의 저서 『그리스도의 왕국』 가운데 필요한 부분을 초역해서 자신의 이혼론의 정당성을 입증하고 있다. 이렇게 함으로써 자신을 비난한 성직자들을 부끄럽게 하고, 나아가 이성과 학문에 바탕을 둔 토론을 불러일으키기를 원했지만 이런 기대는 수포로 돌아가고 만다. 그러나 이 책자는 콘즈의 주장처럼 절제되고 유창한 논리로 밀턴을 공격하는 자들이 위대한 프로테스탄트 종교개혁 전통의 상속자가 아니라 적이며, 개혁을 이루어 가는 중대한 일에 실제적 위협이 되는 인물로 보이게 함으로써 그들을 불안하게 만드는 효과는 거두었을 것이다(50).

밀턴은 이 팸플릿의 마지막에 붙인 "후기"(A Post-Script)를 통해 "자유로운 언론과, 출판허가를 받지 않는 자유로운 저작의 시기인 종교개혁의 시기에"(in a time of reformation, a time of free speaking, free writing, not find a permission to the Presse; *CPW* 2. 479) 이 글의 출판이 거부될까 하는 두려움과 함께, "새로운 모습으로 변장하여 우리 가운데 새롭게 시작되고 있는"(which under new shapes and disguises begins afresh to grow upon us; *CPW* 2. 479) 출판허가제가 다시 엄격히 시행되는 데 대한 강한 불만을 표명하고 있다. 이는 같은 해 11월에 출판될 『아레오파기티카』(*Areopagitica*)를 직접적으로 예견하는 부분이다.

4) 『아레오파기티카』

1 『아레오파기티카』(*Areopagitica*)는 존 밀턴의 산문 중 가장 잘 알려진 것으로, 의회를 상대로 직접 연설을 행하는 듯한 형식을 취하고 있다. 1644년에 출판된 이 팸플릿은 영문학에서뿐만 아니라 영국사와 언론학 분야에서도 고전으로 평가 받는 밀턴 산문의 백미로서, 영국혁명 초기의 정

치적·종교적 현안에 대한 밀턴의 대응 방식을 잘 보여 주는 중요한 역사적 자료이다. 『아레오파기티카』에는 "검열을 받지 않는 출판의 자유를 위해 잉글랜드 의회에게 한 존 밀턴의 연설"(A Speech of Mr. JOHN MILTON for the Liberty of Unlicensed Printing, to the Parliament of England)이라는 부제가 달려 있다. 부제가 암시하듯이 이 팸플릿은 검열 제도를 반대하고 표현의 자유를 옹호하면서, 종교적 관용과 개인의 자유를 주장한 언론 자유의 경전으로 알려져 있다.

이 글의 제목은 아테네 법정이 소집되었던 공화정 체제하 아테네의 아레오파구스(Areopagus) 언덕에서 따 온 것이다. 아테네 회의에서는 데모스테네스(Demosthenes)와 이소크라테스(Isocrates) 등 유명 연사들이 연설을 하였으며, 신약시대에는 사도 바울(Paul)이 이곳에서 전도를 하였다. 『아레오파기티카』는 아테네의 웅변가인 이소크라테스의 일곱 번째 연설인 "아레오파고스 연설"의 형식을 취하고 있다. 이소크라테스는 신체가 허약하고 신경이 쇠약하여 대중 연설을 할 수 없어 읽히는 것을 전제로 한 연설문을 집에서 썼다고 한다. 이와 마찬가지로 밀턴도 잉글랜드의 아레오파구스라고 할 수 있는 의회에 보내는 연설문 형태로 이 글을 쓰고 있는 것이다. 그러나 이소크라테스가 형사 재판이라는 제한된 권한만 보유하고 있는 아레오파고스 법정에 종래의 전반적인 기능을 부활시킬 것을 촉구한 반면, 밀턴은 의회로 하여금 이러한 통제와 감독을 철회할 것을 촉구하고 있다는 점에서 밀턴이 이 제목을 택한 것은 아이러니하다. 밀턴은 아테네의 고등법원 격인 아레오파구스와 잉글랜드 의회를 비교하는 제목을 통해 잉글랜드 의회를 추켜세우는 한편, 의원들이 이 새로운 연설의 내용을 올바로 판단하고 민주주의와 이성과 판결이라는 오랜 전통을 수행할 막중한 책임을 지고 있음을 넌지시 말하고 있다. 밀턴은 아테네 법정이라는 고대의 모델을 통하여 의회가 보다 폭넓은 민주주의로 나아가기를 촉구하는 동시에, 자신 또한 자유를 위해 부르짖는 공적 대변인의 자세를 견지하고 있다. 이에 대해 아친스타인(Sharon Achinstein)은 『아레오파기티카』가 고대 아테네에서 행해졌던 웅변이나 연설과 다를 바 없으며, 르네상스 휴머니스트인 밀턴은 궁정에서 군주에게 은밀히 조언하는 것이 아니라 공적인 장소에서 일반 대중을 설득하고 의견을 교환하기 위해 수사(rhetoric)를 펼치고 있는 것으로 파악하고 있다(58-59).

『아레오파기티카』는 청중과 이데올로기, 공개 토론, 검열과 출판, 공화주의, 자연법 등과 같은 문제를 언급하면서 양심과 언론의 자유를 주창하고 있다. 그러나 스미스(Nigel Smith)도 지적한 바와 같이 그는 의회와 청교도의 시각에서 다양한 입장을 이야기하다 보니 자신의 목소리에 빠져들어 맥락을 잃고 헤매는 것 같기도 하고, 그 주장하는 바를 알기도 어려울 뿐 아니라 오히려 언론의 자유 자체를 거부하는 것처럼 보이기까지 한다(103). 『아레오파기티카』에 대한 평가는, 밀(John Stuart Mill)이 『자유론』(*On Liberty*)에서 한 주장이 『아레오파기티카』의 내용을 대체로 따라간 것에 지나지 않는다는 호평에서부터(Cable 117-43), 밀턴은 출판의 자유에 대해 전혀 관심이 없었고 자유에 분명한 가치를 부여하지도 않았다는 피쉬(Stanley Fish)의 비판에 이르기까지 다양하다(235). 콘즈(Thomas Corns) 같은 비평가는 『아레오파기티카』에서 일관성을 찾기 힘든 이유가 이 글이 객관적인 사실이나 언론의 자유보다는 밀턴 자신의 출판의 자유를 적극적으로 변호한 글이었기 때문이라고 주장한다(60-62). 노브룩(David Norbrook)은 밀턴의 『아레오파기티카』를 멋지지만 공허한 구절로 가득 차 있으며 그 명성의 무게에 묻혀 버렸다고 평가한다(Public Sphere 13). 『아레오파기티카』에 대한 수정주의자들의 읽기는 그 접근법과 결론은 매우 다양하지만, 밀턴의 이 팸플릿이 언론의 자유와 자유주의적인 관용에 대한 선언서라는 전통적인 견해를 거부한다는 사실에 대해서는 의견을 같이하고 있다(Fish 234-35; Illo 3-10; Norbrook, *Writing* 119-20; Smith 103-7). 이처럼 평가가 다양한 것은 젤자이니스(Martin Dzelzainis)가 말한 바와 같이 『아레오파기티카』가 현대 자유주의의 주요 텍스트 중 하나로서 자유의 가치에 대한 논의의 중심에 위치하고 있기 때문이라고 볼 수 있을 것이다(151). 엇갈린 평가에도 불구하고 작가와 독자(단, 교육받은 프로테스탄트 독자)가 출판물을 통해 서로 의견을 교환할 수 있는 자유를 역설하고 있는 『아레오파기티카』는 대체로 언론의 자유를 옹호하는 선견지명이 있는 주장으로 받아들여지고 있다. 밀턴은 이 글에서 사전 검열이 아무런 유익을 끼치지 못할 뿐 아니라 명백히 해가 되며, 국력을 강화하기는커녕 오히려 약화시킨다고 강력히 주장한다. 그는 국가가 진정으로 필요로 하는 것은 위기에 처했을 때 이성적으로 논쟁할 수 있는 시민의 능력이며, 한 개인이 지식과 미덕을 개진하기 위해서는 독서와 사색을 통해 사상을 계속 검증해야 한다고 역설하고 있다. 이 주제는 『실낙원』(*Paradise Lost*)의 제9권에서 아담과 이브가 동산을 가꾸는 일을 하기 위해 헤어지기 전, 이브가 하는 주장 속에서도 구체적으로 표현되고 있다.

밀턴은 『아레오파기티카』에서 지식을 보급하고 확산하는 데 있어서 출판의 역할을 낙관적으로 보고 있다. 즉 나쁜 책이라 할지라도 "현명한 독자"(judicious Reader; *CPW* 2. 512)라면 그 책으로부터 많은 것을 배울 수 있으므로 모든 독서는 이롭다고 단정을 내린다. 그는 진리는 하나이면서 또한 본질적으로 여러 면을 지니고 있어서, 종교적으로도 많은 분파와 분당들을 허용하지 않고서는 진리에 도달할 수 없으며 잉글랜드가 바로 세워질 수 없다고 주장한다. 선을 알기 위해서는 그에 대비되는 악을 알아야 한다는 생각을 가지고 있었던 밀턴은 인간이 선과 악 사이에서 이성적으로 선택할 수 있는 자유를 지니고 있으며, 그 선택의 결과에 따라 구원이 결정된다는 자유의지(free will) 사상을 피력한다. 그는 이런 자유의지를 행하려면 이단의 범람까지도 용인해야 한다고 본다.『아레오파기티카』에서 검열 없는 잉글랜드를 삼손(Samson)이 잠에서 깨어나 치렁치렁한 머리를 휘날리는 모습으로 표현한 밀턴은 새로운 종교개혁 시대의 열정적인 예언자였다고 할 수 있다.

본 연구는 검열 없는 출판의 자유를 위해 밀턴이 잉글랜드 의회를 상대로 작성한 연설문인『아레오파기티카』에서 다루고 있는 검열의 문제를 "현명한 독자"와 자유의지 등에 초점을 맞추어 조명하려고 한다.『아레오파기티카』에서 밀턴은 검열제가 시행되는 역사적 상황에서 검열의 부당함을 알리는 한편, 종교개혁을 완성하기 위해 외부의 강제와 간섭 없이 자유롭게 책을 읽고 판단할 수 있는 열린 공간과 이성적 주체의 필요성을 자유의지, 선택의 문제와 함께 다루고 있다. 그는 올바른 이성(right reason)은 보편적인 가치(universal value)를 지니고 있기에 개별 독자들이 다양한 텍스트를 접하도록 격려할 필요가 있다고 주장한다. 밀턴은 다양한 책과 정보를 접할 때 "살아 있는 지성"(living intellect; *CPW* 2. 492)으로 분별력 있는 판단을 할 수 있는 현명한 독자를 능동적인 독자(active reader)나 충분한 능력을 갖춘 독자(sufficient reader)라고 불렀다. 그는 로마가 에피쿠로스파 시인(Epicurean poet)인 루크레티우스(Lucretius)의 글을 비난을 가하거나 문제 삼지 않고 출판하였으며, 성애적인 내용을 담은 오비디우스(Ovid)의 책과, 정치적으로 대립 관계에 있는 적을 찬양하여 위험하게 여길 수 있는 역사가 리비우스(Livius)의 책까지도 검열을 통해 출판을 금지하지 않은 사실을 예로 들면서, 책을 선택하고 판단하는 문제는 독자 개인의 역량과 능력에 맡기는 것이 현명하다고 주장한다. "좋은 책은 생애 뒤의 생애를 위해 향취 있게 저장된 훌륭한 영혼의 고귀한 생명의 피다"(a good Booke is the pretious life-blood of a master spirit, imbalm'd and treasur'd up on purpose to a life beyond life; *CPW* 2. 493)라는 유명한 구절은 아무리 나쁘고 위험해 보이는 책일지라도 그 안에 영혼을 지니고 있어서 살아 있는 지성의 정수를 순수하게 뽑아 놓은 것일 수 있다는 사실을 말하고 있다. 이와 함께 밀턴은 책으로 인한 해악에 관한 논의, 검열제를 위한 엄청난 검열관의 수, 엄청난 시간의 할애, 검열관의 자질문제를 하나하나 짚어가며 검열제의 비효율성에 대한 논리적인 주장을 전개한다.

1644년 8월 14일 장로파 목사 파머(Herbert Palmer)는 의회에서 행한 설교에서 밀턴이 교회와 국가가 개인의 결혼과 이혼을 제한하는 것은 부당하다고 비판한 『이혼론』(*Doctrine and Discipline of Divorce*, 1643)을 언급하며, 결혼의 유대를 깨뜨리고 사회적 기초를 파괴할 우려가 있을 뿐만 아니라 출판 허가도 받지 않고 간행된 이런 사악한 책은 마땅히 불태워져야 한다고 비난하였다. 영국 혁명기의 혼란을 틈타 생겨나는 이단과 이설에 대처하는 방안으로 보수적인 장로파의 주도하에 철저한 검열과 통제를 요구하는 목소리가 커졌는데, 이때 밀턴의 『이혼론』도 대표적인 위험한 책으로 거론되었던 것이다. 당시 잉글랜드에서는 1641년 성실청이 해체되면서 1637년 찰스 1세가 공포한 '성실청 포고령'(Star Chamber Decree)이 폐기되고 주교의 권위도 무너져 출판물에 대한 규제가 사라진 상태였다. 그러자 각종 팸플릿과 온갖 종류의 서적을 포함한 출판물의 수가 걷잡을 수 없을 정도로 증가하게 되었다. 런던의 서적 판매상 토마슨(George Thomason)은 1640년에 출판물들을 수집하기 시작하여 왕정복고까지 15,000권의 단행본과 수천 호의 정기간행물을 수집했는데, 특히 1640년대 초에 나온 출판물이 많았다(Corns 57). 이러한 혼란상을 통제하기 위해 장기의회(Long Parliament)는 1643년 6월 14일 "향후 어떤 서적이나 팸플릿, 그리고 논고도 임명된 검열관들 또는 검열관들 중 적어도 한 명에 의해 사전 승인 및 허가를 받지 않고는 출판할 수 없다"(That no Book, pamphlet, or paper shall be henceforth Printed, unlesse the same be first approv'd and licenc't by such; *CPW* 2. 491)라는 내용의 '출판허가법'(Licensing Order)을 제정하여 검열 제도를 다시 도입하려고 하였다. 밀턴은 이에 대한 반발로 출판의 자유를 주창하는 『아레오파기티카』를 집필하게 된 것이다.

당시 의회의 중심 세력이었던 장로파는 교회 정화를 원하는 청교도(Puritan) 가운데서 특히 부유하고 부패한 주교(bishop, the episcopacy)에 의해 움직이는 교회를 개혁하길 원했던 사람들이었다. 이들은 교회가 국가에 종속되어 관장되는 것을 싫어했으며, 독립된 교회의 교인들이 선출한 장로에 의해 교회 행정이 이뤄지기를 원했다(Seel 19). 그러나 장로파는 의회에서 주도권을 잡게 되자 붕괴된 주교제를 대신할 또 다른 형태의 국가 교회(national church)를 수립하려 했다. 반면 당시 의회파 중 독립파(Independents)는 국가 교회를 선호하면서도, 종교적으로 비관용적이었던 장로파와 달리 개별 교회의 독립성과 신앙의 자유를 허용하는 등 장로파보다 관용적인 입장을 취했다. 검열제는 이러한 상황에서 장로파가 자신들의 획일적 규율에 반발하는 급진파를 막아 내는 제도적 장치로 고안해 낸 것이었다. 명분상으로는 혁명(Revolution)이 이뤄졌지만 검열이라는 옛날의 악습이 되풀이되는 것을 지켜본 밀턴은 새로운 정권하에서 달라진 점이라고는 검열관이 로드(William Laud) 대주교의 사제(priest)에서 의회의 장로(presbyter)로 바뀐 것뿐이라며 "새로운 장로는 옛 사제를 길게 쓴 것에 지나지 않는다"(*New Presbyter* is but *Old Priest* writ large)[13]라고 개탄한다.

『아레오파기티카』는 검열의 문제점을 제기하면서 출판의 자유와 종교적 관용을 주창했다는 점 이외에도, 밀턴 사상의 핵심인 자유의지에 관한 신

13 「장기의회 하에서 새로운 양심의 강요자」("On the New Forces of Conscience under the Long Parliament")라는 시의 마지막 구절로, "presbyter"와 "priest"는 어원이 같은 말이다(Hughes 145).

학을 본격적으로 다루고 있다는 점에서 매우 중요한 위치를 차지하고 있다. 또한 이 책은 혁명으로 인해 고취된, 밀턴 시대의 새롭고 역동적인 저자에 대한 의식의 변화를 보여 준다는 점에서 주목할 만하다(Lowenstein 93). 1640년대에는 이전 시대에 비해 보다 많은 정치적인 저작들이 출판됨에 따라 경제적인 부와 권력을 축적함으로써 새롭게 부상하기 시작한 독자들은 저자와 활발하게 정치적 논의를 벌였으며, 이에 따라 새로운 개념과 사상이 빠르게 생성하고 보급되기 시작했다. 이러한 배경 속에서 혁명기의 출판계에 생겨난 난맥상과 위험한 사상의 보급을 막기 위해 제정된 출판허가법을 반대하고 출판의 자유를 주장하는『아레오파기티카』는 17세기 혁명기 잉글랜드의 문화적 풍토와 역사적·정치적 상황에 대해서도 많은 정보를 제공하고 있다.

2 밀턴의『아레오파기티카』는 출판 허가도 받지 않고 등록도 하지 않은 출판물로서, 인쇄업자의 이름이나 판매업자의 이름도 들어 있지 않다. 앞서『이혼론』을 출판할 때도 출판 허가를 받지 않았지만 그때는 자신의 이름을 "The Author J. M."이라고 이니셜로 밝힌 것과 대조적으로, 이 팸플릿에서는 "Mr. JOHN MILTON"이라고 대문자로 당당하게 밝히고 있다. 이는 "추문을 일으키거나 선동적이거나 중상적인 책"(scandalous, seditious, and libellous Books; *CPW* 2. 491)을 제외하고는 사전 검열을 해서는 안 된다는 자신의 신념을 공공연하게 선포함과 동시에, 출판업자 조합과 현행법인 출판허가법에 정면으로 도전하며, 이로 인해 발생하는 모든 책임을 자신이 지겠다는 각오를 보여 주는 것이다. 밀턴은 고발당할 것을 두려워하지 않았으며 이단이나 신성모독과 같은 혐의를 받을 경우 공개 법정에서 기꺼이 자신을 변호하기를 원했다(Corns 57). 그는 표지 하단에 다음과 같은 에우리피데스(Euripides)의『탄원하는 여인』(*The*

Suppliants)의 구절을 싣고 있다. 이는 테베왕국에서 온 전령이 "이 나라 지배자는 누구인가?"라고 묻자, 테세우스(Theseus)가 자기 나라는 자유국가여서 한 사람에 의해 통치되지 않고 가난한 자들도 동등한 몫을 가진다고 대답하며 민주주의를 찬양하는 부분이다.

> 대중에게 조언할 것이 있는 자유시민이 자유롭게 말할 수 있고
> 그렇게 할 수 있고 의지도 있는 사람이 높이 칭송을 받을 때,
> 그리고 그렇게 할 수도 없고 할 의지도 없는 사람이
> 침묵을 지킬 수 있을 때 이것이 참된 자유이다.
> 한 나라에 이보다 더 큰 정의가 어디 있겠는가?

> This is true Liberty when free born men
> Having to advise the public may speak free,
> Which he who can, and will, deserv's high praise,
> Who neither can nor will, may hold his peace;
> What can be juster in a State then this? (*CPW* 2. 485)

이 인용구는 군주제와 민주주의를 직접적으로 대조하면서 팸플릿의 제목과 함께 아테네의 정신을 말해 주는 고도의 정치적 함의를 담고 있으며, 언론의 자유와 민주주의에 대한 옹호로 읽을 수 있다(Norbrook, *Public Sphere* 24-25). 에우리피데스의 구절은 의회에서의 연설을 앞두고 밀턴이 느끼는 마음의 동요와, 결과나 평가에 대한 두려움, 그럼에도 불구하고 조국의 자유를 위해 용감하고 자유롭게 말하고자 하는 "열정"(a passion; *CPW* 2. 487)을 엿보게 한다. 이종우는 위 구절이 "종교개혁을 완성하기 위해 외부의 강제나 간섭 없이 창조적 해석을 수렴해 나갈 수 있는 열린

공간과 이성적 주체의 필요성"이 요구되는 시기에 생산적 담론의 장을 형성하는 일의 중요성과 정당성에 대한 밀턴의 인식을 반영하고 있는 것으로 해석한다(517-18). 여기서 "대중"에게 조언할 것이 있는 사람이 자유롭게 말할 수 있어야 한다고 한 것은 밀턴과 영국 혁명기의 작가들이 연설의 대상을 궁정이나 왕이 아닌 일반 대중으로 삼고 있음을 의미한다. 덧붙여서 이렇게 충언을 할 지적인 식견이나 자질이 있고 그렇게 할 의지나 도덕성도 있는 인물이 칭송될 때 진정한 자유가 존재하는 것이라고 말하고 있다. 밀턴은 이 구절을 인용함으로써 자신이 바로 공익(public good)을 위해 행동하며 자유롭게 말하는 자유시민 가운데 한 명이며, 이는 이소크라테스와 디온 프루세우스(Dion Prusaeus)의 모범을 따르는 것임을 밝히고 있다. 즉 그는 자신이 아테네의 이소크라테스처럼 국가가 그를 필요로 할 때 "사저에서"(from his private house; *CPW* 2. 489) 한 시민으로서 의회에 보내는 연설문을 써서 공적으로 권고하고 있으며, 저명한 그리스의 수사학자인 디온처럼 관직을 갖지 않은 "평민 웅변가"(a privat Orator; *CPW* 2. 489) 역할을 하고 있다고 말한다. 밀턴은 이들이 일반 서민의 목소리가 자유롭게 반영되는 공공의 장소인 아테네 법정 아레오파구스 앞에서 연설하는 것같이 자신의 주장을 펴고 있으며, 일반 서민의 자격으로 공적인 기구인 의회와 법정에 대해 정책의 시정을 요구하고 있는 것이다.

밀턴은 공화국 내에서 아무런 불평도 제기되지 않는다는 것은 바람직한 자유가 아님을 지적하면서, "불평이 자유롭게 제기되고 깊이 고려되어 재빨리 고쳐질 때, 그때 비로소 지혜로운 사람들이 바라던 시민의 자유가 최대한 달성된다"(when complaints are freely heard, deeply consider'd, and speedily reform'd, then is the utmost bound of civill liberty attain'd, that wise men looke for; *CPW* 2. 487)고 주장한다. 그는 이 소책자를 쓴 이유에 대해 한 개인의 막연한 공상을 피력하는 것이 아니라 모든 사람의 "공통된 불만"(common grievance)을 제거하기 위해 "일반의 불평"(generall murmur; *CPW* 2. 539)을 소리 내어 말하기 위함이라고 밝히고 있다. 노브룩은 사전 검열 제도가 특별한 관심사에 대해 이야기할 수 있는 공적인 공간을 박탈하여 주교나 장로가 이를 독점해 버린 현실에서, 밀턴이 종교개혁을 이루어 가는 과정에서 이 공적 공간을 개발하기 위해 글을 집필한 것으로 보고 있다(*Public Sphere* 20-21). 독재자나 권력을 잡은 의회를 자유롭게 비판하고 다수의 반대에도 용감히 맞서 이야기할 수 있는 것이 진정한 자유라는 믿음을 가진 밀턴은 혹스비(Blair Hoxby)의 말처럼 비난을 두려워하면서도 자유를 사랑하는 마음으로 용기 있게 공개적으로 의회를 비판하는 『아레오파기티카』를 쓰고 있는 것이다(219).

밀턴은 『테트라코던』(*Tetrachordon*, 1645)에서도 출판의 자유가 인간의 타고난 권리라고 주장한다. 그는 국가의 승인 없이 자신의 권위로 출판한다는 사실을 분명히 밝히면서 다음과 같이 선언한다.

> 나는 인쇄된 중상에 공적으로 맞서 내 자신을 변호하기 위해 자연이 부여한 권리로 출판 허가와 타고난 자유를 취할 것이며, 나를 비방한 심사원에게 기꺼이 항의할 것이다.
>
> *I shall therefore take licence by the right of nature, and that liberty wherein I was born, to defend my self publicly against a printed Calumny, and do willingly appeal to those Judges to whom I am accus'd.* (*CPW* 2. 580)

여기서 말하는 자연이 부여한 권리로 갖는 출판 허가는 공식적인 검열법의 제약을 넘어 자유롭게 말할 수 있게 해 주는 권리를 의미한다. 밀턴은 이러한 권리를 자유롭게 태어난 잉글랜드 시민의 신분에서 찾고 있다.

『아레오파기티카』에서 밀턴은 자유롭게 말할 수 있는 권리만 주창하고 있는 것이 아니라 급진적 프로테스탄트로서 출판계와 종교계가 영국혁명에 필요한 정치적 요건에 부합해야 함을 역설한다. 그는 "만일 우리가 영어 팸플릿 하나도 믿고 맡기지 못할 정도로 국민을 경계한다면 이는 검열관의 파이프를 통해 흘러나오는 것 이외에는 아무것도 받아들일 수 없을 정도로 신앙과 분별력이 형편없는, 경솔하고 악하며 근본 없는 국민으로 혹평하는 것이 아니고 무엇이겠는가"(if we be so jealous over them[the common people], as that we dare not trust them with an English pamphlet, what doe we but censure them for a giddy, vitious, and ungrounded people; in such a sick and weak estate of faith and discretion, as to be able to take nothing down but through the pipe of a licencer; *CPW* 2. 536-37)라고 반문하며, 의회에 자국민의 역량을 제대로 평가하고 인정하기를 촉구하고 있다. 더 나아가 밀턴은 "진리와 이해는 허가와 규제에 의해 독점되거나 거래되는 그런 상품이 아니"(Truth and understanding are not such wares as to be monopoliz'd and traded in by tickets and statutes, and standards; *CPW* 2. 535)라며, 상업과 무역의 이미지를 동원하여 출판허가법이 시민적 자유를 획득하는 데 필요한 개인의 능력을 한정하면서 독점을 강행하고 있는 현실을 지적한다. 그는 또한 진리에 일반적인 다른 상품들처럼 허가 표시를 하려 해서는 안 된다고 촉구하며, 마치 부상하고 있는 부르주아 계급을 의식하듯 검열관을 과두정치(Oligarchy)의 중심에 있는 독점자(monopolist)로 비유하면서 이들이 국민들에 대해 우월권을 행사하고 있는 현실을 비판한다. 혹스비가 지적한 바와 같이 당시 '독점'이라는 말은 폭정과 탐욕, 권력의 남용을 암시하는 불명예스런 용어였으며, 독점자는 개인의 자유를 박탈하고 노예로 전락시키는 것으로 인식되었다

(227). 따라서 밀턴은 개인의 능력을 발휘하고 책을 저술하고 소비하는 것을 방해하는 행위는 자유로운 영국민의 기본적 자유를 박탈하는 것이라 주장하면서 자유로운 지적 교류의 중요성을 강조하고 있다.

밀턴은 한 민족의 능력과 자질을 이야기하면서 "느리고 굼뜬"(slow and dull) 부류와 "기민하고 현명한"(quick, ingenious) 부류로 나누어 언급하고 있다(*CPW* 2. 551). 그는 잉글랜드 국민을 여러 사상이 난무하는 와중에도 이성적 능력을 발휘할 줄 아는 자질을 충분히 갖춘 독자로 보면서, 이 사실을 이처럼 거듭 강조하는 이유는 "경의와 충성심을 가지고 다가올 종교개혁을 나타낼 새로운 생각과 사상을 묵상하고 탐구하며 곰곰이 생각하고 있는"(musing, searching, revolving new notions and idea's wherewith to present, as with their homage and their fealty the approaching Reformation; *CPW* 2. 554) 잉글랜드 국민이야말로 위클리프(Wicklef)로부터 시작된 유럽 전역의 종교개혁 임무를 완수할 능력이 있음을 말하려는 것이다. 따라서 이런 기민하고 현명한 이성적 자질을 갖춘 국민에게 사전 검열이라는 제도로 자유를 제한하는 것은 매우 잘못되고 어리석은 일이라고 비판한다.

밀턴은 종교개혁이 "학자인 체하며 돈이나 탐내는 무리"(not the mercenary crew of false pretenders to learning)가 아니라, "학문 그 자체를 위해 태어나 이를 사랑하며, 금전이나 그 밖의 목적을 위해서가 아니라 오직 신과 진리에 봉사하는 자유롭고 진실된 학자들"(the free and ingenuous sort of such as evidently were born to study, and love lerning for it self, not for lucre, or any other end, but the service of God and of truth; *CPW* 2. 531)을 통해 완성될 것으로 기대했다. 이들이야말로 외부의 간섭 없이 자유롭게 이성적 판단을 할 수 있는 현명한 독자이고, 살아 있는 지성이며, 능동적인 독자라고 믿었던 것이다. 그런데 의회가 제정한 검열법이 이러한 학식 있고 신앙심 깊은 사람들을 의심하고 낙심시키는 우를 범하고 있음을 꼬집는다. 밀턴은 "출판의 자유는 다시 20명의 고위 성직자로 구성된 위원회 아래서 구속받게 되었고 시민의 특권은 무효화되었다. 더욱 나쁜 것은 학문의 자유가 또다시 오랜 속박 가운데서 신음해야만 한다는 것이다"(liberty of Printing must be enthrall'd again under a Prelaticall commission of twenty, the privilege of the people nullify'd, and which is wors, the freedom of learning must groan again, and to her old fetters; *CPW* 2. 541-42)라고 개탄하면서, 의회에 국민의 양식과 역량을 믿고 인정하기를 거듭 촉구한다.

밀턴은 잉글랜드 국민이 무능하고 수동적인 독자나 국민이 아니라 신의 선물인 이성으로 선과 악을 분별할 줄 아는 능동적인 국민이기에 마땅히 자유를 보장받아야 하며, 검열제가 시행되면 시민이 자신들의 양심의 자유를 행사할 기회를 박탈당하게 된다고 주장한다. 잉글랜드 국민이 수동적인 독자나 청중이 아니라고 반박함으로써 그는 사실상 아친스타인이 지적한 것처럼 로드 대주교의 교회를 공격하고 있는 것으로 볼 수 있다(63). 밀턴은 자국민을 무능하고 수동적인 존재로 인식하고 자유를 제한하게 되면 진리에 대해 무지하고 야만스럽고 노예와 같은 상태로 전락시킬 수 있다는 우려를 표명하고 있는 것이다. 나아가 그는 이 검열 제도를 가톨릭과 관련이 있는 것으로 파악하면서 원래 이 제도가 "그들의 마음에 들지 않는 책을 불태우고 읽는 것을 금지한"(burning and prohibiting to be read, what they fansied not; *CPW* 2. 502) 로마의 교황들에 의해 시작되었음을 지적한다. 밀턴은 이들이 자신들의 기호에 맞지 않는 글에 대해 금지 조치를 내리거나 금서 목록에 넣어 버린 사실을 이야기하면서, 책의 출판을 억압하는 것을 가톨릭이 양심의 자유를 억압하는 것과 동일시하고 있다. 그는 검열관을 지옥의 심판관에 비유하면서, 책이 세상에 태어나기도 전에 이들의 심판을 받아 출판되지 못하게 하는 법을 종교개혁에 반대하는 가톨릭과 같이 치부한 것이다.

밀턴은 검열이 악명 높은 "종교재판소로부터 슬며시 기어 나온"(crept out of the *Inquisition*; *CPW* 2. 493) 것이라며 전제적인 가톨릭에서 유래되었음을 강조함으로써 청중의 감정에 호소하는 전략을 사용하고 있다. 그의 의도는 의회가 자유롭게 태어난 잉글랜드 시민의 덕과 자질을 인정하여 교황과 종교재판소에서 시작된 사전 검열이라는 강제적이고 나쁜 제도를 폐지하도록 만드는 것이다. 밀턴은 자신의 글 가운데 가장 수사적이라고 할 수 있는『아레오파기티카』에서 자신이 목표하는 독자층인 의회 의원과 런던의 여론 주도층을 치켜세우며 이들이 "탁월한 영혼의 고귀한 생명의 피"를 보존하는 영웅적인 사업에 동참하도록 설득하고 있다. 나아가 밀턴의 의도는 검열 제도하에서는 개인의 영혼이 선과 악을 판단할 여지가 없으므로 이를 없앰으로써 선악을 선택할 양심의 자유를 누리게 하자는 것이다(Achinstein 64). 그는 만약 이런 강압적인 검열 제도가 지속될 경우 인간의 정신이 노예 상태로 전락하게 될 것을 우려하면서, 또한 검열관의 자질과 권위에 대해서도 의문을 제기한다. 책이 출판되어야 할 것인지 말 것인지를 결정하는 사람은 "근면하고 학식 있고 분별 있는 평범한 기준을 넘는 사람"(a man above the common measure, both studious, learned, and judicious)이어야 하며, 만일 그가 "무식하고 오만하고 태만하거나, 비열하게 돈만 밝히는"(ignorant, imperious, and remisse, or basely pecuniary; *CPW* 2. 530) 사람일 경우, 그로 인해 빚어질 손실과 폐해가 심각하다고 경고한다. 밀턴이 판단하기에 검열 제도에 있어 가장 큰 문제점은 검열관이 저자에 대해 잘못할 수 있다는 것과, 통치자가 검열관 선정에 잘못을 범할 수 있다는 것이다. 이 쉽지 않은 문제에 대한 고민의 결과, 밀턴은 6년 후에 스스로 검열관의 직책을 맡은 것이 아닐까 짐작된다. 이 직책을 맡은 것이 비록 후퇴이기는 하지만 초기에 자신의 유명한 저작에서 한 주장과 완전히 결별한 것은 아니라며 노브룩은 밀턴을 옹호한다. 즉, 밀턴은 많은 공화주의자들과 마찬가지로 1649년에 공화정의 기초를 놓을 역사적인 기회가 온 것으로 생각했고, 만약 이 기회를 놓치면 다시는 오지 않을 것이기에 이를 전복시키려고 선동하는 소책자나 소식지의 억압을 묵인했다는 것이다(*Public Sphere* 28).

밀턴은 『아레오파기티카』에서 시민을 양심적인 독자로 보는 혁명적인 생각을 밝히고 있다. 그는 잉글랜드의 독자들을 그들이 읽은 것을 능동적으로 판단할 수 있는 기본적인 능력을 지닌 개인으로 인정한다. 밀턴은 "만일 우리가 선생의 회초리에서 벗어난 후에도 다시 출판 허가증의 막대기 아래 놓인다면 다 자란 어른임에도 불구하고 어린 학생보다 나을 것이 무엇이겠는가?"(What advantage is it to be a man over it is to be a boy at school, if we have only scapt the ferular, to come under the fescu of an *Imprimatur*?; *CPW* 2. 531)라고 물음을 던지면서, 검열을 통해 지도를 받아야 할 미숙한 독자를 어린 학생에, 유능하고 혁명적인 독자를 어른에 빗대는 재미있는 비유를 하고 있다. 그러나 밀턴은 아친스타인이 지적한 바와 같이 여성이나 가난하여 교육을 받지 못한 잉글랜드 시민들도 이 현명한 독자에 포함이 되는지, 그리고 어떻게 어린 학생과 같은 독자가 많은 책을 읽는 시련을 통해 성숙한 독자로 성장해 가는지에 대해서는 자세히 언급하지 않고 있다(65).

밀턴은 "우리를 정화하는 것은 시련이며 시련은 반대되는 것에 의해 이뤄진다"(that which purifies us is triall, and triall is by what is contrary; *CPW* 2. 515)라며 시련을 통한 교육적 독서를 강조한다. 밀턴의 산문은 1640년대에서 1670년대에 이르기까지 다양한 방식으로 이성의 기능에 대해 언급하면서, 이성은 인간이 지식과 사랑과 참된 기쁨에 참여할 수 있는 신의 형상이라는 생각을 거듭 밝히고 있다(Donnelly 28-29). 그는 백지와 같은 인간의 영혼과 미덕에 시련을 통한 연단을 제공하는 매개가 바로 책이라고 주장한다. 책을 읽을 때 인간의 정신은 개인의 양심과 자유의지에 따라 선악을 판단하는 훈련을 거치게 된다고 말한다. 밀턴은 독서와 음식 사이의 유추를 제시하며, 손상된 위장엔 좋은 음식이나 나쁜 음식이나 다를 것이 없듯이 사악한 정신에는 좋은 책이나 나쁜 책이나 다를 바가 없다고 주장한다. 그리고 "나쁜 책이라 할지라도 사려 깊고 분별 있는 독자가 읽기만 한다면 그것은 악을 분별하고 논박하고 미리 경고해 주며, 악의 존재를 분명하게 해 준다"(they to a discreet and judicious Reader serve in many respects to discover, to confute, to forewarn, and to illustrate; *CPW* 2. 512-13)라며 책은 독자에게 시련을 통해 올바른 판단에 이를 수 있도록 연단한다고 말한다. 밀턴은 알렉산드리아 주교 디오니시우스(Dionysius)가 보았던 환상과, 바울이 데살로니가 교인들에게 보낸 편지에서 쓴 "범사에 헤아려 좋은 것을 굳게 잡으라"(데살로니가 전서 5:21)는 구절과, "깨끗한 자들에게는 모든 것이 깨끗하다"(To the pure all things are pure; *CPW* 2. 512)라는 디도서(1:15)의 가르침 등을 언급하며, 어떤 형태의 책이든 분별 있는 독자가 읽지 못할 책은 없다고 단정 짓는다. 여기에 인용된 성경 구절들이 모두 양심에 따른 개인의 선택과 판단의 중요성을 강조하고 있는데, 그것처럼 독자는 자신의 이성의 능력으로 책의 가치를 스스로 판단하여야 한다. 그러나 검열 제도하에서는 국가가 개인으로부터 선택의 자유와 권리를 박탈하게 된다고 밀턴은 주장한다.

밀턴이 출판과 표현의 자유를 위해 싸울 때 염두에 둔 대상은 프로테스탄트에 국한되지만 이 과정에서 능력 있고 현명한 독자상을 확립하는 데 기여한다. 그가 출판의 자유를 옹호하는 바탕에는 대중을 올바르게 책을 분별할 수 있는 능력을 갖춘 독자로 인정하는 인식이 깔려 있다. 그는 잉글랜드 시민이 특별한 능력과 권리를 지니고 있으며 스스로 올바른 판단을 내리기에 충분한 이성과 자유를 타고났다고 생각했으며, 영국혁명 당시의 급진파들이 그러했던 것처럼 시민의 양심의 자유를 주창했다. 이처럼 밀턴은 책에 대해서 판단할 권위는 국가가 임명하는 검열관에게 있는 것이 아니라 독자 개개인의 이성과 양심에 있으며, 인간 영혼의 선과 악의 싸움에서는 선이 반드시 이기며, 현명한 독자는 책 속에 포함되어 있는 악에 충분히 저항할 수 있다고 확신하였다.

3 『아레오파기티카』는 검열자에 대한 문제와 더불어 후반부에서 관용의 원리에 관해 이야기함으로써 그 난해함이 더해진다. 17세기 유럽에서는 관용이 근대 세계의 시민의 자유를 둘러싼 논쟁에서 반드시 지켜야 할 원칙 가운데 하나로 이야기되었지만, 종교개혁이 진행되면서 영국에서는 여러 교파들이 내부의 분파와 교리상의 차이를 억압하려는 현상들이 생겨났다. 일반적으로 관용은 자신이 속한 집단이 선호하지 않거나 받아들이지 않을 수도 있는 믿음과 관습을 용인하거나 묵인하는 행위 혹은 상태로 정의할 수 있다. 출판의 자유를 주창한 『아레오파기티카』에서 표현의 자유란 박상익이 말한 바와 같이 상이한 종교적 견해의 선택을 용인하는 종교적 관용과 다양한 교리를 신봉할 수 있는 개인의 자유나 양심의 자유를 의미하는 것이었으며, 이때 종교적 관용이 소극적 성격을 띤다면 양심의 자유는 한층 적극적인 의미를 갖는 것으로 해석할 수 있다(123). 『아레오파기티카』는 콘즈가 주장하듯이 잉글랜드 내의 프로테스탄트 공동체가 가톨릭과의 차별성을 지니는 범주 내에서는 예배 의식과 믿음의 전 영역을 허용하는 폭넓은 교회가 되어야 한다는 독립교회(Independent)나 조합교회주의자(Congregationist)의 주장과 맥을 같이하는 관용주의적인 팸플릿이다(55).

『아레오파기티카』는 관용주의 가운데서도 특별히 출판의 자유에 초점을 맞추고 있다. 이 글에서 밀턴은 종파 간의 불일치를 허용하고 크리스천의 삶에 대한 많은 문제의 해답이 아직 얻어지지 않았다는 사실을 인정해야 하며, 이런 폭넓은 프로테스탄트 공동체 내에서 가장 중요한 것은 건강하고 적극적인 대화임을 강조한다. 그는 분파에 대해 걱정하고 우려하는 것을 비판하며 오히려 다양한 의견과 분파를 허용해야 한다고 다음과 같이 주장한다.

> 배우려는 욕망이 클수록 필연적으로 논쟁도 많기 마련이다. 많은 저작이 나올수록 견해도 다양할 것인데, 선한 사람의 견해란 형성 중에 있는 지식에 불과한 것이기 때문이다.
>
> Where there is much desire to learn, there of necessity will be much arguing, much writing, many opinions; for opinion in good men is but knowledge in the making. (*CPW* 2. 554)

그러면서 그는 진리가 하나가 아닌 여러 가지 모습을 취할 수도 있으며, "진리란 그 본연의 모습을 지키면서도 대수롭지 않은 모든 문제에 대하여 이쪽이나 저쪽 편을 들 수 있는 것이 아닌가"(What else is all that rank of things indifferent, wherein Truth may be on this side, or on the other, without being unlike her self; *CPW* 2. 563)라고 묻고 있다. 이렇게 볼 때 『아레오파기티카』의 중심 논제는 관용에 관한 것이라기보다는 지식의 보다 나은 순환을 위한 자유로운 출판의 필요성이라는 스미스의 주장은 설득력이 있다(Smith 105).

밀턴은 출판허가법이 종교적 자유를 제한하기 위한 여러 가지 시도 가운데 하나가 아닐까 우려하면서, 의회가 "자유로운 양심과 기독교의 자유를 인간의 규범과 교훈으로 채워 넣는 주교제의 전통을 버리도록" (forgoe this Prelaticall tradition of crowding free consciences and Christian liberties into canons and precepts of men; *CPW* 2. 554) 하기 위해 『아레오파기티카』를 썼다. 그러나 이 팸플릿은 종교의 자유를 옹호하는 좁은 범위에 머물지 않고 혹스비의 주장처럼 "양심에 따라 자유롭게 알고 말하고 주장할 자유"(the liberty to know, to utter, and to argue freely according to conscience; *CPW* 2. 560)와 같은 포괄적인 자유를 옹호하고 있다(221). 이러한 자유에 대한 밀턴의 신념은 "주의 성전"을 건축하려는 그의 비전 가운데 열정적이고 정교하게 드러나 있다.

> … 주의 성전을 건축하려면 누구는 대리석을 자르고, 어떤 이는 깎고, 다른 사람은 삼나무를 베어야 한다. 그럼에도 불구하고 분별없는 어떤 사람들은 신의 성전이 건축되기에 앞서 마땅히 채석장과 벌목장에서 많은 분리와 분열이 있어야 한다는 것을 생각하지 못한다. … 크게 불균형을 이루지 않는, 수많은 온건한 다양성과 친근한 차이 가운데서 전체의 건축 구조를 떠받치는 아름답고 우아한 균형이 생겨나는 것이다.

> . . . while the Temple of the Lord was building, some cutting, some squaring the marble, others hewing the cedars, there should be a sort of irrationall men who could not consider there must be many schisms and many dissections made in the quarry and in the timber, ere the house of God can be built. . . . out of many moderat varieties and brotherly dissimilitudes that are not vastly disproportionall arises

the goodly and the gracefull symmetry that commends the whole pile and structure. (*CPW* 2. 555)

여기서 밀턴은 분리와 분파를 뜻하는 "schism"을 축자적 의미인 자르고 나눈다는 의미의 펀(pun)으로 사용하고 있다. 반주교제 논문에서와 마찬가지로 밀턴이 주장하는 핵심적인 문제는 공적이고 자유로운 의견의 교환을 통한 진리의 증진이며, 이를 설명하기 위해 솔로몬의 성전이라는 건축의 은유를 사용한다. 즉, 이 주의 성전은 지나치게 불균형을 이루지 않는 다수의 온건한 다양성과 친근한 차이로부터 생겨나는 우아한 균형이라는 말이다. 이 유추는 진리가 다양한 형태의 모습을 지닌다는 그의 비전과 일치한다(Wheeler 276).

『아레오파기티카』는 밀턴이 1640년 이후로 종교개혁의 완성을 위한 법적·신학적 전통과 성경을 재해석하면서 교육 프로그램에 전적으로 몰두하는 과정에서 집필되었다. 그는 하틀립(Samuel Hartlib)을 중심으로 한 과학적인 개혁자 그룹과 밀접한 관계를 유지했는데, 이들 그룹은 급진적인 종교와 정치, 그리고 자연철학 사상을 세계적으로 교류하며 개혁의 성격에 대해 활발하게 논의하였다(Smith 105). 당시 영국에서는 엄청난 수의 새로운 종교 집단이 생겨나 정통 교회의 권위를 잠식하기 시작하였으며, 종교적 진리에 대해 상충하는 견해가 다양하게 표현되는 등 혼란스러운 상황이었다. 이러한 상황 속에서 밀턴은 신이 선택한 잉글랜드 국민들에게 "위대한 종교개혁이 기대되는 이때"(when great reformation is expected) 분파와 파당을 용납하는 관용의 정신으로 "영적인 건축"(spirituall architecture; *CPW* 2. 555)을 잘해 나가자고 역설한다. 그는 모두가 한마음이 될 수 없다면 "모두를 강제하는 것보다는 많은 사람들에게 관용을 베푸는 것이 의심할 나위 없이 더 건강하고 분별 있고 더 기독교적이다"(this doubtles is more wholsome, more prudent, and more Christian that many be tolerated, rather then all compell'd; *CPW* 2. 565)라고 주장한다. 이러한 생각은 이후 1659년에 발표되는 『세속권력론』(*A Treatise of Civil Power in Ecclesiastical Causes*)에서 교회와 국가의 분리를 주장하는 것으로 발전하게 된다.

이처럼 관용을 주창하면서도 밀턴은 "모든 종교와 시민의 주권을 뿌리째 뽑아 버리는"(extirpats all religions and civill supremacies) "가톨릭과 공공연한 미신에 대해 관용하라는 말은 아니다"(I mean not tolerated Popery, and open superstition; *CPW* 2. 565)라며 가톨릭은 미신과 마찬가지로 근절되어야 한다는 입장을 취하고 있다. 콘즈의 지적처럼 여기서 밀턴이 의미하는 바가 단지 가톨릭과 그것의 미신적인 관례인지, 아니면 가톨릭과 로드 대주교의 의식과 같은 다른 미신적인 관례인지는 분명하지 않다(58). 분명한 사실은 교황의 권력이 국가의 시민정부 위에 있다며, 국가의 자율권을 위협하면서 종교재판소(Inquisition) 같은 반개혁 기관을 통해 개신교를 억압하는 가톨릭 자체가 억압되어야 한다고 밀턴이 생각했다는 점이다. 노브룩은 밀턴이 로마 가톨릭을 관용할 수 없다고 본 이유를, 근대 초기로 접어들어 국가와 교회가 서로 시민의 종교 생활을 독점하기 위해 경쟁하면서 "로마의 교황들이 제멋대로 정치적 지배권 장악에 몰두하여"(Popes of *Rome* engrossing what they pleas'd of Politicall rule into their owne hands; *CPW* 2. 501) 그들의 마음에 들지 않는 책들을 불태우고 읽는 것을 금지하기 시작한 것에서 찾고 있다(*Public Sphere* 18). 밀턴을 옹호하는 비평가들은 그가 전쟁이 벌어지고 있는 중에 집필을 했고, 당시 가톨릭이 심각한 위협으로 간주되던 상황이었음을 지적한다. 이로 미루어 볼 때 관용의 원리를 역설하고 있는 밀턴의 사상은 기독교적 휴머니즘에 바탕을 두고 있으며, 밀턴도 로크(John Locke)처럼 로마 가톨릭을 배제하고 관용을 주장한 17세기의 많은 인물 중 한 명처럼 보인다. 그렇다면 밀턴이 주장하는 관용은 "종교적 관용"(religious toleration)이기보다는 "프로테스탄트적 관용"(Protestant toleration)이라고 일컬은 던리(Phillip J. Donnelly)의 생각은 타당하다(21). 『아레오파기티카』가 다소 권위주의적인 자유주의를 제안할지라도 현대적 자유주의의 근간이 되고 정전으로 인정받는 텍스트 중 하나라고 한 벨지(Catherine Belsey)의 주장(77-78)처럼, 비록 밀턴이 관용을 이야기하면서 동 시대의 몇몇 문제를 명백히 등졌음에도 불구하고 『아레오파기티카』는 현대적 관심사를 건드린 작품이고 현대적 지성을 구성한 작품으로 평가할 수 있을 것이다.

밀턴은 어떤 사람이 권위에 입각하여 맹목적으로 믿는다면 그가 맹신(implicit faith)하는 진리는 이단이 되는 것이라고 경계하면서, 자신의 이성으로 잘 판단하여 교리를 충분히 이해하고 믿는 명시적 신앙(explicit faith)을 가질 것을 권하고 있다.

> 지각이 있는 사람은 잘 알겠지만 우리의 믿음과 지식은 팔다리와 몸처럼 운동을 할 때 왕성하게 자란다. 성경은 진리를 흐르는 샘에 비유한다. 진리의 물은 계속 흐르지 않으면 순응주의와 전통이라는 흙탕물에 고여 썩고 만다. 사람은 진리에 있어서 이단적일 수 있다. 그가 만일 목사가 그렇게 말했다는 이유로, 혹은 웨스트민스터 종교회의가 그렇게 결정했다는 이유로, 그 밖의 이유를 알지 못한 채 어떤 사실을 믿는다면, 비록 그의 믿음이 진실한 것이라 할지라도 그가 믿는 진리는 이단이 된다. 사람들은 자신들의 종교를 보살펴야 할 책임과 의무를 너무나 가볍게 다른 사람에게 맡겨 버리곤 한다.

> Well knows he who uses to consider, that our faith and knowledge

> thrives by exercise, as well as our limbs and complexion. Truth is compar'd in Scripture to a streaming fountain; if her waters flow not in a perpetuall progression, they sick'n into a muddy pool of conformity and tradition. A man may be a heretick in the truth; and if he beleeve things only because his Pastor sayes so, or the Assembly so determins, without knowing other reason, though his belief be true, yet the very truth he holds, becomes his heresie. There is not any burden that som would gladlier post off to another, then the charge and care of their Religion. (*CPW* 2. 543)

여기서 "그 밖의 이유를 알지 못한 채"라는 구절은 첫째, 밀턴이 성경이 아닌 다른 사람의 외적 권위와 개인의 지식이라는 내적 권위를 대조하고 있으며, 둘째, 신학적인 지식을 뒷받침해 주는 "이유"는 성경 속에서 분명하게 찾을 수 있다는 핵심적인 의미를 담고 있는 것으로 던리는 해석하고 있다(33). 밀턴은 허만(Peter Herman)이 지적한 바와 같이 프로테스탄트로서 성경을 읽는 개인적인 경험을 강조하고 있는데, 이는 어떤 권위 있는 인물이 말했다고 해서 그것을 맹목적으로 믿을 것이 아니라 자신의 판단에 따라 믿는 자세가 독자가 지녀야 할 핵심적인 태도임을 말한다(117). 『아레오파기티카』와 함께 관용의 문제를 집중적으로 다룬 밀턴의 산문으로는 『세속 권력론』이 있다. 이 글에서도 밀턴은 "양심"과 "올바른 이성"에 대해 자세히 다루면서 신앙 양심에 따라 성경을 해석했다면 그 사람은 이단자가 아니라 최상의 프로테스탄트이며, 성경에 근거하지 않은 전통과 사견을 따르는 교황주의자야말로 이단자라고 주장함으로써 개인의 신앙 양심에 따른 다양한 성경 해석의 가능성을 인정하고 있다.

당시 많은 사람들이 교회와 정치의 개혁에 대해 이야기하는 상황 속에서 밀턴은 결혼과 교육, 그리고 출판의 자유라는 영역을 자세히 살펴보기를 원했다. 밀턴의 급진적 사상은 주교제 폐지를 주장하고 미래의 교회 형태에 대한 논쟁을 시작한 1643년경부터 형성되었다고 볼 수 있다. 사실 밀턴 자신도 인간의 영혼은 부활할 때까지 육체에 머문다고 믿었고, 성경을 축자적으로 받아들여야 한다는 생각을 거부했으며, 정신적으로 조화를 이루지 못하는 배우자와는 이혼할 수 있어야 한다고 주장했다는 점에서, 당시의 종교적 상황에서 판단할 때 스미스가 주장한 바와 같이 이단적인 사상의 소유자였다고 볼 여지가 다분하다(Smith 104).

밀턴은 인간의 미덕은 선과 악을 선택하는 성숙한 행동이 있을 때 비로소 의미를 갖게 되고 선택은 자유의지의 핵심 요소이기에, 이성과 선택은 인간에게 생명과 같이 중요한 것이라며 다음과 같이 이야기한다.

> 많은 사람들이 아담으로 하여금 율법을 범하게 한 신의 섭리를 불평한다. 이 얼마나 어리석은 말인가? 신이 그에게 이성을 주셨을 때, 신은 그에게 선택의 자유를 주신 것이다. 이성이란 곧 선택을 의미하는 것이기 때문이다. 그렇지 않다면 그는 단순히 인공적으로 만들어진 아담일 뿐이며, 그러한 아담은 인형에 불과하다. … 신은 왜 우리 안에 격정을, 그리고 우리 주위에 쾌락을 창조해 놓으시고는 이러한 절제를 미덕의 요인으로 삼으시는 것일까?

> many there be that complain of divin Providence for suffering *Adam* to transgresse, foolish tongues! when God gave him reason, he gave him freedom to choose, for reason is but choosing; he had bin else a meer artificiall *Adam*, such an *Adam* as he is in the motions. . . . Wherefore did he creat passions within us, pleasures round about us,

but that these rightly temper'd are the very ingredients of vertu? (*CPW* 2. 527)

"이성은 곧 선택이다"라는 구절은 아리스토텔레스의 『윤리학』(*Ethics*)에 나오는 말로 밀턴은 이를 『교육론』(*Of Education*)에서도 그대로 언급하고 있다. 그의 논지를 따르자면 악이 없는 곳에는 선도 없고, 죄악이 없으면 미덕도 의미가 없다. 그러기에 밀턴은 "어째서 우리가 미덕의 실험이자 진리의 시험이기도 한 자유로운 책 출판 허용이라는 수단을 줄이거나 없앰으로써 신과 자연의 방식을 거슬러야 한단 말인가?"(Why should we then affect a rigor contrary to the manner of God and of nature, by abridging or scanting those means, which books freely permitted are, both to the triall of vertue and the exercise of truth; *CPW* 2. 528)라며, 검열법을 시행함으로써 시민의 선택의 자유를 억압하는 것에 대해 이의를 제기하고 있다.

『아레오파기티카』에서 밀턴은 사상의 자유 시장에서 진리가 거짓과 맞붙게 되면 자율조정의 원리에 따라 진리가 이기게 되며, 여기에 권력자의 권위가 개입하는 것은 개인이나 사회의 지적 발전에 장애가 될 따름이라고 주장한다. 그는 비록 온갖 종류의 교리가 세상에 난무한다 하더라도 그것 때문에 검열제를 도입하고 금지 조치를 취한다면 진리의 힘을 의심하는 것이니 "진리와 거짓이 서로 맞붙어 싸우게 하라"(Let her[Truth] and Falsehood grapple; *CPW* 2. 561)고 주장한다. 이는 진리와 인간 이성의 선택 능력에 대한 신뢰를 보여 주는 것으로 "진리는 전능한 신 다음으로 강하다"(Truth is strong next to the Almighty; *CPW* 2. 562-63)는 밀턴의 낙관주의가 강하게 나타난 부분이기도 하다.

밀턴은 "악의 온갖 유혹과 그럴듯한 쾌락을 알면서도 이를 멀리하고 분별하고 진정 더 좋은 쪽을 택하는 사람이야말로 참된 전투적 크리스천이다"(He that can apprehend and consider vice with all her baits and seeming pleasures, and yet abstain, and yet distinguish, and yet prefer that which is truly better, he is the true warfaring Christian; *CPW* 2. 514-15)라며 선과 악을 분별하고 선택하는 데 있어 자유의지의 중요성을 강조하고 있다. 밀턴은 검열로 인해 출판도 되지 못한 채 죽어 버린 진리를 "순결한 진리의 사랑스러운 모습을 수천 조각으로 갈기갈기 찢어 사방으로 흩뿌려 버렸다"(the virgin Truth, hewd her lovely form into a thousand peeces, and scatter'd them to the four winds; *CPW* 2. 549)라며 신랄하게 묘사하는데, 이는 1630년대 말 성실청이 청교도 순교자들의 몸을 절단하여 죽인 사실을 상기시킨다. 따라서 진리를 찾는 행위는 마치 이시스(Isis)가 오시리스(Osiris)의 조각난 몸을 조심스럽게 찾아 헤매듯이 진리의 토막 난 사지를 모으기 위해 여기저기를 다니는 것과 같다고 말한다. 밀턴이 종교적 관용을 주장하는 이유에는 진리가 재림의 순간까지도 다 발견되지 못한다는 인식이 작용하고 있음을 알 수 있다. 밀턴의 『아레오파기티카』는 그리스 신화와 성경의 내용이 한데 얽힌 풍부한 이미지와 비유로 가득 찬 수사법으로 1640년대 당시 혁명이 임박한 잉글랜드의 긴박한 분위기와 천년왕국적 전망을 고조시키고 있다.

밀턴은 『아레오파기티카』에서 종교적인 관용을 이야기하지만 이를 가톨릭에까지 확대하여 적용하지는 않았다는 점에서, 그가 말하는 관용은 프로테스탄트에 국한된 관용이라고 할 수 있다. 또한 그는 일종의 사후 검열을 분명히 허용하는 입장을 취하고 있기 때문에 엄밀한 의미에서는 언론의 자유를 옹호하고 있지도 않다. 이러한 한계에도 불구하고 이 팸플릿의 많은 구절이 자유롭고 열린 탐구의 이상을 이야기하고 있다는 점에서 그 가치를 높이 평가할 수 있을 것이다.

4 밀턴이 『아레오파기티카』에서 어떤 수사적 전략을 쓰고 있으며 의회에 호소함으로써 어떤 정치적 이익을 얻으려고 하였는지를 정확히 파악하기는 힘들다. 그러나 한 가지 분명한 사실은 제한된 출판의 자유와 프로테스탄트 여러 분파에 대한 관용을 주창한 밀턴의 주장이 당대의 역사적 환경에서 볼 때 매우 용기 있는 것이었으나 후대에 큰 호응을 얻지 못했다는 점이다. 실제로 의회는 이단적인 사상을 억누르는 데 한층 더 힘을 썼다. 결과적으로 『아레오파기티카』는 사전 검열을 요구하는 의회의 1643년 법령으로 말미암은 출판 환경을 바꾸어 보려는 밀턴의 목적과는 달리 당대에는 별 영향력을 행사하지 못하였다고 할 수 있다. 그럼에도 불구하고 이 글은 공적인 영역을 개념화하는 데 있어서 중요한 위치를 점하고 있다. 『아레오파기티카』에서 밀턴은 잉글랜드 국민을 정치개혁과 종교개혁을 수행할 적절한 대중이나 독자로 묘사한다. 그는 정치적 논의가 폭넓은 독서대중 앞에서 이뤄져야 한다고 주장함으로써 공적 영역에 대한 완전히 새로운 의식을 형성하는 데 기여하였으며, 이러한 생각의 저변에는 시민의 의무와 종교적 양심이라는 개념이 깔려 있다. 밀턴은 잉글랜드 국민은 악에 저항하고 견뎌 낼 수 있는 양심과 이성적 자질을 지녔기 때문에 출판에 앞서 검열을 행하는 것은 국민에 대한 모욕이라는 강력한 정치적 진술을 의회에 피력하고 있다. 즉 시민들은 스스로 판단할 능력이 있으므로 어떤 책이라도 읽을 자유가 있다는 것이다. 밀턴은 출판이 할 일이란 웅변이 고전적으로 수행한 이상에 프로테스탄트의 종교개혁에 대한 사명을 합한 것이라고 생각하고, 잉글랜드 국민이야말로 이러한 임무를 수행할 역량이 있는 양심적이고 이상적인 시민이라며 공적인 영역에 대한 혁명적인 견해를 표현하고 있다.

밀턴이 『아레오파기티카』에서 이야기하는 현명하고 분별 있는 독자는 청교도적인 믿음을 포괄적으로 받아들이는 독자로 국한된다는 점에서 이 팸플릿은 한정되고 자유롭지 못한 텍스트라고 말할 수도 있을 것이다. 그러나 이 경우 아친스타인이 지적한 대로 자유를 주창하는 자유롭지 못한 텍스트라는 단서를 붙여야 할 것이다(66-67). 밀턴은 출판의 자유를 옹호하는 근거로 양심의 자유를 주장하는데, 이는 영국혁명 당시에 널리 퍼져 있던 대중에 대한 사상을 반영하고 있다. 여기서 말하는 대중 혹은 국민은 학식 있고 분별 있는 현명한 독자를 의미한다. 당시 개혁적인 프로테스탄트들은 개인이 직접 성경을 읽음으로써 영혼에 필요한 모든 것을 이해하고 얻을 수 있다고 생각했는데, 이는 신부나 특정의 인허를 받은 독자의 중개를 인정하지 않는다는 점에서 가톨릭과 정면으로 배치되는 입장이었다. 따라서 프로테스탄트 신앙을 소유한 대중 혹은 독자의 양식과 분별력을 인정하면서 출판의 자유와 양심의 자유를 부르짖은 밀턴의 주장은, 잉글랜드 국민이 중심이 되어 종교개혁을 완성해야 한다는 그를 비롯한 동시대 급진적 프로테스탄트들의 생각과 맥을 같이하고 있다. 이들은 개인의 내면의 가치와 양심과 이성을 중요시하여 외부의 간섭이나 교리문답, 제단, 기도서 등과 같은 형식에 치우친 종교적 관행을 없애고, 출판을 종교적 전통을 개혁하는 데 사용해야 한다고 생각하였다.

밀턴이 『아레오파기티카』를 집필하던 1643년과 1644년은 정치적으로 상당히 혼란스러웠다. 의회파가 왕당파에 승리를 거두고는 있었지만 연말까지 완전한 승리를 거둔다는 보장이 없었기에, 특히 종교 문제에 대한 상하 양원의 생각과 리더십이 점점 더 분열되고 있었다. 따라서 스미스가 지적한 바와 같이 이 팸플릿이 발간될 당시만 하더라도 1640년대 말의 국왕 시해를 둘러싼 논쟁 따위는 꿈도 꿀 수 없는 상황이었다(104). 그러나 르네상스 공화주의를 주창하는 가운데 개인의 지적인 행위와 미덕을 강조하면서, 이상적인 독자는 자신의 이성과 양심에 따른 올바른 판단 능력을 갖고 있다고 하는 『아레오파기티카』에 나타난 밀턴의 사상이 대중에게 엄청난 힘을 실어 주었고, 결국 이 혁명적 대중 혹은 독자들은 1649년에 왕의 처형까지도 정당화될 수 있다는 믿음을 행동으로 옮기기에 이른다.

오늘날에도 여전히 『아레오파기티카』가 읽히는 이유는 문체와 수사법이 자유분방하고 뛰어나기 때문이지 이 글이 언론의 자유와 양심의 자유를 옹호한 영국 최초의 글이라서가 아니라는 주장(Hoxby 232)과 함께, 밀턴은 이 소책자에서 로드의 교회와 로마 교회를 연관시키고 그 둘이 검열제의 기원이라고 주장하지만 이는 사실과는 거리가 멀다는 비판이 최근 비평가들 사이에서 가해지고 있다. 출판은 그 이전에도 늘 통제되어 왔으며 모든 정부가 직접적이고 효율적인 통제 양식으로 검열제를 좋아했기 때문에 검열제가 반드시 가톨릭적인 법이라고 말할 수 없다는 것이다(Corns 62). 뿐만 아니라 그 당시의 검열은 전통적 생각의 한계를 넘어서는 데 대해 심한 억압을 가하지 않았기 때문에 심각한 문제가 아니었고, 어떤 경우든 검열로 인한 제재가 밀턴이 『아레오파기티카』에서 주장하는 것보다는 훨씬 덜 엄격했다는 것이다. 이런 이유로 혹자는 밀턴의 팸플릿을 개인적인 불평의 산물로 단정하기도 한다(Norbrook, *Public Sphere* 14). 이러한 비판에도 불구하고 밀턴이 사상의 자유 시장에서 진리와 거짓이 맞붙으면 자율조정의 원리에 따라 진리가 이긴다는 사실과, 여기에 권력자의 권위가 개입하는 것은 개인이나 사회의 지적 발전에 장애가 될 따름이라는 사실을 『아레오파기티카』에서 역설하고 있다는 점은 제대로 평가받아야 할 것이다. 이는 그가 지식의 순수성과 인간 이성의 선택 능력에 대한 낙관적인 믿음을 지니고 있었음을 보여 준다. 밀턴은 자유에는 책임이 따라야 하고, 이성에는 합리적 선택이 전제되어야 하며, 지식에는 도덕적 정당성이 배어 있어야 한다고 믿었다. 결국 밀턴은 이성에 기초하여 충분한 판단 능력을 지닌 현명한 독자 개인의 능력과 자유의지에 따른 선택에 맡겨 출판의 자유를 허용해야 하며, 이 길이야말로 이상적인 잉글랜드를 건설하는 지름길이라고 확고하게 믿고 있었다.

5) 『테트라코던』

밀턴은 『이혼에 관한 마틴 부처의 견해』를 출판한 지 7개월 뒤인 1645년 3월 초에 『테트라코던』과 『콜라스테리온』(*Colasterion*)이라는 보충적인 책을 같은 날 같은 인쇄소에서 출판한다. 세 번째 팸플릿 『테트라코던』은 신명기를 근간으로 한 모세의 이혼법과 마태복음에 나타난 예수의 말씀 간의 불일치에 대해 다루면서, 신구약의 네 군데 성경 구절을 근거로 결혼과 이혼에 대한 주제를 확장시킨다. 이 글의 분량은 상당히 길어서 『이혼론』 재판보다도 길고 『마틴 부처의 견해』에 비하면 거의 네 배나 길다. 밀턴이 『이혼론』 초판에서 시도하였듯이 덜 비유적인 문체로 쓰인 『테트라코던』은 표지가 설명하는 것처럼 "결혼이나 결혼의 무효를 언급하는 성경의 중요한 네 부분에 대한 설명"(Expositions Upon The foure chief places in Scripture, which treat of Marriage, or nullities in Mariage) 시리즈이다. 일반적으로 말해서 이것은 콘즈의 언급처럼 성경의 설명과 해석에 관련한 일종의 성서 해석학 논문이라고 할 수 있다(50).

제목 아래의 설명은 위의 성경 텍스트에 대해 언급한 데 이어서 "이 점에 있어서 최근 출판된 『이혼론』은 성서의 설명과 옛날 교부들의 증언, 초대교회의 시민법, 개신교계의 가장 저명한 신학자들, 그리고 마지막으로 에드워드 6세 치하 마지막 해의 잉글랜드 의회와 국교회의 법률에 의해 뒷받침된다. 이전의 저자 J. M."(Wherin the Doctrine and Discipline of Divorce, as was lately publish'd, is confirm'd by explanation of Scripture, by testimony of ancient Fathers, of civill lawes in the Primitive Church, of famousest Reformed Divines, And lastly, by an intended Act of the Parliament and Church of England in the last year of Edward the sixth. By the former Auther J. M.)이라고 밝히고 있다. 이처럼 밀턴은 타이틀 페이지에 자신의 이니셜을 밝히고, 의회에 전하는 서문("To the Parliament")에서는 자신의 완전한 이름을 표기하고 있다.

팸플릿의 제목은 4줄로 된 악기 이름을 의미하는 고대 그리스어 단어를 그대로 빌려 온 것이며, 동일한 고전 악기를 의미하거나 혹은 4도 음계 혹은 음계의 최고음과 최저음의 차이를 의미하는 '테트라코드'(tetrachord)에 어원을 두고 있다. 물론 밀턴은 이 단어를 비유적으로 사용한다. "4현의"(four-stringed) 혹은 "네 개의 화음"(four chords)이라는 의미인 이 책의 제목은 밀턴이 자신의 이혼에 대한 주장에서 조화를 이루기를 바랐던 네 개의 중요한 성경 본문, 즉 창세기 1장 27-28절, 신명기 24장1절, 마태복음 5장 31-32절, 그리고 고린도 전서 7장을 지칭한다. 이러한 제목이 암시하듯 이 팸플릿이 시도하는 일 가운데서 가장 도전적이면서 중요한 해결점은 『이혼론』에서와 마찬가지로 마태복음에서 그리스도가 이혼을 명백히 금지한 구절과 신명기에서 모세가 이혼을 허락한 구절 사이의 상충하는 점을 조화롭게 풀어 내는 일이라고 하겠다.

밀턴은 복음서에서 이혼을 금지한 것은 모세의 이혼 허락을 뒤집을 경우 하나님이 자기모순에 빠지기 때문이라고 주장한다. 『테트라코던』에서 가장 중요하면서 새로운 부분은 "예수님께서 이르시되 모세가 너희 마음의 완악함 때문에 아내 버림을 허락하였거니와 본래는 그렇지 아니하니라"라는 마태복음 19장 8절에 대한 재해석이다. 앞서 밀턴은 완악한 자들이 사소한 이유를 들어 이혼함으로써 법을 악용할 것임을 알고 있음에도 불구하고 양심적인 이들을 구제하기 위해 하나님이 이혼을 허락하셨다고 주장하였다. 밀턴은 완악함(hard-heartedness)을 타락 후 선한 사람들에게서조차 나타나는 불완전함이나 연약함이라는 또 다른 의미로 정의한다. 그렇게 함으로써 아이러니하고 복잡한 해석적 상황을 초래하지 않고도, 마태복음 19장에서 그리스도가 해석한 대로 모세가 이혼을 허락한 것이 자신과 같은 고결한 기독교인에게 적용될 수 있다고 주장한다(*CPW* 2. 153-55). 그리스도가 "본래는 그렇지 아니하니라"(from the beginning it was not so)라고 부연할 때 이는 모세 이전의 시간을 의미하는 것이 아니라 낙원, 즉 결혼을 통한 결합을 불가능하게 만들 수 있는 기질적 차이가 생기게 한 타락이 일어나기 이전을 의미한다는 것이다. 모세의 율법이 타락 이후 우리의 연약함에 적용된다는 것을 고려하면 복음서의 법이 더 가혹하거나 덜 자비로운 것은 아니라고 밀턴은 생각한다. 이혼의 합법성뿐 아니라 자연법이나 국가법과 같은 나머지 이차적인 법도 우리의 타락한 상황에 적용되는 것이다. 이는 이혼에 대한 모세의 허락이 보편적인 법이라는 의미이다. "완악한 마음"(hardness of heart)이라는 표현에 대한 밀턴의 새로운 해석은『이혼론』에서 주창된 무과실 이혼(no-fault divorce)에 대한 한층 확실한 기반을 예견하는 것처럼 보인다. 그러나 결혼이 아내의 고집과 악의 때문에 실패하고 마는 경우를 다룬『테트라코던』에서는 이전에 했던 주장들이 거의 사라져 버린다.

또한 밀턴은 남편이 아내에게서 "수치스러운 일"(some uncleanesse)을 발견하면 아내와 이혼할 수 있다는 신명기에서 말하는 "수치스러운 일"은 성적인 부정함(impurity)보다 더 넓은 의미를 내포하고 있다고 주장한다. 밀턴은 남자와 아내가 "한 몸"(one flesh)이 되어야 한다는 창세기 내용을 주석할 때(*CPW* 2. 602) 좀 화려한 문장들을 사용하기도 하지만, 대체로 그의 산문은 차분하며 전문적인 주장을 할 때는 치밀한 논증을 펼치는 데 에너지를 쏟는다. 결혼이 성적인 관계에서뿐만 아니라 정서적이고 이념적·지적인 화합에서도 거룩한 충족이 적절히 이루어져야 한다는 밀턴의 주장은 콘즈가 평가한 바와 같이 인간미가 있고 고상하다. 그렇지만 실패한 결혼에 대한 공포감은 살아 있는 사람에게 족쇄처럼 매달려 썩어 가는 송장의 이미지로 표현되어 그의 격조 높고 이상적인 소책자에는 어울리지 않아 보인다(Corns 51-52).

밀턴은 사랑과 화평이 이미 깨어진 가정은 진정한 가정이 아닐 뿐 아니라 하나님과의 계약 관계도 이미 파기된 상태이므로, 이런 아무런 도움도 되지 않는 가정을 부자유하게 억지로 유지해 가는 것보다 이혼해서 독자적인 자유와 평화를 찾는 편이 더 낫다고 생각했다.

> 우리는 몸이 두 육체를 연결하거나 함께 묶어 둘 수 없다는 것을 알 수 있다. 남녀를 한 몸이 되게 하는 것은 정신과 기질의 비슷함이나 맞음이고, 이로부터 그들 간의 화합의 정신이나 결합이 생겨나는 것이 아니겠는가?
>
> Wee know that flesh can neither joyn, nor keep together two bodies of it self; what is it then must make them one flesh, but likenes, but fitnes of mind and disposition, which may breed the Spirit of concord, and union between them? (*CPW* 2. 605)

이는 달리 말하면 자율적으로 바른 이성에 입각해서 사랑과 화평의 가정을 이루어 갈 수 있는데도 이혼하는 것은 하나님과의 계약 위반이 되며, 그것은 불순종의 죄를 낳게 된다는 뜻으로 해석할 수 있다. 밀턴이 밝힌 이혼론의 특징은 조신권이 말한 바와 같이 "결혼을 하나님과 인간 사이의 계약의 구체적인 규범으로 파악한다는 것"(515)이다. 즉, 밀턴은 결혼은 신과의 계약이기 때문에 어떠한 이유에서도 그 계약을 파기해서는 안 된다고 하는, 인간의 자유의지를 속박하는 계약사상에 반대한다. 결혼은 계약이지만 강제적이거나 의무적이기보다는 사랑과 화평에 기초해야 한다는 것이다(조신권 515).

『테트라코던』에서 밀턴은 "남자는 하나님의 영광을 위해, 여자는 남자의 영광을 위해"라는 바울의 말을 인용함으로써 여성을 폄하하는 듯한 인상을 준다.

> 왜 그가 하나님의 형상대로 그들이나 남자와 여자가 아니라 그를 창조하셨다고 했는지 의심해 볼 만하다. … 하나님의 형상이 남성 여성 둘 모두에게 똑같이 공통된 것이라면 의심할 여지 없이 하나님의 형상대로 그들을 창조하셨다고 했을 것이다. 그러나 성 바울은 여성이 일차적이고 직접적으로 하나님의 형상인 것이 아니라 남자와 관련하여 하나님의 형상을 가진다고 설명함으로써 논쟁을 끝맺고 있다. 그는 고린도 전서 11장에서 "여자의 머리는 남자"라며, "남자는 하나님의 형상과 영광이며 여자는 남자의 영광이니라"라고 하여 남자가 여자를 위하여 지음을 받지 아니하고 여자가 남자를 위하여 지음을 받은 것이라고 말한다. 그러므로 그는 "아내들아 남편에게 복종하라 이는 주 안에서 마땅하니라"(골 3:18)라고 가르치고 있다.

> It might be doubted why he saith, *In the Image of God created he him*, not them, as well as *male and female* them. . . . So had the Image of God bin equally common to them both, it had no doubt bin said, In the image of God created he them. But *St. Paul* ends the controversie by explaining that the woman is not primarily and immediately the image of God, but in reference to the man. *The head of the woman*, saith he, I *Cor*. 11 *is the man: he the image and the glory of God, she the glory of the man*; he not for her, but she for him. Therefore

> his precept is, *Wives be subject to your husbands as is fit in the Lord, Coloss*. 3. 18. (*CPW* 2. 589)

그러나 그는 사도 바울이 신약에서 말하는 가부장주의적인 주장에 바로 이어서 동반자로서의 관계를 중시하는 결혼에 대해 이야기함으로써 균형 잡는 작업을 시도한다. 이 과정에서 그는 때로 여성이 신중함과 민첩함에 있어서 남편보다 뛰어날 수 있는데, 이런 경우 남편은 기쁜 마음으로 아내에게 주도권을 양보해야 한다는 흥미로운 주장을 펴고 있다.

> 특별한 예외들이 없는 것은 아니니, 만일 아내가 신중함이나 재주에 있어서 남편보다 뛰어나고 남편도 기꺼이 수긍한다면, 이런 경우에는 우월하고 보다 자연스러운 법칙이 개입하여, 남자든 여자든 더 현명한 자가 덜 현명한 자를 다스리는 것이 마땅하다.

> Not but that particular exceptions may have place, if she exceed her husband in prudence and dexterity, and he contentedly yeeld, for then a superior and more naturall law comes in, that the wiser should govern the lesse wise, whether male or female. (*CPW* 2. 589)

즉, 남녀 사이의 주도권 문제를 결정하는 데 있어 지혜가 남성성보다 우위에 있다는 말이다. 이러한 예외는 인정하지만 양성 간의 관계에 대한 밀턴의 핵심적인 사상은 결혼을 부부의 상호 호혜적인 관계에 둔다는 사실과 함께 가장으로서 남편의 위치를 인정한다는 점이다. 여성을 출산과 양육을 책임질 대상으로 보던 당시의 일반적인 여성관에 비해 볼 때 이러한 밀턴의 생각은 시대를 훨씬 앞선 진보적인 생각임에 틀림없다.

『테트라코던』에서 밀턴은 창세기 2장 20절에 기록된 바와 같이 자기 앞을 지나는 동물들의 본성을 알고 이름을 지을 수 있는 지혜를 가진 아담은 신이 이브를 자신의 온전한 배필로 지었음을 아는 지혜 또한 지녔을 것이라고 말한다. 그러므로 아담이 이브를 뼈 중의 뼈요, 살 중의 살이라 한 것은 다음과 같은 깨달음의 표현이라고 본다.

> 이브야말로 나를 더 이상 외롭지 않게 해 줄 적합한 돕는 자이며 교제할 자이다. 내가 하나님의 형상을 따라 만들어진 것처럼 나의 형상을 따라 만들어진 자가 바로 이브이며, 육체적인 면의 결합보다는 정신과 마음이 하나 되는 결합을 이루었다.

> this is she by whose meet help and society I shall no more be alone; this is she who was made my image, ev'n as I the Image of God: not so much in body, as in unity of mind and heart. (*CPW* 2. 602)

여기서 육체는 정신과 마음을 포함하며, 정신과 마음은 신의 형상을 뜻한다. 밀턴은『테트라코던』에서 결혼의 목적은 흔히 생각하듯 욕정에서 해방되기 위한 것도, 생식과 출산을 위한 것도 아니라고 주장한다.

> 첫째로 결혼의 실질적인 원인은 남자와 여자이다. 창조주 하나님과 남녀가 합의하는 이 관계의 내적 형태와 핵심은 바로 결혼의 최종적인 원인인 종교적·시민적·가정적 대화 속에서 돕고 교제하는 일을 서로 잘 맞게 하는 데서 생겨나는 부부간의 애정이다. 자연스러운 욕망의 충족과 자손의 번식이라는 하위의 목적은 이 안에 포함된다.

> First therefore the material cause of matrimony is man and woman; the Author and efficient, God and their consent, the internal *Form* and the soul of this relation, is conjugal love arising from a mutual fitnes to the final causes of wedlock, help and society in Religious, Civil and Domestic conversation, which includes as an inferior end the fulfilling of natural desire, and specifical increase. (*CPW* 2. 608)

밀턴은 거듭해서 "정신과 기질의 맞음"(fitnes of mind and disposition; *CPW* 2. 605)이라든지, "상호 위로와 도움"(mutuall solace and help; *CPW* 2. 601)이라는 표현을 사용하며 오늘날에도 공감할 수 있는 동반자적인 결혼에 대한 이상을 피력하고 있다. 그는 양성 간의 성차(性差)는 "가장 닮아 있으면서도 다르고, 가장 다르면서도 닮은"(most resembling unlikenes, and most unlike resemblance; *CPW* 2. 597) 남녀의 행복한 만남에 도움이 된다고 보았다.

이처럼 이혼에 관한 법률을 자율화할 것을 주장하며 『실낙원』 출판 20년 전에 작성된 『테트라코던』에는 결혼의 본질이 잘 드러나 있다. 에드워즈는 밀턴의 결혼생활이 순조롭게 시작된 것은 아니지만 그것 때문에 그가 이혼을 옹호했다고 보는 것은 17세기의 중요한 단면을 간과한 것이라고 주장하면서, 밀턴이 이 혼인법과 종교개혁을 관련 짓고 있음에 주목한다(147). 즉, 해방될 희망이 없는 불행한 결혼은 질병을 초래하고 우울증에 빠지게 하므로 영적인 건강에 유해하다고 본 밀턴은 혼인법이 마땅히 종교개혁의 한 부분이 되어야 한다고 생각했다. 밀턴을 비롯한 많은 사람들은 이 혼인법이 개정되지 않는 한 영국의 종교개혁은 아직 끝나지 않았다고 생각했다.

이혼이라는 주제가 민감한 감정적 반응을 불러일으킬지라도, 밀턴은 성서의 텍스트에 중점을 두면서 『테트라코던』에서 객관성을 유지한다. 플래너건(Roy Flannagan)이 평한 바와 같이 그는 성서를 잘 해석하고 있으며, 어조는 담담하고 대체로 편견이 없다(1025). 이 팸플릿에서 그는 『이혼론』에서 그랬던 것처럼 자신을 버림받고 부당한 취급을 받는 남편으로 묘사하고 있는 것 같지는 않다. 그는 남편과 아내가 서로를 미워하지만 교회법 때문에 마지못해 유지해야 하는 결혼 생활을 다른 부부들을 보면서 생각하고 재구성하고 있다. 정밀하게 연구된 성서 텍스트의 일부는 밀턴이 자신의 주장을 어떻게 잘 전개해 가는지를 명확히 보여 준다. 성서는 모든 구절이 다른 구절과 조화로운 화음을 만들어 낸다. 17세기에 흔한 어구인 "복음서의 조화"는 성서에서 선별된 구절을 조화시키고자 하는 바람을 나타낸다. 예일판 주석에서 알 수 있듯이, 밀턴은 성서에서 취한 인용에서조차 명확한 증거를 선별했을 수도 있다. 그는 흠정역 성서(Authorized Version: King James Version)의 단어와 구절에 대한 번역 방식을 선호하지 않아서 자신의 해석을 집어넣었을 수도 있다. 그리고 그가 전체 구절을 사용하기를 원하지 않아서 이탤릭체로 자신이 인용한 부분을 집어넣었을 수도 있겠지만 자신이 생략한 것을 표시하지는 않았다.

『아레오파기티카』에서 출판의 자유가 인간의 타고난 권리라고 주장했던 밀턴은 『테트라코던』에서도 국가의 승인 없이 자연이 부여한 권리와 타고난 자유로 출판한다는 사실을 분명히 밝히고 있다. 여기서 말하는 자연이 부여한 권리로 갖는 출판 허가는 공식적인 검열법의 제약을 넘어 자유롭게 말할 수 있게 해 주는 권리를 의미한다. 밀턴은 이러한 권리를 자유롭게 태어난 잉글랜드 시민의 신분에서 찾고 있다. 『테트라코던』은 『콜라스테리온』과 함께 밀턴의 친구인 서적 판매상 토마슨(George Thomason)에 의해 1645년 3월 4일 혹은 그 이전에 인쇄된 것으로 기록되어 있다.

이 『테트라코던』을 비롯한 일련의 이혼에 관해서 다룬 소책자들이 발표되자 사방에서 밀턴에 대한 비난이 쏟아진다. 이에 밀턴은 2편의 소네트를 써서 대중들의 무지한 곡해를 조롱한다. 그는 「소네트 11번」("Sonnet XI")의 제목을 「내가 특정한 논문들을 쓴 데 따른 비난에 대해서」("On the Detraction Which Followed upon My Writing Certain Treaties")라고 붙였다. "특정한 논문들"이란 1643년에 쓴 『이혼론』과 1644년에 쓴 『이혼에 관한 마틴 부처의 견해』, 그리고 1645년에 쓴 『테트라코던』과 『콜라스테리온』을 말한다. 그중에서도 이혼 사상을 뚜렷하게 밝힌 것은 『이혼론』과 『테트라코던』인데, 『테트라코던』은 『이혼론』만큼은 독자들의 반응을 얻지 못했다. 밀턴은 『테트라코던』을 출간한 지 얼마 되지 않아서 쓴 것으로 보이는 「소네트 11번」에서 그 책을 발간하였을 때의 반응에 대해 말하고 있다.

최근에 『테트라코던』이라는 책이 나왔는데,
  소재와 형식과 문체가 모두 조밀하게 짜여 있고,
  주제는 참신했다. 그것은 시내를 잠시 거닐었다네,
  훌륭한 식자들의 수를 늘리면서. 이젠 아무도 거들떠보지 않네.
가판대의 독자들은 소리친다, "이런, 표지에 적힌 제목이
  도대체 무슨 뜻이지!" 그리고 어떤 사람들은
  그릇된 해석을 하며 줄지어 서 있다, 마일-엔드 그린까지
  산책을 할 수도 있을 만한 때에. 왜 이것이 고든이나
콜키토, 맥도널 또는 갈라스프라는 이름을 부르는 것보다 더 어렵지요?
  그러한 위에 거슬리는 이름들도 우리들의 입에 들어와서
  매끄럽게 되어 퀸틸리아누스가 바라보고 숨 막히게 만든다.
오 존 체크 경의 영혼이여, 그대의 세대도 우리의 세대처럼,
  배우는 것을 두꺼비나 독사보다 더 나쁜 것으로 싫어하지는 않았었다.
  그대가 케임브리지에서, 에드워드 왕에게 그리스어를 가르쳤을 때.

A book was writ of late call'd *Tetrachordon*;
And wov'n close, both matter, form and style;
The Subject new: it walk'd the Town a while,
Numb'ring good intellects; now seldom por'd on.
Cries the stall-reader, "Bless us! what a word on
A title page is this!" and some in file
Stand spelling false, while one might walk to Mile-
End Green. Why is it harder, Sirs, than Gordon,
Colkitto, or Macdonnel, or Galasp?
Those rugged names to our like mouths grow sleek.
That would have made *Quintilian* stare and gasp.
Thy age, like ours, O Soul of Sir *John Cheke*,
Hated not Learning worse than Toad or Asp,
When thou taught'st *Cambridge* and King *Edward* Greek.

「소네트 11번」은 라틴 경구시(epigram)의 영향을 보여 주는 밀턴의 몇 안 되는 풍자적이고 익살스러운 시편 가운데 하나다(Smart 71). 여기서 그는 피상적인 지식과 잘못된 이해로 자신의 글에 대해 비판하는 자들을 신랄하게 반박하고 있다. 『테트라코던』의 소재와 형식과 문체가 모두 조밀하게 짜여 있고 주제도 새로워서 얼마 동안 이들을 읽는 식자들의 수가 늘어났지만, 노점의 독자들처럼 이젠 그것을 쳐다보지도 않는다는 것이다. 음악과 그리스어에 대한 지식이 없는 일반 독자들은 "표지에 적힌 제목이/ 도대체 무슨 뜻이지!"라며 당혹스러운 반응을 보이고, 더러는 "그릇된 해석을 하며" 가판대 앞에 줄지어 서 있을 뿐이라고 당시 독자들의 반응을 묘사한다. 그러나 실제로 『이혼론』 초판은 1,200부 이상 판매되었고 초판이 출간된 지 불과 6개월 만에 증보 재판이 간행될 정도로 성공을 거두었다. 그럼에도 불구하고 대부분의 독자들은 팸플릿의 표지와 처음 몇 쪽만 읽고 그만두었고, 어느 누구도 밀턴이 제기한 문제와 논지를 진지하게 생각하고 토론하려 들지 않았다.

9행에서 “고든, 콜키토, 맥도널 또는 갈라스프”라고 하는 이름들은 영국 내전을 거치면서 자주 접하게 된, 잉글랜드인들이 발음하기 힘든, 야만적이고 생소하고 껄끄러운 스코틀랜드식 이름들이다. 이들은 흔히 이런 낯선 이름을 잘못 발음하거나 철자를 잘못 쓰곤 하였다. 로마의 수사학자 퀸틸리안은 외래어가 라틴어의 순수성을 야만적으로 위협한다며 이런 이름을 도입하는 것을 반대하고 경고하였다고 한다. 그런데 이런 귀에 거슬리는 이름들을 영국 사람들이 들여와서 매끄럽게 부르는 것을 보면 퀸틸리안이 숨 막혀 할 것이라는 것이다. 12행에 언급되는 존 체크 경은 케임브리지 대학의 첫 그리스어 교수였으며 나중에 에드워드 6세의 가정교사가 되었다. 밀턴은 『테트라코던』의 표지에서 에드워드 6세 시대를 가장 순수하고 좋았던 시절이라고 말하면서, 이때에 성격이 맞는 부부가 결혼하도록 하는 법이 통과되었다는 사실을 환기시키고 있다. 체크 경은 영국에서 그리스어와 신학문을 가르치기 시작했을 때 많은 편견과 적대감에 직면하였으며, 특히 케임브리지 대학의 총장이었던 가디너 주교(Bishop Gardiner)가 그랬다고 한다. 그러나 그 당시도 밀턴의 시대처럼 신학문 배우는 것을 두꺼비나 독사보다 더 나쁜 것으로 여겨 싫어하지는 않았다는 것이다. 이를 두고 조신권은 밀턴이 그 자신의 새롭고 합리적인 이혼에 관한 이론을 비판하고 반대하는 자들을 체크 시대의 신학문 반대자들보다 훨씬 야만적이라고 질책하며 독설을 퍼붓는 것이라고 해석한다(519-20).

이혼 소책자와 관련 있는 밀턴의 소네트가 한 편 더 있다. 밀턴의 『이혼론』이 나오자 주로 장로파들이 매우 부정적인 반응을 보였으며, 밀턴이 제기한 문제에 대해 진지하고 합리적인 논의를 하기보다는 조롱거리로 삼기 일쑤였다. 그의 글에 대해서 머리가 빈약하고 천박한 애송이의 의견이라는 비난이 쏟아졌는데, 이러한 비난에 대해 밀턴은 「소네트 12번」("Sonnet XII")을 써서 다음과 같이 반박한다.

나는 오랜 자유라고 알려진 법으로 인해 부과된
  장애물을 버리도록 이 시대에 촉구했을 뿐인데,
  그러자 바로 올빼미와 뻐꾸기, 당나귀와 원숭이와 개들의
  야만적인 소음이 나를 둘러쌌다네.
마치 시골 농부들이 나중에 해와 달을 물려받아 가지게 되는
  라토나의 쌍둥이 자식에게 욕을 하여
  개구리로 모습이 바뀌었던 때처럼.
  그러나 이런 일은 돼지에게 진주를 던져 줄 때 생기는데,
이 돼지들은 분별없는 기분으로 자유를 소리쳐 외치면서도
  자신들을 자유롭게 해 줄 진리에 맞서 늘 반란을 일으키지.
  그들이 자유를 외칠 때 의도하는 것은 방종이라네,
자유를 사랑하는 자는 먼저 현명하고 선해야 하기 때문에.
  그러나 이 모든 재산의 낭비와 피 흘림에도 불구하고
  그들이 과녁으로부터 얼마나 멀리 떨어져 헤매고 있는지.

I did but prompt the age to quit their clogs
  By the known rules of ancient liberty,
  When straight a barbarous noise environs me
  Of Owls and Cuckoos, Asses, Apes and Dogs.
As when those Hinds that were transform'd to Frogs

Rail'd at *Latona's* twin-born progeny
  Which after held the Sun and Moon in fee.
  But this is got by casting Pearl to Hogs,
That bawl for freedom in their senseless mood,
  And still revolt when truth would set them free.
  License they mean when they cry liberty;
For who loves that, must first be wise and good;
  But from that mark how far they rove we see,
  For all this waste of wealth and loss of blood.

여기서 "오랜 자유라고 알려진 법"이란 신명기 24장에 나오는 이혼에 대한 모세의 율법을 말한다. 시인은 무지하고 시끄러운 비난자들을 올빼미와 뻐꾸기, 당나귀와 원숭이, 개와 돼지에 비유하고 있다. 스마트(John Smart)는 1921년에 발간한 『밀턴의 소네트』(*The Sonnets of Milton*)라는 책에서 "올빼미"는 빛보다는 어둠을 더 좋아하는 사람들과 무지를 상징하고, "뻐꾸기"는 자기를 먹여서 키워 준 새의 새끼들을 둥지에서 내쫓는 습성이 있다는 점에서 배은망덕을 표상하거나, 자기 이름을 부르며 운다는 점에서 허영과 자랑의 전형이라고 풀이하고 있다(68). "당나귀"는 꿈속에서 주로 죽음의 사신 또는 생명을 파괴하는 죽음과 연결되어 나타나며 "원숭이"는 비열한 힘, 어둠 또는 무의식적인 활동 등을 상징한다. "개"는 싸움과 욕설의 표상으로 등장한다. 밀턴은 개들이 낯선 사람을 보고 짖듯이 비난자들은 새로운 작품을 대할 때 자기들이 이해하지 못하는 것을 작가의 허물로 몰아세우며 비난한다고 꼬집는다. "라토나의 쌍둥이 자식"은 아폴로(Apollo)와 다이아나(Diana)를 가리킨다. 오비디우스(Ovid)의 『변신』(*Metamorphosis*)에 따르면 라토나가 연못에서 물을 마시려고 할 때 농부들이 물을 휘저어 흙탕물을 일으키며 괴롭혔고, 이에 그녀가 기도하자 아이들의 아버지인 조브(Jove)가 농부들을 개구리로 만들어 버렸다고 한다.

장기의회와 영국 내전의 발발로 교회와 국가를 개혁하는 문제에 대한 활발한 논의가 일어났으며, 밀턴은 이런 논쟁의 한가운데 뛰어들어 시민과 종교와 가정의 여러 문제에 있어 자유를 주창하면서, 성격이나 기질이 조화를 이루지 못하는 경우에도 이혼할 자유를 허락해야 한다는 내용의 『이혼론』과 『테트라코던』 등의 산문을 발표하였던 것이다. 그러나 그는 영국 내전으로 많은 희생을 치른 대가로 자유를 얻을 수 있음에도 불구하고 정신적인 굴레를 짊어지는 옛 습관으로 다시 돌아가는 장로파를 어리석은 농부와 분별없는 돼지에 비유하며 공격하고 있다. 이러한 안타까운 상황을 개탄하면서 밀턴은 "이 모든 재산의 낭비와 피 흘림에도 불구하고/ 그들이 과녁으로부터 얼마나 멀리 떨어져 헤매고 있는지"라고 시를 마무리한다.

6) 『콜라스테리온』

1645년 3월 초 『테트라코던』과 같은 날 같은 인쇄소에서 출판한 『콜라스테리온』(*Colasterion*)은 한 익명의 저자가 밀턴의 이혼 소책자를 공격하며 1644년 후반에 쓴 글(*An Answer to a Book, Intituled, The Doctrine and Discipline of Divorce, or, A Plea for Ladies and Gentlewomen and all over Maried Women against Divorce*)에 대한 개인적 공격을 담고 있다. 이 팸플릿에서 격노한 밀턴은 원색적인 표현으로 상대방에게 노골적인 비난을 퍼붓고 있다. 『테트라코던』을 보완하는 성격을 띠는 『콜라스테리온』의 이해하기 힘든 제목은 고전 그리스어에 기원을 두고 있다. 그것은 형벌의 장소나 도구를 의미하는 단어를 단순히 음역한 것으로 '형벌'이라는 뜻을 지니고 있다. 예일판 『존 밀턴 산문 전집』(*The Complete Prose Works of John*

Milton)의 각주에서 쿨리지(Lowell W. Coolidge)는 밀턴이 이 제목을 정할 때, 그리스 풍자작가인 루키아누스(Lucian)의 『메니푸스』(*Menippus*)에 나오는 구절 "심판의 장소를 떠나면서 우리는 형벌의 장소로 갔다"(Leaving then place of judgment, we came to the place of punishment)를 염두에 두었을 것이라고 밝히고 있다(*CPW* 2. 722). 이러한 선택이 내포하는 의미는 콘즈의 분석처럼, 『테트라코던』에서는 밀턴이 이혼 문제에 대해 판단을 내리는 작업을 하고, 『콜라스테리온』에서는 단지 자신의 이혼 소책자를 비난한 자에게 공격을 퍼붓는 데만 집중하겠다는 뜻으로 볼 수 있다(52).

『콜라스테리온』에서 밀턴은 결혼과 이혼에 관한 그의 신념을 어느 논문에서보다 강한 어조로 밝히고 있다. 그는 자신을 공격한 익명의 저자가 변호사가 되어 신분이 높아진 하인(serving man) 출신이었다는 사실을 알게 되었다. 그리하여 『콜라스테리온』은 하층 계급 출신의 사람이 자신의 지위를 극복하고 신사 계급으로 출세한 것을 풍자하는 일종의 농담 같은 성격을 띠고 있다. 원본이 약 27쪽에 이르며 급하게 쓴 것으로 추정되는 이 짧은 책은 의도적으로 계층 편견을 비웃는 거만한 어조를 유지한다. 밀턴은 자신의 이혼에 관한 팸플릿에 반대하는 글을 쓴 저자가 그리스어와 히브리어는 물론 모국어인 영어 표현조차도 잘 모르는 천박하고 경멸할 만한 인물이며 음탕한 것 외에는 생각할 수 없는 자라고 낙인찍고 있다.

밀턴은 이전에 조셉 홀(Joseph Hall)의 공격에 응수한 『스멕팀누스를 위한 반박』(*Animadversions upon The Remonstrants Defence Against Smectymnuus*)에서처럼 이번에도 상대방의 말을 한 구절씩 인용해 가며 조목조목 반박한다. 그러면서 그는 하인이었던 상대방의 신분적 배경을 신랄하게 들춰낸다. 예를 들자면, 자신의 주장을 하인 출신의 상대방이 식탁을 치우고 설거지를 하듯 청소해 버리려고 했다는 표현이 그러하다(*CPW* 2. 746). 밀턴의 적은 밀턴이 결혼을 지적인 동행이라는 입장에서 이야기하는 것은 좋지만, 일단 결혼한 부부는 잠자리를 같이함으로써 아이를 가지게 될 것이고, 만일 색만 밝히고 아내에게 불만을 가진 남편이 그녀를 버리게 될 경우 이혼당한 여인은 남편의 땅도 물려받지 못한 채 아이와 함께 버려질 수도 있지 않느냐면서 공격을 퍼붓는다. 이에 대해 밀턴은 가장 심한 표현을 써 가며 반격한다. 즉, 그는 상대방과 노동자 계층의 도덕성을 모욕하면서, 일반적으로 가정부를 유혹하기에 여념이 없고 그녀가 임신을 하든지 말든지 전혀 관심이 없는 하인이 이러한 문제를 생각한다는 것이 얼마나 훌륭한가라며 하인 출신의 상대를 조롱한다.

밀턴은 자신을 공격한 상대방을 자기 논문을 씹는 "포도밭에 숨은 보아뱀"(a Boar in a Vinyard), "이 거세한 수퇘지"(this Barrow-castrated boar; *CPW* 2. 747)라는 원색적인 말로 비난한다. 그러면서 그는 "나는 어떤 것도 읽을 줄 모르는 이러한 돼지와 철학을 논할 수 없다"(I mean no to dispute Philosophy with this Pork, who never read any; *CPW* 2. 737)라고까지 이야기한다. 그러나 이러한 "거세한 수퇘지"의 이미지는 계급 편견의 또 다른 표현으로서, 상대방을 신사들의 대화에서 배제하려는 전략이다. 밀턴은 콘즈의 말을 빌리면 "자신의 독자에게 자신과 마찬가지로 상대의 꾸며진 전문성을 벗겨 내고 모욕을 주고 거칠게 다루며 적의 머리를 누르도록 집요하게 요청"한다(54).

『콜라스테리온』은 밀턴의 전 작품 가운데서 받아들이기 힘든 사회적 가치를 가장 한결같은 어조로 설명하고 있다. 밀턴은 비록 노동자의 산문체가 "무미건조하고 무례"(flat and rude)하다 해도 그들이 가끔씩 "중요하고 견실한"(grave and solid; *CPW* 2. 725) 그 무엇인가를 만들어 낼 수 있다는 것을 안다. 그러나 기본적으로 그가 노동자 계급의 자질에 대해 부정적으로 생각하고 있었던 것은 확실하다. 17세기 중엽에는 노동자 계급 출신의 저자가 쓴 몇몇 뛰어난 산문, 즉 윈스턴리(Gerrard Winstanley)[14]의 디거(Digger) 사회주의 선언문이, 그리고 얼마 후에는 번연(John Bunyan)의 불공손한 글 등이 발표되었다. 그러나 밀턴은 콘즈가 평가한 바와 같이 무산계급들은 정치적 국가에 지분이 없고, 당시 영국의 지적인 삶을 매우 활기차게 만들고 있었던 정치나 신학과 같은 고차원적인 담론에서는 실제로 할 역할이 없다고 생각한 듯하다(54).

14 제라드 윈스턴리(1609~1676). 영국 랭커셔의 위건에서 포목상의 아들로 출생한 것으로 추정된다. 목축업자로 생계를 유지하면서 영국 내전으로 인한 민중의 고초를 직접 경험하였다. 정치적으로나 종교적으로 급진적인 생각을 갖고 1648년 신비주의적인 종교적 색채의 산문을 출판하였다. 1649년에는 주변 사람들과 함께 땅을 개간하기 시작했다. "디거즈"(Diggers), 즉 "땅을 파는 자들"이라고 불린 이들은 인간 평등과 토지의 공유를 주장하며 유토피아적인 공산 사회를 꿈꿨다. 대표작으로 『자유의 법 강령』(*The Law of Freedom in a Platform,* 1652) 등이 있다.

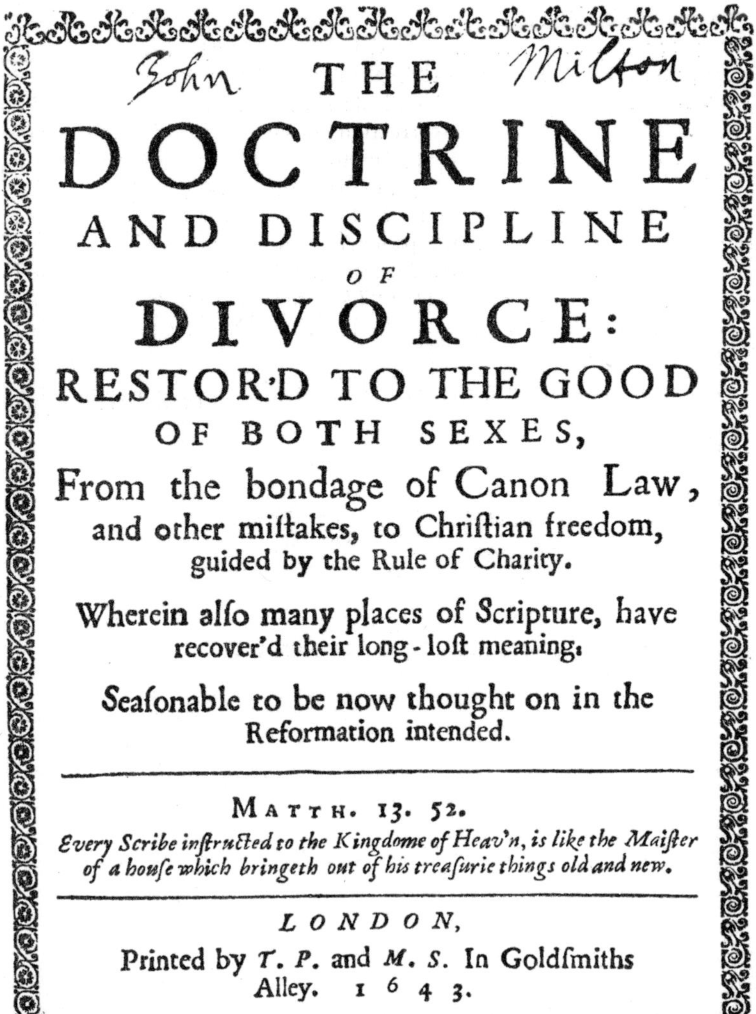
John Milton

THE

DOCTRINE

AND DISCIPLINE

OF

DIVORCE:

RESTOR'D TO THE GOOD

OF BOTH SEXES,

From the bondage of Canon Law, and other miſtakes, to Chriſtian freedom, guided by the Rule of Charity.

Wherein alſo many places of Scripture, have recover'd their long-loſt meaning.

Seaſonable to be now thought on in the Reformation intended.

MATTH. 13. 52.

Every Scribe inſtructed to the Kingdome of Heav'n, is like the Maiſter of a houſe which bringeth out of his treaſurie things old and new.

LONDON,

Printed by *T. P.* and *M. S.* In Goldſmiths Alley. 1643.

그림 6_『이혼론』 초판 표지

THE

Doctrine & Discipline

OF

DIVORCE

Restor'd to the good of both SEXES,
From the bondage of CANON LAW, and
other mistakes, to the true meaning of Scripture in the Law and Gospel compar'd.

Wherin also are set down the bad consequences of abolishing or condemning of Sin, that which the Law of God allowes, and Christ abolisht not.

Now the second time revis'd and much augmented,
In Two BOOKS:
To the Parlament of *England* with the Assembly.

The Author *J. M.*

MATTH. 13. 52.

Every Scribe instructed to the Kingdome of Heav'n, is like the Maister of a house which bringeth out of his treasury things new and old.

Prov. 18. 13.

He that answereth a matter before he heareth it, it is folly and shame unto him.

LONDON,
Imprinted in the yeare 1644.

그림 7_『이혼론』 재판 표지

(1)

Of Education. To Maſter *Samuel Hartlib*.

Maſter Hartlib,

I Am long ſince perſwaded, that to ſay, or doe ought worth memory, and imitation, no purpoſe or reſpect ſhould ſooner move us, then ſimply the love of God, and of mankinde. Neverthelеſſe to write now the reforming of Education, though it be one of the greateſt and nobleſt deſignes, that can be thought on, and for the want whereof this nation periſhes, I had not yet at this time been induc't, but by your earneſt entreaties, and ſerious conjurements; as having my minde for the preſent halfe diverted in the perſuance of ſome other aſſertions, the knowledge and the uſe of which, cannot but be a great furtherance both to the enlargement of truth, and honeſt living, with much more peace. Nor ſhould the lawes of any private friendſhip have prevail'd with me to divide thus, or tranſpoſe my former thoughts, but that I ſee thoſe aims, thoſe actions which have won you with me the eſteem of a perſon ſent hither by ſome good providence from a farre country to be the occaſion and the incitement of great good to this Iland. And, as I hear, you have obtain'd the ſame repute with men of moſt approved wiſdom, and ſome of higheſt authority among us. Not to mention the learned correſpondence which you hold in forreigne parts, and the extraordinary pains and diligence which you have us'd in this matter both heer, and beyond the Seas; either by the definite will of God ſo ruling, or the peculiar ſway of nature, which alſo is Gods working. Neither can I thinke that ſo reputed, and ſo valu'd as you are, you would to the forfeit of your own diſcerning ability, impoſe upon me an unfit and over ponderous argument, but that the ſatisfaction which you profeſſe to have receiv'd from thoſe incidentall diſcourſes which we have wander'd into, hath preſt & almoſt conſtrain'd you into a perſwaſion, that what you require from me in this point, I neither ought, nor can in conſcience deferre beyond this time both of ſo much need at once, and ſo much opportunity to trie what God hath determin'd. I will not reſiſt therefore, what ever it is either of divine, or humane obligement that you lay upon me; but will forthwith ſet down in writing, as you requeſt me, that voluntary *Idea*, which hath long in ſilence preſented it ſelf to me, of a better Education, in extent and comprehenſion farre more large, and yet of time farre ſhorter, and of attainment farre more certain, then hath been yet in practice. Briefe I ſhall endeavour to be; for that which I have to ſay, aſſuredly this nation hath extreame need ſhould be done ſooner then ſpok'n. To tell you therefore what I have benefited herein among old renowned Authors, I ſhall ſpare; and to ſearch what many modern *Ianua's* and *Didactics* more then ever I ſhall read, have projected, my inclination leads me not. But if you can accept of theſe few obſervations which have flowr'd off, and are as it were the burniſhing of many ſtudious and contemplative yeers altogether ſpent in the ſearch of religious and civil knowledge, and ſuch as pleaſ'd you ſo well in the relating, I here give you them to diſpoſe of.

A The

그림 8_『교육론』 표지

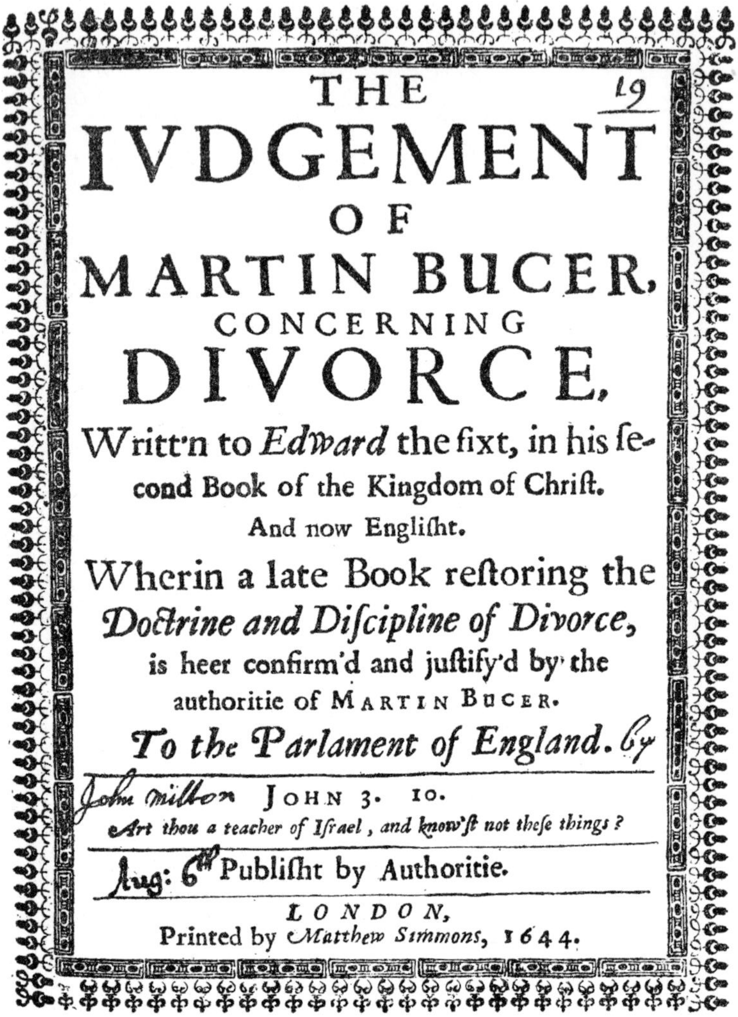

THE

IVDGEMENT

OF

MARTIN BUCER,

CONCERNING

DIVORCE,

Writt'n to *Edward* the ſixt, in his ſecond Book of the Kingdom of Chriſt.

And now Engliſht.

Wherin a late Book reſtoring the *Doctrine and Diſcipline of Divorce,* is heer confirm'd and juſtify'd by the authoritie of MARTIN BUCER.

To the Parlament of England.

JOHN 3. 10.

Art thou a teacher of Iſrael, and know'ſt not theſe things?

Publiſht by Authoritie.

LONDON,

Printed by *Matthew Simmons,* 1644.

그림 9_『이혼에 관한 마틴 부처의 견해』 표지

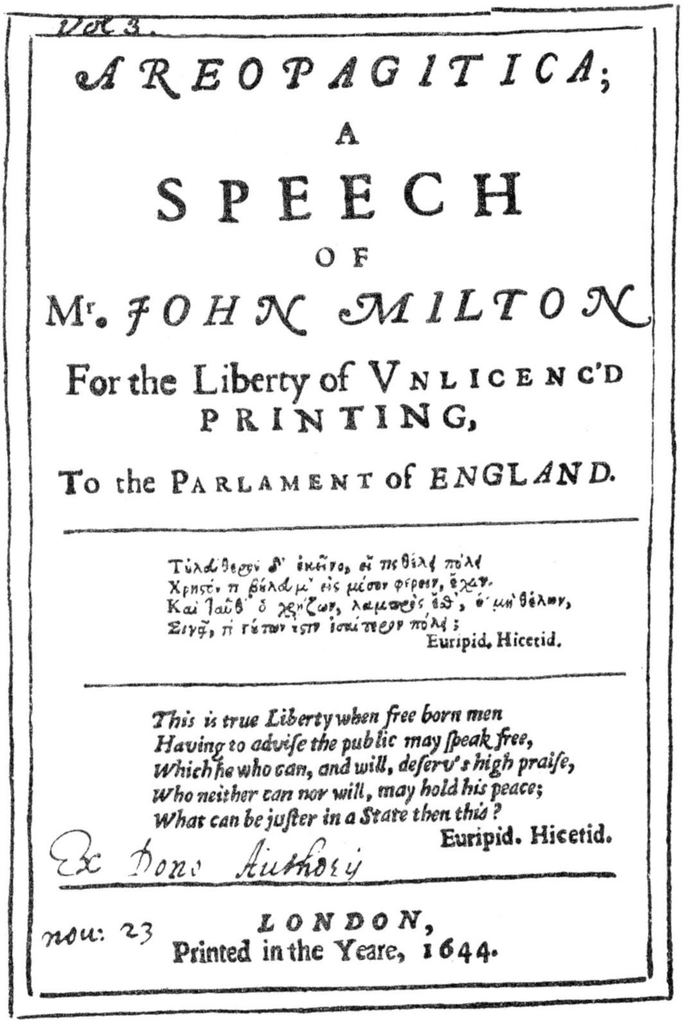

AREOPAGITICA;
A
SPEECH
OF
Mr. JOHN MILTON
For the Liberty of VNLICENC'D
PRINTING,
To the PARLAMENT of ENGLAND.

Τοὐλεύθερον δ' ἐκεῖνο, εἴ τις θέλει πόλει
Χρηστόν τι βούλευμ' εἰς μέσον φέρειν, ἔχων.
Καὶ ταῦθ' ὁ χρῄζων, λαμπρός ἐσθ', ὁ μὴ θέλων,
Σιγᾷ, τί τούτων ἔστιν ἰσαίτερον πόλει;
Euripid. Hicetid.

This is true Liberty when free born men
Having to advise the public may speak free,
Which he who can, and will, deserv's high praise,
Who neither can nor will, may hold his peace;
What can be juster in a State then this?
Euripid. Hicetid.

LONDON,
Printed in the Yeare, 1644.

그림 10_『아레오파기티카』 표지

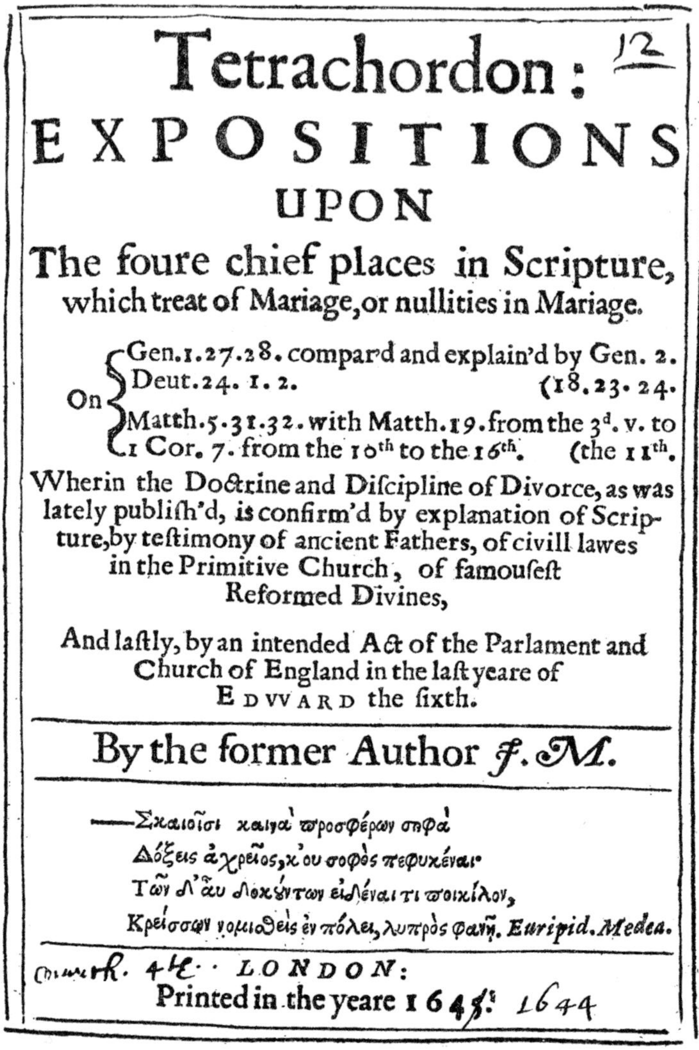

Tetrachordon: 12

EXPOSITIONS

UPON

The foure chief places in Scripture, which treat of Mariage, or nullities in Mariage.

On
Gen. 1. 27. 28. compar'd and explain'd by Gen. 2. (18. 23. 24.
Deut. 24. 1. 2.
Matth. 5. 31. 32. with Matth. 19. from the 3d. v. to (the 11th.
1 Cor. 7. from the 10th to the 16th.

Wherin the Doctrine and Discipline of Divorce, as was lately publish'd, is confirm'd by explanation of Scripture, by testimony of ancient Fathers, of civill lawes in the Primitive Church, of famousest Reformed Divines,

And lastly, by an intended Act of the Parlament and Church of England in the last yeare of EDVVARD the sixth.

By the former Author J. M.

—Σκαιοῖσι καινὰ προσφέρων σοφὰ
Δόξεις ἀχρεῖος, κοὐ σοφὸς πεφυκέναι·
Τῶν δ' αὖ δοκούντων εἰδέναι τι ποικίλον,
Κρείσσων νομισθεὶς ἐν πόλει, λυπρὸς φανῇ. Euripid. Medea.

March. 4th. LONDON:
Printed in the yeare 1645. 1644

그림 11_『테트라코던』 표지

COLASTERION:
A
REPLY TO
A
NAMELES ANSVVER
AGAINST
The Doctrine and Discipline of Divorce.
WHEREIN
The trivial Author of that Anſwer is diſco-
ver'd, the Licencer conferr'd with, and the
Opinion which they traduce defended.

By the former Author, *J. M.*

Prov. 26. 5.

Anſwer a Fool according to his folly, leſt hee bee wiſe in his own conceit.

Printed in the Year, 1645.

그림 12_『콜라스테리온』 표지

제4장

정치적 자유: 국왕 살해, 공화정, 왕정복고기 팸플릿

Middle Milton

제4장

Milton's Prose

첫 번째 시민전쟁에서 의회가 압승을 거두자 의회는 영국 교회의 정착에 관심을 가지게 된다. 웨스트민스터 총회(The Westminster Assembly of Divines)는 이러한 목적을 위해서 1643년 소집되었으며, 기나긴 심의를 거쳐 4년 후 의회에 제안서를 제출했다. 이 두 기관은 국가가 예배 통제권을 갖는 것에 동의했는데 급진적 독립파나 밀턴, 그리고 신형군(New Model Army) 모두 이것을 받아들일 수 없었다. 의회와 웨스트민스터 총회는 정치와 종교에 보수적인 장로파가 주도하고 있었다. 1648년에는 의회와 군대가 이 문제에 대한 합의를 위해 찰스 1세와 협상하고자 했다. 왕은 협상에 늑장을 부리면서 비밀스럽게 스코틀랜드에 군사적 개입을 요청했다. 밀턴은 만약 장로파가 정착한다면 시민전쟁이 모두 헛수고가 될 것이라고 우려했다. 밀턴의 사후 몇 년이 지난 1681년이 되어서야 출판된 『영국사』(*History of Britain*)의 "여담"(Digression) 부분에서 그는 의회와 웨스트민스터 총회 둘 다 신랄하게 비판하고 있다. 그는 의회가 그들의 임무를 "악마의 자식처럼, 불성실하고, 불의하며, 무자비하게, 그리고 부패하지 않은 곳에서는 어리석게"(like Children of Devil, unfaithfully, unjustly, unmercifully, and where not corruptly, stupidly; *CPW* 5. 448) 행했다고 비난했다. 그리고 총회의 "성직자"(*Church-men*)를 "시류에 편승하는 사람이며, 탐욕스럽고, 무지한 박해자이며, 진리를 사랑하지 않는 이들"(Time-servers, Covetous, Illiterate Persecutors, not lovers of the Truth; *CPW* 5. 448)이라고 하면서 "세속적인 권력으로 영적인 폭정을 수립"(setting up a Spiritual Tyranny by a Secular power; *CPW* 5. 446)하려는 것에 대해 신랄하게 공격하였다. 이 "여담"은 1670년에는 출판되기에 너무 선동적이라고 여겨졌으나 11년 후 왕위 계승을 둘러싼 국가적 위기에는 적절한 것으로 판단되어 출판이 가능했던 것으로 보인다.

밀턴은 1640년대에 당시의 종교적 교리에 관해 상세하게 기술했는데, 그 가운데 대표적인 것이 『기독교 교리』(*De Doctrina Christiana; Christian Doctrine*)이다. 밀턴은 많은 종교 개혁가들처럼 성부와 성자, 성령, 구원, 종교적 예배 행위 등의 문제에 대해 최고의 권위를 가지는 것은 성경이라고 생각했다. 그는 믿음은 신과 개인의 양심에 의해서만 결정될 문제이므로 국가의 승인을 받은 고위 성직자건, 로마 가톨릭 신부건, 영국 국교의 성직자건, 웨스트민스터 총회가 추천한 장로건, 그 누구건 간에 예배 방식을 결정해서는 안 된다고 확신하였다.

밀턴은 이러한 생각을 『영국민을 위한 두 번째 변호』(*A Second Defence of the English People*, 1654)에서 드러내고 있다. 그는 이 팸플릿에서 호국경에 취임한 올리버 크롬웰(Oliver Cromwell)에게 "교회를 교회에 맡기도록"(leave the church to the church; *CPW* 4. 678) 충고한다. 몇 년이 지난 후 여전히 혼란이 지속되자 밀턴은 이 문제에 대해서 『세속 권력론』(*A Treatise of Civil Power*, 1659)을 통하여 올리버 크롬웰의 아들 리처드 크롬웰(Richard Cromwell)의 호국경 의회를 향해 "세속의 관료가 종교에 힘을 행사하는 것은 불법이다"(it is unlawfull for the civil magistrate to use force in matters of religion; *CPW* 7. 255)라고 또다시 주장한다. 호국경이 잔부의회(Rump Parliament)로 대체되었을 때 밀턴은 『고용 성직자 퇴출 방안』(*Considerations Touching the Likeliest Means to Remove Hirelings out of the Church*, 1659)을 써서 성직자를 부양하기 위해 국가가 교구민에게 십일조를 세금과 같이 부과하는 관행을 중지할 것을 촉구했다. 그러나 이러한 그의 주장은 왕정복고 이전 정치적 혼란의 시기에 별 주목을 받지 못했다. 1673년에는 『참된 종교에 대하여』(*Of True Religion, Heresie, Schism and Toleration*)를 출간했는데, 이 시기는 찰스 2세가 "신교 자유령"(Declaration of Indulgence)을 선포한 후의 정치적 격동기였다. 의회는 왕의 의도가 영국 가톨릭을 해방하는 데 있다고 확신하여 자유령을 철회할 것을 강력히 요청했다. 『참된 종교에 대하여』에서 밀턴은 "천주교"(Popery)를 열정적으로 비난했으며, "로마 가톨릭이라는 잡초가 자라날 것"(the growth of this Romish Weed)이라고 경고하면서 "로마 교회는 오류의 어머니이며 이교의 학교"(the Romish Church *Mother of Error, School of Heresie*)라고 하였다(*CPW* 8. 417, 421).

밀턴은 찰스 1세에 대한 재판이 진행 중이던 1649년에 국왕을 처형하는 일의 정당성과 함께 반군주제를 주장한 『국왕과 관료들의 재직조건』(*The Tenure of Kings and Magistrates*)을 발표한다. 찰스는 1649년 1월 30일에 처형되었고, 2주 후인 2월 13일 밀턴의 소책자가 출판되었다. 이 글에서 밀턴은 왕이 법 위에 있지 아니하므로 법에 복종해야 하며, 왕의 권위는 법의 권위에 따른다고 주장한다. 정부가 통치받는 자들의 뜻으로 결정된다는 밀턴의 생각은 선거가 유전적 상속이나 특권에 의한 지명보다 늘 우선이라는 것을 의미하므로 당시로서는 혁명적이었다. 이 글이 크롬웰 공화정부의 주목을 받아 밀턴은 그해 3월 외국어 담당 비서관으로 임명되어 갓 태어난 공화국의 일원이 되었다. 그의 주 임무는 외교문서를 라틴어로 번역하는 일이었다. 그는 이후 청교도와 크롬웰 정부의 입장을 옹호하는 각종 외교문서를 라틴어와 영어로 의욕적으로 발표하며 검열관의 직무도 맡았다.

국왕 찰스가 처형된 지 10일 후인 1649년 2월 9일에 『왕의 성상』(*Eikon Basilike*)이 그리스어로 출판되었다. 처형된 찰스의 이름으로 출판되었지만 사실 왕의 사제인 존 고든(John Gauden)이 쓴 이 책은 즉각적인 인기를 끌어 날개 돋친 듯 팔렸고, 일 년 내에 각국의 언어로 번역되어 50여 판이 출판되었다. 이 책에는 처형된 찰스 1세를 순교자로 묘사하는 속표지 그림이 실려 있다. 찰스를 순교자로 묘사하는 이 책으로 인해 왕에 대한 연민이 공화국을 전복시킬까 염려한 의회는 공식적으로 대응하기로 결정한다. 처음에 존 셀든(John Selden)에게 대응 글을 요청했으나 거절당하자 의회는 밀턴에게 그 임무를 부여한다. 그 결과 그해 10월에 『우상타파론』(*Eikonoklastes*)이 발표되었다. 이 그리스어 제목은 우상 속에 가려져 있는 찰스의 실체를 폭로하자는 의도에서 붙인 것이다. 이 글을 통해 밀턴은 어느 왕이든 신이 부여한 권리로 통치한다는 것을 인정하지 않으며, 왕도 법 아래서 자기 백성을 위해 일해야 한다는 생각을 밝히고 있다. 아울러 그는 『왕의 성상』의 제목에 내포된 거룩한 형상과 이미지, 아첨으로 가득 찬 선전을 공격하면서 우상화된 왕의 이미지를 깨뜨리고 해체함으로써 공화국을 변호하는 데 최선을 다한다.

잉글랜드에서의 국왕 시해는 전 유럽 대륙에 경종을 울리며 엄청난 충격을 주었다. 잉글랜드 공화정부가 찰스 1세를 처형한 사실을 비난한 첫 번째 반응이 프랑스의 저명한 프로테스탄트 논객 살마시우스(Claudius Salmasius)가 쓴 『왕의 옹호』(*Defensio Regia*)이다. 이 책은 공화국의 이미지에 큰 타격을 입혔을 뿐만 아니라 유럽 대륙과의 정상적인 무역 관계가 재개되는 것을 지연시킬 정도로 위협적이었다. 그러자 의회는 밀턴에게 이 책을 반박하는 글을 쓰도록 지시했으며, 이에 그는 라틴어로 된 반박문을 1651년 2월 24일 『영국민을 위한 변호』(*Pro Populo Anglicano Defensio; A Defence of the People of England*)라는 제목으로 출간한다. 이 글은 후에 출판된 『영국민을 위한 두 번째 변호』와 구별하기 위해 보통 『첫 번째 변호』라고 불린다. 전 유럽을 상대로 영국 국민의 무고함과 정당성을 밝힌 이 글이 큰 반향을 불러일으키면서 밀턴은 영국 공화국 옹호자로서의 국제적인 명성을 얻게 된다.

이처럼 잉글랜드 혁명의 대의를 지지한 논객으로서 영국 공화국 정부에 대한 각국의 비난과 공격에 대응하는 격무를 수행하는 동안, 밀턴은 아내 메리가 돌아오기 한 해 전인 1644년부터 왼쪽 눈이 시력을 잃어 가고 있음을 알았고 1648년에는 왼쪽 눈을 완전히 실명하게 되었다. 불행은 여기서 그치지 않고, 오른쪽 눈마저 점점 나빠져 1652년 2월 시력을 완전히 잃게 되는 비운을 맞는다. 1652년은 밀턴의 인생에서 가장 불운한 해였다고 할 수 있다. 43세가 되던 이해에 밀턴은 완전히 실명하게 되고, 그의 아내는 막내딸 데보라를 낳은 지 사흘 만에 6년 남짓한 결혼생활을 마감하고 27세의 젊은 나이로 세상을 떠나고 만다. 밀턴은 눈이 먼 채 홀로 네 명의 어린 자녀를 돌보도록 남겨졌다. 엎친 데 덮친 격으로 외아들 존마저 그 한 달 후에 죽음으로써 밀턴은 인생에서 가장 힘든 시련의 시간을 보내게 된다. 실명은 이혼 문제를 둘러싼 시련, 앞으로 있을 왕정복고와 더불어 밀턴이 생애에서 겪은 3대 위기라고 할 수 있다.

이런 와중에도 밀턴은 앤드루 마블(Andrew Marvell)을 조수로 삼아 자신의 임무를 계속 수행하며, 1654년에 『영국민을 위한 두 번째 변호』를 발표하였다. 밀턴이 라틴어로 쓴 『영국민을 위한 두 번째 변호』는 익명으로 발표된 『영국 국왕 살해에 대해 왕의 피가 하늘에 부르짖는 호소』(*The Royal Blood crying to Heaven for Vengeance on the English Parricides*)라는 책자의 저자를 공격하는 연설문이다. 그의 산문 가운데 최고의 작품으로 평가받는 『두 번째 변호』에는 자신의 실명에 대한 변호와 함께 자전적인 내용이 많이 담겨 있으며, 크롬웰과 페어팩스(Fairfax)에 대해서도 언급되어 있다. 1656년에는 20세 연하의 캐서린 우드콕(Catherine Woodcock)과 재혼하였으나 불행하게도 결혼한 지 1년 남짓 만에 두 번째 아내도 죽고, 이어 1657년에 태어난 그녀의 딸 캐서린(Katherine)까지 죽고 만다. 밀턴이 『실낙원』을 집필하기 시작한 것이 바로 이즈음인 것으로 여겨진다.

이 외에도 밀턴은 『세속 권력론』에서 차분하고 조리 있게 양심의 자유와 종교적 관용 문제를 다루고, 『고용 성직자 퇴출 방안』에서는 영국 정부가 갖춰야 할 정부의 형태와 개인의 종교적 자유 등을 논하였다. 『세속 권력론』에서 그는 어떤 통치자도 한 개인에게 그의 양심에 어긋나는 종교적 선택을 하도록 강요할 수 없으며, 교회와 정치는 분리되어야 한다고 강력하게 주장한다. 이러한 생각은 제목인 '세속 권력론' 아래에 붙어 있는 "지상의 어떤 권력도 종교 문제에 대해 강요하는 것은 합법적이지 않다"(It is not lawfull for any power on earth to compell in matters of Religion)라는 부제에 분명히 드러나 있다.

이 『세속 권력론』은 거의 동시에 발표된 『고용 성직자 퇴출 방안』과 함께, 올리버 크롬웰이 죽은 1658년 9월부터 1660년 5월 왕정복고까지의 기간에 영국 정부가 어떤 형태를 갖춰야 할 것인가에 대한 대중적인 논의를 불러일으킨다. 『고용 성직자 퇴출 방안』 역시 개인의 종교적 자유를 논하면서, 성직자의 생활을 지원하기 위하여 십일조 등을 세금과 같이 의무적으로 징수하는 데 강하게 반대한다.

크롬웰이 죽자 그의 사후 계속되는 정부의 무능함에 염증을 느낀 영국 국민들은 찰스 2세의 귀국을 환영하는 분위기가 지배적이었다. 밀턴은 왕정복고가 임박한 시기에 강한 사명감을 느끼며 위협을 무릅쓰고 공화정 체제를 지지하는 『자유공화국 수립을 위한 준비되고 쉬운 길』(*The Readie and Easie Way to Establish a Free Commonwealth*, 1660)을 출간함으로써 스튜어트 왕정이 회복되는 것을 저지하려고 했다. 1660년 2월, 공화국이 붕괴 직전에 이르자 점차 불가피해 보이는 왕정복고를 눈앞에 둔 시점에서 밀턴은 대담하게도 장엄한 의회에 의해 통치되는 기독교적 공화제의 자유와 군주제의 속박을 비교하는 소책자를 출판하였다. 『자유공화국 수립을 위한 준비되고 쉬운 길』은 인류에게 군주제는 속박에 불과하다며 밀턴이 생각하는 이상적인 의회상을 담고 있다. 그는 자유공화국 실현에 대한 자신의 정치적 신념이 물거품으로 돌아간 시점에서 백성들이 어떻게 훌륭한 정치 지도자를 선출할 수 있는가 하는 문제를 거론하면서 과두정치(oligarchy)와 교육의 중요성을 이야기하고 있다.

1) 『국왕과 관료들의 재직조건』

1648년 여름 잉글랜드에서는 왕당파의 반란이 실패로 돌아가자 혁명이 거세게 일어났다. 12월에 군인들은 의회에서 왕을 재판하는 것에 반대한 의원들을 의회에서 추방하고 왕을 윈저궁에 가두었다. 잔부의회(Rump Parliament)는 재판을 열어 찰스 1세를 기소하고 그를 폭군이라 단죄하여 1649년 1월 30일 왕을 처형했다. 밀턴은 왕에 대한 재판이 진행 중일 때 국왕 처형의 정당성과 함께 반군주제를 주장한 『국왕과 관료들의 재직조건』(*The Tenure of Kings and Magistrates*)을 집필하여 왕이 처형된 지 2주 후인 2월 13일 이 소책자를 출판한다. '국왕시해를 옹호하는 책자'(regicide tracts) 중 첫 번째인 이 책자에서 밀턴은 왕에 대항하여 전쟁을 일으키고 그를 폭군이라는 죄목으로 법정에 세운 의회를 지지하고 옹호했다. 이에 잔부의회는 공화정(Commonwealth)의 집행기관으로서 40명가량으로 구성된 국무회의(Council of State)의 관료를 뽑을 때 밀턴을 외국어 비서관(Secretary of Foreign Language)으로 임용하게 된다. 그는 임용 직후 오먼드 백작(the Earl of Ormond)이 이끄는 아일랜드의 왕당파 군대와 아일랜드의 반역자들 사이에 맺어진 평화협정을 비난하는 일을 맡아서 『아일랜드 반역자들과의 평화조항에 대한 고찰』(*Observations Upon the Articles of Peace with the Irish Rebels*)을 작성했다. 당시 아일랜드는 찰스 1세를 지지하는 왕당파와 가톨릭교도들이 오먼드의 영도 아래 단결하여 잉글랜드에 저항했다. 1649년 8월 크롬웰(Oliver Cromwell)은 직접 군대를 이끌고 아일랜드를 침공하여 요새를 함락시키고 돌아왔으며, 이 아일랜드 정복은 1652년 완료되었다. 밀턴은 『국왕과 관료들의 재직조건』에서 왕이 백성을 섬기지 않고 폭군이 되면 백성들은 왕을 재판할 권리가 있으며 처형할 수도 있다는 혁명적인 사상을 밝히고 있다. 한편, 찰스가 처형된 직후 『왕의 성상』(*Eikon Basilike*)이란 책이 왕을 저자로 하여 그리스어로 출판되었다. 찰스를 순교자로 묘사하는 이 책의 출간을 염려한 의회는 밀턴에게 이에 대응하도록 임무를 부여한다. 그 결과 1649년 10월에 『우상타파론』(*Eikonoklastes*)이 발표된다.

오늘날 학자들은 국왕 살해자와 공화주의자들 사이에 근본적인 관점의 차이가 있는 것으로 파악한다. 예를 들어 모릴(John Morrill)은 영국 혁명 당시 좋은 지위에 있는 소수의 군인과 시민들이 일종의 종교적 광신주의에 의해서 국왕시해라는 과격한 행동을 하였고, 이로 인해 보다 더 광범위하고 실용적인 그룹인 공화주의자들의 지지를 받은 정치 프로그램이 생겨나게 되었다고 말한다(23). 그의 주장은 두 개의 분리된 집단이 존재하며, 이들 사이에 이성과 감정의 대립이 있었음을 시사한다. 공화주의의 이성과 국왕시해의 비이성 사이의 대조는 국왕 살해가 "그들의 원칙이 아닌 폭력적인 힘의 승리"이기 때문에 많은 공화주의자들이 반대했다는 워든(Blair Worden)의 주장에서도 드러난다(456). 자고린(Perez Zagorin) 같은 비평가는 공화주의를 "모든 형태의 왕정에 대한 교조적인 반대"라고 정의할 경우, 혁명 정부에 참여한 대부분이 공화주의자들이 아니라고 말한다. 그들이 찰스 1세를 처형한 것은 왕정에 대한 반감 때문이 아니라 다른 대안이 없었기 때문이라는 것이다(Zagorin 146, 148). 공화주의자들은 잔부의회를 해체한 쿠데타와, 1653년 12월 이후 크롬웰이 호국경으로서 권력을 독점한 사실, 그리고 군사력으로 정치를 계속 지배하는 것 등에 반대함으로써 정치적인 정체성을 형성했다. 젤자이니스(Martin Dzelzainis)는 1656년 크롬웰이 자신의 호국경 체재에서 두 번째 의회를 소집했을 때 공화주의자들이 비로소 집단적인 목소리를 가지게 되었다고 주장한다(295). 이렇게 볼 때 공화주의자들의 이데올로기가 사건을 만들었다고 하기보다는 오히려 사건에 의해 형성되었다는 것이 일반적인 견해이다. 그렇다면 영국의 공화주의 이론은 1649년 왕을 처형한 원인이라기보다는 오히려 결과라고 말할 수 있을 것이다.

영국의 공화주의 이론은 찰스 1세 처형 이후 서서히 발전되어 간다. 그러나 과연 밀턴의 『국왕과 관료들의 재직조건』이 공화주의에 관해 적극적인 진술을 하고 있느냐에 대해서는 비평가들 사이에 논란이 많다. 이와 관련하여 스콧(Jonathan Scott)은 밀턴의 글의 성격이 제한적이고 방어적이었음을 지적하면서, 이 글을 쓴 목적이 국왕 처형의 정당성을 주장하는 데 있었다고 본다(37-40). 잔부의회의 옹호자들은 1651년 9월 우스터(Worcester)에서 왕당파에게 승리를 거두자 비로소 용기를 얻어 정권을 방어하는 차원에서 공화주의의 원칙을 주장하는 쪽으로 나아가게 된다는 것이 일반적인 견해이다.

1649년은 개혁의 대변동이 최고조에 달한 해였다. 바로 직전인 1648년 12월 6일 신형군(New Model Army)의 장교인 프라이드 대령이 장로파 의원들을 추방하는 의회의 숙청(Pride's Purge)이 있었으며, 국왕의 처형과 상원의 폐지, 그리고 공화국의 설립 등이 그 뒤를 이었다. 씻을 수 없는 상처를 남긴 이와 같은 일련의 사건들은 많은 종교적 과격론자들의 지지를 받았고 밀턴도 논쟁에서 열정적으로 옹호하였다. 하지만 1649년은 또한 군에서 수평파(Leveller)[15]의 소요와 같은 날카로운 내적 긴장이 있었고, 언론이 쿠데타로 설립된 새로운 공화국에 심각한 내적 위협이 있고 대중적인 지지가 결핍되었다는 문제를 제기한 시기이기도 하다(Loewenstein, Milton's Prose 94). 논쟁가로서 밀턴은 이러한 상황에서 혁명적인 정치적 사건과 새 정부를 정당화하는 글을 대담하면서도 조심스럽게 썼지만, 과격한 비판세력인 수평파들을 공격하지 않으려는 입장을 취했다.

찰스 1세의 처형 직후인 1649년 2월에 발간된 『국왕과 관료들의 재직조건』은 장로파들의 반혁명적인 정치 이념에 대한 공격뿐만 아니라 혁명을 옹호하고 국왕 처형의 정당성을 변호하는 성격의 글이다. 왕당파와 유럽의 반발뿐 아니라, 의회에서 쫓겨나서도 여전히 왕의 처형을 비난하는 장로파들에 대해 새로운 정부는 자신들의 정치적 입장을 변호할 필요가 있었는데, 이렇게 해서 태어난 것이 바로 『국왕과 관료들의 재직조건』이다. 이는 본질적으로 "찰스의 처형이 정당한가를 묻기보다는 국왕이나 행정관들의 권위가 어디에서 비롯되었고 그들이 실정을 할 경우 어떤 대응이 가능한가를 논하는"(서홍원 179) 성격의 글이다. 그럼에도 불구하고 이 글은 콘즈(Thomas Corns)의 주장처럼, 새로운 종류의 정부가 세워진 것을 정당화하는 공화주의 책자라기보다는 찰스 1세의 처형을 정당화하는 '국왕시해를 옹호하는 책자'로 보는 것이 더 적합할 것이다(*Prose Works* 67).

밀턴은 이 팸플릿에서 공화주의 정치이론을 체계화하는 일에 착수하는데, 소책자의 전체 제목은 『국왕과 관료들의 재직조건: 만약 보통의 관료들이 이를 소홀히 하고 거부한다면 전제군주나 사악한 왕에게 책임을 묻고, 정당한 판결 이후에 그를 폐위시키고 사형에 처하는 것이 권력

15 영국 내전 이후 공화국 체제하에서 급진적인 사회 운동을 했던 집단으로, 토지, 신앙, 선거, 세금 등의 문제에 대해 급진적인 주장을 개진했지만, 이후 크롬웰 정권의 탄압을 받아 쇠퇴하게 된다.

을 지니고 있는 누구에게나 합법적이며 모든 세대를 통해서 적용되어 왔다는 것을 입증하면서』(*The Tenure of Kings and Magistrates: Proving that it is Lawfull, and hath been held so through all Ages, for any, who have the Power, to call to account a Tyrant, or wicked KING, and after due conviction, to depose and put him to death; if the ordinary MAGISTRATE have neglected, or deny'd to doe it*)라고 되어 있다. 밀턴은 왕이 공복(public servant)이라는 자세로 백성을 섬기지 않고 부패한 성직자와 아첨꾼들의 말을 듣기 시작하면 폭군이 되기 쉽다고 생각했다. 그럴 경우 백성들은 일어나서 의무를 제대로 이행하지 않은 점에 대해 왕을 재판할 권리가 있으며, 필요하다면 그를 처형할 수도 있다고 밀턴은 믿은 것이다. 제목에서 왕과 관료를 접속사를 써서 나란히 둠으로써 밀턴은 이 두 직책이 수평적이며, 이들의 직위 또한 자신들을 다스리도록 선택한 백성의 합의에 의해 생겨나는 것임을 말하고 있다. 왕과 관료는 자신들의 할 일을 바르게 수행해야 하며, 무제한적인 권력을 하늘로부터 부여받은 것으로 생각해서는 안 된다는 것이 밀턴의 생각이다.

『국왕과 관료들의 재직조건』은 왕이 처형되기 이전의 혼란기에 독립교회파의 강력한 지지자였던 일부 개인에 의해 협력받고 선동되었을 수도, 혹은 그렇지 않을 수도 있다. 밀턴은 자신의 주제를 제시할 준비가 충분히 되어 있었다. 그는 논쟁을 즐겼으며, 교회는 자신들의 지도자를 선택할 자유가 있다고 주장하며 주교제를 공격했던 1640년대의 이력은 그의 산문을 신랄하게 만들었다. 편집자들은 이 작품을 변호하면서 소개하거나 맹렬히 비난했다. 1870년 밀턴 산문판에서 그래함(James Graham)은 정교하고 악의적인 타이틀만 읽으면 논문 전체를 다 읽는 데 시간을 낭비할 필요가 없다고 언급한다. 반면 이보다 100년 전에 밀턴의 주장은 아담스(John Adams)와 제퍼슨(Thomas Jefferson)에게 강한 인상을 주어서 "모든 사람이 본래 자유롭게 태어났다"(all men naturally were born free)는 미국 독립 선언서의 주장에 채택된다.

밀턴은 "왕의 권위는 법의 권위에 달려 있으며, 왕은 법에 복종해야 한다"(on the autority of Law the autority of Prince depends, and to the Laws ought submitt; *CPW* 3. 206)라며 왕이 법 위에 존재하지 않음을 강조한다. 그는 법이 의지보다 더 중요하다는 암시를 주듯이 출판자 시몬즈(Matthew Simmons)에게 '법'(Law)이라는 단어가 나올 때마다 항상 첫 글자를 대문자로 명시하도록 했다(Flannagan 1059). 그리고 밀턴은 왕의 관직이 사람들에 의해서 존경받지 못한다면 단지 이름에 불과하다고 생각했다. 통치자들의 동의하에 선출(election)이 상속(hereditary inheritance)이나 특권에 의한 임명보다 훨씬 낫다는 정부 이론을 연구하고 있었던 그는 "정의는 이 세상에서 유일하게 참된 주권자이며 최고의 군주이다"(Justice is the onely true sovran and supreme Majesty upon earth; *CPW* 3. 237)라고 주장한다.

밀턴은 "모든 인간은 선천적으로 자유롭게 태어났다는 것을 부인할 만큼 어리석지 않다"(No man who knows ought, can be so stupid to deny that all men naturally were borne free; *CPW* 3. 198)라며 놀라울 정도로 직설적인 어조로 인간의 타고난 권리와 자유를 옹호한다. 그는 인간이 타락하고 원죄를 지은 결과, 사회 구조적으로 범죄로부터 인간의 생명과 재산을 지켜 줄 필요성이 생겨났고, 그것 때문에 강한 정부가 생겨나게 되었다고 본다. 그렇다면 법을 집행하고 수호하는 관료와 군주의 권력은 자유 시민의 선택에 기원한다는 것이다(*CPW* 3. 198-99). 이처럼 밀턴은 왕과 관료가 필요하게 된 것은 타락한 인간이 폭력과 도적질을 행하지 않을 것이라는 믿음을 갖지 못하게 되었기 때문이라며 왕권의 기원에 대한 새로운 해석을 내리고, 국민의 주권은 양도할 수 없는 것이라는, 수평파와 아주 유사한 주장을 펼치고 있다.

왕과 관료들의 권력은 국민의 신뢰 속에서 그들 모두의 공익을 위해 단지 그들에게 유래하고 위탁되고 맡겨진 것일 뿐이다. 권력은 근본적으로 여전히 국민에게 있으며, 그들의 타고난 생득권을 침해하지 않고는 그들로부터 이 권력을 빼앗을 수 없다.

the power of Kings and Magistrates is nothing else, but what is only derivative, transferr'd and committed to them in trust from the People, to the Common good of them all, in whom the power yet remaines fundamentally, and cannot be tak'n from them, without a violation of thir natural birthright. (*CPW* 3. 202)

여기서 밀턴이 말하는 '국민'의 개념에 여성은 물론 포함되지 않는다. 그렇다고 수평파가 주장하듯이 모든 성인을 포함하는 것도 아니며, 관습에 매이지 않고 군주제에 현혹되지 않는 타고난 자유인을 의미한다(Fallon 315). 송홍한 역시 밀턴이 뜻하는 국민은 "적어도 이론상으로는, 자유를 희구하는 분별력 있는 모든 국민", 즉 "변혁의 시대에 국민 전체를 대변하여 혁명을 주도할 집단"이라고 보았다(2007, 327). 이는 밀턴이 국민의 의사를 강조하지만 군주제를 지지하거나 찰스 1세의 왕권을 시인하는 국민은 국민으로서 용납하지 않는다는 뜻이다. 『국왕과 관료들의 재직조건』에서 밀턴은 "국민의 생득적 자유를 자연적 권리로 규정함으로써 국민주권론을 자유공화국의 이념적 바탕으로 제시"(송홍한 2007, 338)하고 있는 것이다.

하지만 밀턴은 백성이 모든 정당한 권력의 근원이라는 공화국의 주장과, 권력이 이 중요한 순간에 도무지 대표자라고 할 수 없는 잔부의회와 군대에 휘둘리고 있다는 사실을 조정하려는 시도를 하지 않았다. 대신에 그의 가장 신랄한 글은 표리부동하는 장로파들과의 논쟁에서 찾아볼 수 있다. 즉 장로파들은 처음에 1640년대에는 왕과 맞서서 치열한 전쟁을 벌였다. 그러고 나서는 마음이 변하여 나중에 스코틀랜드에 장로교를 허용하고 영국에 이를 설립하기로 동의한 찰스 1세와의 협상을 지지하면서 타협하려고 했고 잔부의회에 반대하는 반란을 선동했다. 이에 밀턴은 냉소적으로 왕이 "변하지도 회개하지도 않음에도 불구하고"(though unconverted, unrependant; *CPW* 3. 235) 장로파들은 왕을 면죄하고 있는가 하고 질문한다. 스티븐 팰런(Stephen Fallon)이 지적한 바와 같이, 왕에게 대적하고 의회를 지지했던 사람들 가운데 장로파를 비롯한 많은 이들은 왕이 폐위되는 것을 원치 않았고, 나아가 처형되는 것은 더더욱 원하지 않았다. 밀턴과 독립교회파 사람들은 군주제 폐지보다는 관용주의를 위해 애쓰는 이들 장로파를 위선자로 여겼다(310).

로웬스타인(David Loewenstein)은 밀턴이 『국왕과 관료들의 재직조건』에서 "동맹의 새 갑옷"(new garbe of Allegiance; *CPW* 3. 193)을 입고는 이제 와서 말을 바꾸는 성직자들을 호되게 꾸짖기 위해 사용하는 논쟁적 전략은 국왕 처형을 주장한 최초의 장로교도인 16세기의 녹스(John Knox)를 포함한 저명한 개신교도들의 권위를 이용하는 것이라고 지적한다(Milton's Prose 95). 그는 이중적인 성직자들을 "민첩한 행동주의자"(nimble motionists), 즉 자신의 정치적 이익을 얻기 위해서 "교활하고 민첩하게"(cunning and dexterity) 자신의 근거지를 쉽게 바꾸는 런던의 민병대라고 묘사한다(*CPW* 3. 255). 이 같은 밀턴의 군사적인 비유는 내전으로 요동치는 시기에 성직자들이 입장을 바꾸어 곤경에서 빠져나가는 교활한 뱀 같은 이미지를 그리고자 할 때 그들의 정치적인 이중성을 분명하게 전달한다.

정부의 권위가 국민으로부터 나온다는 밀턴의 급진적인 주장은 그의 다른 글에서도 계속 되풀이되어 나타나는 사상인데, 그중의 하나가 이혼 소책자에서 나온 사회의 근본적인 제도로서의 결혼에 대한 생각이다. 1643년 밀턴은 개인의 권리와 평등, 자연법 그리고 사회적 연대의 우연성(contingency)을 근거로 이혼을 지지하는 새로운 개념을 호소한다. 이것은 나쁜 왕에게 충성할 필요가 없다는 정치적 주장을 하던 중에 쓴 것이다. 밀턴은 백성과 통치자 사이의 유대를 결혼에 비유함으로써, 1643년에 찰스 1세에 대한 의회의 도전을 정당화할 의도를 지니고 있던 장로파들을 이기고자 한다. 수사적인 전략은 의문의 여지가 있었고, 밀턴은 여기저기로부터 공공연하게 비난받았다. 1644년 8월에 '이혼을 부추기는 자'라는 딱지가 붙은 밀턴을 의회의 설교에서 비난한 파머(Herbert Palmer)는 한 해 전 『성경과 이성』(*Scripture and Reason*)을 출판했다. 여기서 그는 왕에 대항하는 방어용 무기를 지닐 권리를 지지했는데, 밀턴은 1649년에 『국왕과 관료들의 재직조건』에서 장로파의 입장이 안고 있는 모순과 위선을 꼬집는 데 바로 파머가 한 말을 인용하고 있다.

찰스를 재판에 회부한 데 대한 장로파의 비난은 한 가지 중요한 점에서 이치에 맞다. 1640년대 초반에 장기의회는 찰스에 반대했지만, 장기의회 가운데서 찰스와의 타협을 주장했던 이들을 제거한 것이 잔부의회다. 장로파의 주장에 의하면 의회를 없앤 군인들은 정부의 권위가 결여된 사적인 시민 그룹이었으며 잔부의회 또한 권위가 부족했으므로 찰스에게 책임을 물을 수 없었다. 그러나 밀턴은 전제군주를 제거하는 것은 자연법에 대한 의무이며 모든 이들의 양도할 수 없는 권리라며 "전제군주나 사악한 왕에게 책임을 묻는 것은 권력을 지니고 있는 누구에게나 합법적이다"라고 『국왕과 관료들의 재직조건』의 첫 판의 부제에서 분명하게 밝히고 있다. 밀턴은 서사시나 비극적 영웅주의라는 관점에서 왕의 처형이 가능하다는 사실을 인식한다. 그는 의회를 폭정이라는 악에 대항해서 싸우는 영웅적 주인공으로 묘사했으며, 시적인 비유를 정치적인 입장의 옹호와 결합시켰다. 첫 판보다 8개월가량 뒤에 나온 두 번째 판은 악용되기 쉬운 이 입장에서 후퇴한다. 그 시점에 이르러 정치적인 상황은 격변하였고, 새로운 정부는 정통성에 대한 의심을 받았으며 반대자도 많았기에 정부를 지원하고 반감을 약화시킬 필요성이 있었다.

2) 『우상타파론』

1649년 3월 밀턴은 아일랜드에서 유래된 것이라고 믿어지는 공화국에 대한 외적인 위협과 맞서 싸우는 데 자신의 논쟁적인 자질을 사용하도록 요청을 받았다. 잉글랜드와 웨일즈에서 일어난 왕당파의 저항은 실패로 돌아갔지만 제2차 내전이 아일랜드와 스코틀랜드에서 여전히 계속되고 있는 상황이었다(Corns, *Prose Works* 75). 새 공화국을 편드는 입장에서 쓴 밀턴의 최초의 공식적인 글인 『아일랜드 반역자들과의 평화조항에 대한 고찰』은 왕의 근위대장인 오먼드 백작 버틀러(James Butler)와 아일랜드 가톨릭 연합(Confederate Catholic of Ireland) 사이에 맺어진 1649년 1월의 협정에 대응하기 위한 것으로, 1649년 5월에 발표되었다. 이 평화협정은 새 정부에 군사적인 위협을 주었으며 밀턴은 이를 "비인간적인 반역자들과 아일랜드의 가톨릭 신자들"(with those inhuman Rebels and Papists of *Ireland*)과 함께 만든 왕의 "마지막 걸작 중의 하나"(as one of his last Masterpieces; *CPW* 3. 301)라고 비꼬는 투로 언급하고 있다.

아일랜드의 위기에 대한 밀턴의 논쟁적인 반응은 고인이 된 왕이 아일랜드의 가톨릭 신자들에게 호의적이었던 배신적인 정치와 애매하게 얼버무린 말에 부분적으로 기인한 것이었다. 찰스는 그가 구금되어 있을 때 의회의 지지자들이 왕의 고집 때문에 무고하게 죽어 간 자들에 대해 회개할 것을 기대했을 때조차도 아일랜드의 반란자들을 선동하는 계획을 포함해서 "새로운 음모를 모의하고 조장하는"(contriving and fomenting new plots; *CPW* 3. 332) 일에 몰두했다. 밀턴은 아일랜드인을 미개하고 우상을 숭배하는 자들이라고 조롱하고 멸시했다. 그는 이들 반란자를 악마적이고 야만적인 모습으로 그림으로써 왕당파와 아일랜드의 저항을 가톨릭과 반기독교적 폭정, 그리고 악마적인 반란과 연관시키고 있다. 가톨릭에 대한 일반적인 반감을 이용하여 무자비한 폭력 행사를 정당화하는 인종차별적이고 제국주의적인 시각을 드러내고 있는 밀턴의 『아일랜드 반역자들과의 평화조항에 대한 고찰』은 콘즈가 적절히 지적한 바와 같이 오늘날 독자가 이해하기에는 힘든 글이다(*Prose Works* 77). 결과적으로 이 글은 1649년 후반부에 크롬웰이 징벌적인 군사 행동으로 아일랜드를 재정복하고 반기독교 세력과 싸우며 1641년에 일어난 개신교도들의 대학살에 대한 보복을 준비하도록 도왔고, 결국에는 웩스포드(Wexford) 등에서의 엄청난 승리를 가져왔다(Loewenstein, Milton's Prose 96).

그러나 1649년 동안에 밀턴의 가장 도전적이며 논쟁적인 일은 왕이 처형되고 일주일 후에 첫 인쇄가 된 『왕의 성상』에 그려진 순교한 왕의 이미지를 부수는 일이었다. 밀턴의 『우상타파론』은 찰스 1세를 그리스도와 같은 순교자라고 주장하는 『왕의 성상』이라는 선동적인 책자에 대한 답으로 쓴 팸플릿이다. 이 책의 제목은 저자를 성상 타파자나 우상 파괴자로 상정하는데, 르왈스키(Barbara Lewalski)는 밀턴이 타파하고자 했던 우상을 "기계적인 기도문, 예배의 형식, 엄숙 동맹, 왕들, 주교들, 그리고 로마 교회"(rote prayers, liturgical forms, the solemn League and covenant, kings, bishops, and the church of Rome) 등으로 보았다(270).

왕의 처형 직후 발행된 이 『왕의 성상』은 찰스 1세를 국민에게 변함없이 봉사하며 교회를 신실하게 보호한 순교자 왕으로 그리고 있다. 이 책자는 속표지 그림에서 처형된 찰스 1세를 순교자처럼 묘사한다. 목판공 마샬

(William Marshall)이 그린 유명한 권두 삽화는 바실리카에서 자신의 왕관을 옆에 두고 가시관을 손에 들고서는 발아래 이 세상의 모든 것을 둔 채 천국의 영광스러운 관을 응시하면서 무릎 꿇고 기도하는 신실한 왕의 모습을 보여 준다. 찰스가 내려놓은 왕관에는 리본 모양의 띠에 '화려하고 무거운'(Splendidam & Gravem; Splendid and Heavy)이라는 글자가, 왕관 아래에는 '헛됨'(Vanitas; vanity)이라는 글자가 새겨져 있다. 그가 오른손에 들고 있는 순교자의 가시관에는 '은총'(Gratia; grace)이라는 모토가, 그 위에는 '쓰라리고 가벼운'(Asperam & Levem; Bitter and Light)이라는 글자가 보이며, 앞에 펼쳐진 책에는 "주님의 말씀 속에 나의 희망이 있습니다"(IN VERBO TVO SPES MEA; In Thy Word is My Hope)라는 구절이 있다. 눈앞에 보이는 하늘의 왕관에는 지상의 왕관과는 대조적으로 '축복받고 영원한'(Beatam & Aeternam; Blessed and Eternal)과 '영광'(GLORIA; glory)이라는 글귀가 써져 있다. 이 왕관에서 빛이 나와 찰스의 눈을 비추고, 반대편 하늘 먹구름 사이로 또 다른 빛이 왕의 머리를 비춤으로써 찰스를 완벽한 순교자의 모습으로 그리고 있다.

그 당시에 가장 중요한 왕당파의 선전 책자인 이 책은 사실은 성직자 존 고든이 만든 것으로, 1649년에 영문판이 발간되어 선풍적인 인기를 끌면서 보수적인 감정의 광범위한 확산과 더불어 새 공화국에 대한 지지 기반의 축소를 초래했다. 휴즈(Merritt Hughes)는『왕의 성상』을 "죽은 왕과 살아 있는 지지자들을 위해서 왕을 옹호하려고 전기와 유사하게 집필한 일종의 도용"이라고 규정한다(*CPW* 3. 149). 성직자 고든은 죽은 왕이 쓴 메모를 바탕으로 비밀리에 이 책을 집필했고, 이 작업에 대한 보상으로 몇몇 주교 관할구를 받게 된다. 이 책은 라틴어, 네덜란드어, 불어, 독어 판은 물론 그해 말까지 잉글랜드에서만 35판이나 출간된다.

밀턴은 이 책에 담긴 가면극과 같은 이미지가 어리석은 이들의 마음을 사로잡았다고 보았다. 공개 처형에 따른 충격과 함께 이 전략이 성공을 거두면서 왕이 없는 시절의 정부는 초기에 복잡한 문제를 안게 된다. 공화정 정부는 밀턴이 『국왕과 관료들의 재직조건』에서 설득력을 보여 준 것처럼 『왕의 성상』의 영향력을 약화시키는 대중적 견해를 형성하기를 원했다. 이러한 배경하에서 밀턴은 1649년 10월, 속표지에 자기 이름을 "J. M."이라고 밝힌 『우상타파론』을 출판하였다. 『우상타파론』은 왕의 유혹적인 말과 이미지를 파괴하기 위해 7개월에 걸쳐 쓴 4절판으로 242페이지에 달하는 장황한 반박의 글이었다. 밀턴은 찰스 왕에 대한 다양한 이미지와 수사적 전략이 국민을 현혹하여 왕을 맹목적인 우상 숭배 대상으로 만들었다고 생각하여 이러한 이미지를 "탈신비화하고 해체하는 작업에 착수"(박은미 534)한다. 그는 이런 작업을 통해 국왕 처형과 왕정 폐지, 나아가서는 새롭게 수립된 공화정을 정당화하려고 했다. 아울러 밀턴은 『우상타파론』에서 왕에게 최고의 권력이 있는 것이 아니라 의회가 "국민의 최고 대표기구"(the grand Representative of that people; *CPW* 3. 524)라고 주장함으로써 의회에 최고의 권력을 부여하는 공화정의 이데올로기를 제시한다. 『우상타파론』에 '공화정'(republic)이라는 말은 등장하지 않고 그 대신 '공화국'(commonwealth)이란 단어는 여러 번 나오는데, 이는 콘즈가 지적하듯이 정부의 조직이나 체계와는 관련 없이 국가를 구성하는 국민 전체를 지칭하는 집합 명사로 사용되고 있다(Commonwealth 32).

"어느 누구도 왕에 대항하는 글을 써서 대단한 명예를 얻은 사람은 이제껏 없다"(no man ever gain'd much honour by writing against a King; *CPW* 3. 337)라고 한 『우상타파론』의 시작 부분은 밀턴이 자신이 당면한 일에 대해 자세히 알고 있음을 보여 준다. 그는 "왕은 일반적으로 군대에서는 강하지만 논쟁에서는 약하다"(Kings most commonly, though strong in Legions, are but weak at Arguments; *CPW* 3. 337)며 늘 자기 뜻대로 명령하는 데만 익숙한 왕들은 이성으로 자기주장을 펴는 데는 서툴다고 말한다. 급진적인 개신교도인 밀턴은 그럼에도 불구하고 왕의 책과 권두 삽화의 교활한 장치에 쉽게 빠져드는 "이미지를 좋아하는 어중이떠중이들"(Image-doting rabble; *CPW* 3. 601)을 경멸했다. 밀턴은 앞서 『이혼론』(*The Doctrine and Discipline of Divorce*)과 『국왕과 관료들의 재직조건』에서도 의식 수준이 낮은 일반 서민들은 이성보다는 관습에 따라 쉽게 움직인다는 점을 밝힌 적이 있다. 그는 "쉽게 읽히는 관습 문학"(the easy literature of custom; *CPW* 3. 339)에 익숙해있으며 왕이 우상이 되어 있는 대중에게 이성에 기초하여 죽은 왕을 탈신비화하는 자신의 작업이 제대로 평가받지 못할 것임을 우려하고 있다.

밀턴은 왕이 『왕의 성상』에서 스스로를 법을 지키다가 순교한 왕으로 자칭하지만, 시민법을 무시한 법률 위반자인 찰스가 순교자가 될 수는 없다고 주장한다. 그러면서 그는 "왕의 텍스트에 그려진 찰스의 이미지들을 해체하고 대신 찰스를 전제자, 배교자, 졸렬한 화가, 법률 위반자와 같은"(박은미 549) 부정적인 이미지로 재구성하여 독자에게 미치는 왕의 책의 영향력에 타격을 가하고 있다. 처음에 『코머스』(*Comus*)에서 극적으로 다뤘던 위험한 유혹의 주제를 상기하면서 밀턴은 왕의 책을 "구속의 굴레"(the Yoke of Bondage; *CPW* 3. 488)로 뛰어드는, 잘 속아 넘어가는 사람들을 홀리는 요부의 마법과 같은 것으로 묘사한다. 왕당파들의 표현이 가지는 마력적인 힘에 대해 우려하며, 밀턴은 열정적인 우상타파주의자로서 그들에게 반박한다. 우상타파주의는 로드식의 개혁을 해체하기를 갈망한 청교도 하원의원들에 의해서 1640년대에 허가되었다. 1641년 1월에 그들은 모든 이미지와 미신적인 그림, 기념물, 그리고 우상 숭배 유물들을 제거하기로 결심했고, 1643년과 1644년에 가톨릭 교회와 미신적인 물건들을 정화하기 위해 더 심도 있는 법령을 통과시켰다. 밀턴의 『우상타파론』은 언어적인 논쟁을 통해서 왕에 대한 환상을 유지시키는 그럴싸한 말들을 폭로할 뿐만 아니라 그의 종교적인 이미지를 산산조각 내려는 아주 활기찬 시도였다.

이 책을 쓸 당시 밀턴은 어느 왕이든지 신이 부여한 권리로 통치한다는 것을 믿을 수 없었다. 그는 왕이 신에게 기름 부음을 받은 자라기보다는 다른 관리들과 마찬가지로 백성들을 섬겨야 하는 또 다른 종류의 관리일 뿐이라고 생각했다. 즉 신이 부여한 무제한적이고 무조건적인 권한은 있을 수 없으며, 왕도 법 위에 존재하는 것이 아니라 법 아래서 자기 백성을 위해 일해야 한다고 본 것이다. 그의 두 번째 국왕 살해를 옹호하는 소책자인 『우상타파론』에 나타나 있는 이러한 밀턴의 입장은 지적인 엘리트 계층의 생각을 대변하는 것이라고 할 수 있다. 밀턴의 『우상타파론』은 『왕의 성상』의 주장을 조목조목 반박한다. 밀턴은 자신을 성상 파괴자로 자처하면서 『왕의 성상』에서 제시된 신성한 왕의 초상과 그의 고난 받는 이미지를 공격한다. 폭군인 왕의 처형을 정당화하면서 『왕의 성상』의 기만성을 입증하고 있는 밀턴의 책은 『왕의 성상』의 형태를 취하고 있다. 플래너건(Roy Flannagan)은 만약 밀턴이 자신의 독창력을 발휘했다면, 시인이자 재능 있는 극작가로서 경건함과 고행을 위선적으로 분출하는 리처드 3세를 닮은 찰스 1세를 의사 비극(pseudo-tragedy)적으로 재현했을지도 모른다는 흥미로운 주장을 편다(1077). 스미스(Nigel Smith)는 왕의 처형에 대한 밀턴의 옹호는 당대의 새로운 비극 해석에 밀턴이 연관된다는 사실을 지적한다(16).

이 팸플릿을 집필할 때 밀턴은 죽은 이의 명성에 이의를 제기해야 하는 난처한 상황에 처해 있었다. 그러나 그는 "현 정부를 모욕하고 전반적인 평화를 방해하려고"(to the dishonour of this present Government, and the retarding of a generall peace; *CPW* 3. 338) 하는 왕당파의 "교활한 책

략"(the cunning drift; *CPW* 3. 338)에 대응하여 "자유와 공화국을 위해"(in the behalf of Libertie, and the Common-wealth; *CPW* 3. 338) 자신이 선택한 일은 아니지만 국가로부터 "부여받은 임무"(a work assign'd; *CPW* 3. 339)에 착수한다. 그는『왕의 성상』의 권두화에 묘사된 순교자나 성인으로서의 왕의 이미지를 자신이 지니고 있는 찰스의 이미지, 즉 이기적이며 기만적이고 반역적인 전제군주, 로마의 신복으로 대체한다. 그는 찰스를 처음부터 끝까지 사악하고 위선적이며, 마지막에는 의회와 군대와의 협상을 질질 끌면서 비밀리에 스코틀랜드에 도움을 요청하는 사람, 독립파나 장로파 모두에게 이익이 되지 않는 사람으로 묘사한다.

밀턴의 눈에는 죽은 왕의 이름과 이미지에 현혹되어 이러한 왕의 속임수에도 우상을 맹목적으로 숭배하는 무지한 군중들이 오합지졸로 보였다. 그의 동료들은 왕이 없는 나라에서 정치적인 시작 단계에 있었으며 위험에 처해 있었다. 밀턴은 그러한 신성한 우상을 타파하기 위해 준비를 단단히 해야 했다. 처형당한 왕을 그리스도와 같은 순교자로 보면서 그를 우상화하는 분위기가 퍼지기 시작하는 때에 밀턴은 이 책자의 제목에 내포된 거룩한 형상, 즉 이미지와 아첨으로 가득 찬 선전에 공격을 가하면서, 자신을 이방의 우상의 제단을 깨뜨린 기드온(Gideon)처럼 거짓 우상을 파괴하는 자로 그리고 있다. 기드온은 이교도 제단을 전복시키고 미디안 사람들을 정복하고 난 후 모든 영광을 신에게 돌리면서 이스라엘을 통치할 것을 거부했다.

왕에 대한 시각적이고 상징적인 표현이 가지는 극적인 효과에 대해 잘 알고 있는 밀턴은 스튜어트 왕가의 권력을 나타낼 때 가장 훌륭한 도구였던 극적인 예술 형태인 궁정 가면극(court masque)을 경멸적으로 환기시켰다. 그는 "왕의 책 앞에 그려진 자만심에 찬 초상화"(the conceited portraiture before his Book; *CPW* 3. 342)는 가면극 장면을 아주 잘 그려 바보와 어리석은 관객들의 시선을 끌기는 했지만, "화이트홀에서 보낸 열두 밤의 유흥이라는 오래된 화려한 행사에서 구걸해 온 기이한 상징과 장치는 성자나 순교자가 되기에는 오히려 더 나쁜 것이다"(quaint Emblems and devices begg'd from the old Pageantry of some Twelf-night entertainment at *Whitehall*, will doe but ill to make a Saint or Martyr; *CPW* 3. 343)라고 비판한다. 그가 보기에 『왕의 성상』은 한 편의 기만적인 "무대 작품"(Stage-work; *CPW* 3. 530)이었다. 밀턴의 목적은 유혹적인 이미지와 위험한 현실 사이의 괴리, 왕의 아름다운 말과 그의 전혀 다른 행동(*CPW* 3. 346-47) 사이의 불일치를 폭로하는 것이다. 그리하여 밀턴은 『왕의 성상』의 허위성을 거듭 지적하면서, 경건하고, 분별력 있고, 생각이 유연하고, 사심 없이 보이는 왕의 모습을 체계적으로 하나씩 벗겨 낸다(Fallon 318). 순교의 가면을 쓰고 "타당하고 그럴듯한 말"(faire and plausible words; *CPW* 3. 343)과 "교활한 말들"(cunning words; *CPW* 3. 600) 뒤에 숨은 음흉한 스튜어트 왕은 『실낙원』의 사탄처럼 고집스럽고 복수심이 강하며 회개할 줄 모르고 말을 얼버무리며 분노와 악의에 가득 차 있고 고압적인 자세와 폭력적이며 괴물 같은 인물이다. 공화국의 우상타파주의자는 "모든 행동에서 의심 많고 애매모호한"(doubtfull and ambiguous in all thir doings; *CPW* 3. 598-99) 모습을 보이는 반기독교적인 왕에 맞서서 다른 종교적인 급진주의자들이 그랬던 것처럼 성경에서 자신들의 행동 근거를 찾아낸다.

『우상타파론』은 밀턴 생전에 2판만 출간되었다. 반면 『왕의 성상』은 런던에서 처음 출판되던 해에 35판이 나왔으며, 같은 기간 동안 아일랜드와 유럽에서 25판이 출간되었다고 휴즈는 기록한다(*CPW* 3. 150). 이렇게 볼 때 『우상타파론』은 이후의 역사적인 판단, 특히 문학자들의 견해가 어떠하든지 간에 『왕의 성상』에 대적할 수 없었던 것으로 보이며, 오늘날의 비평가나 학자들에게도 별 관심을 끌지 못하고 있다. 그렇지만 콘즈는 이 글을 밀턴이 쓴 산문 가운데 제일 공들여 쓴 가장 논리 정연한 걸작으로 평가한다(*Prose Works* 89). 비록 『우상타파론』이 국민들의 마음속에 간직된 순교자 찰스 왕의 이미지를 파괴하는 데는 실패했다 하더라도 잔부의회가 공화정부를 형성해 가는 과정에서 이전에 왕에게 협력했던 장로파의 묵시적 협력을 실제적이고 즉각적으로 이끌어 내는 데 기여한 것은 분명하기 때문이다. 이는 1660년 찰스 2세가 잉글랜드에 들어왔을 때 놀랍게도 매우 적은 수의 장로파에 속한 왕당파가 그의 진영에 가담한 것을 보면 알 수 있다. 밀턴은 공화국을 변호하는 데 그가 할 수 있는 최선을 다했고, 『우상타파론』은 그 정점에 있었다고 할 수 있다.

1649년을 전후한 시기에 새롭게 정권을 잡은 공화정부는 당시의 급변하는 사건들을 거치면서, 팰런이 말한 바와 같이 아직 정치적 노선과 방향을 확정 짓지 못하고 있었다. 이러한 상황 속에서 밀턴은 공화주의에 대한 초보적 생각과 원리를 일관성 있는 반군주적 정치 이론으로 짜 맞추어 가는 단계였다고 할 수 있다(Fallon 309). 우리는 1649년에 발표된 『국왕과 관료들의 재직조건』과 『아일랜드 반역자들과의 평화조항에 대한 고찰』, 『우상타파론』 등 밀턴의 정치적 산문에서 막 움트기 시작한 영국 공화주의의 역설과 사상적 혼란을 찾아볼 수 있다. 여기서 우리는 막 태어난 공화국의 흥분과 반감, 염려와 이상주의, 그리고 모순들을 읽게 된다. 이들 세 작품은 명시적으로나 암시적으로나 많은 부분에서 공통된 주장을 하고 있지만 수사적인 면이나 스타일에서 차이를 보인다. 이들 팸플릿은 밀턴이 영국 국민을 독자로 하여, 이전에 왕에 대항하여 의회를 지지했던 자들 가운데서 왕의 처형은 지지할 수 없었던 자들이 자신의 뜻을 받아들여 주기를 바라는 마음에서 쓴 글이다. 1649년의 팸플릿은 이러한 점에서 1651년과 1654년에 발표된 영국 공화정을 변호하는 글들이 라틴어로 유럽인들을 대상으로 하여 찰스 1세에 대한 의회의 재판과 처형이 정당하다고 주장하며 살마시우스의 논제를 반박하고 있는 점과 다르다.

영국은 전통적으로 공화주의 정부에 대한 이론이 확립되어 있지 않았다. 밀턴이 공화주의 사상을 담은 글을 발표하던 근대 초기는 젤자이니스가 지적한 바와 같이, 무엇이 공화주의를 구성하는 핵심 내용인가에 대한 학문적 합의가 아직 이루어지지 않은 시대였다. 따라서 밀턴의 공화주의에 대한 입장은 우리가 택하는 공화주의의 정의에 따라서 달라지게 된다(Dzelzainis 296). 가장 포괄적이고 일반적인 의미에서 군주제를 분명하게 반대하는 자라면 공화주의자라고 일컬을 수 있다. 밀턴은 찰스의 처형과 군주제의 폐지를 놓고 논란이 일기 시작하자 정치적 자유에 대한 자신의 입장을 발표하기 시작한다. 그러나 1649년 국왕 처형을 전후하여 밀턴이 공화주의와 관련한 글을 쓸 당시 그가 반대한 것은 왕정 자체가 아니다. 그보다는 폭군을 용납할 수 없다는 것이 밀턴의 입장이었다. 따라서 이론적으로는, 폭군적이지 않은 군주제에 대해서는 허용할 여지가 남아 있었다. 그러나 1660년경 들어 밀턴은 전제정치에 대해서만이 아니라 군주제 자체에 대해서, 나아가 왕이라는 이름을 쓰지는 않지만 호국경처럼 1인이 다스리는 어떤 형태의 통치에 대해서도 적대감을 표현한다(Dzelzainis 296-97). 이렇게 볼 때 1649년에 싹튼 공화주의에 대한 밀턴의 사상은 10여 년에 걸쳐 발전되고 변화되는 과정을 거쳤음을 알 수 있다. 1649년에 밀턴이 품었던 급진적 사상은 근본적인 연속성을 가지고 이후의 글에도 나타나며, 10년이라는 세월이 흐른 후 발표된 『자유공화국 수립을 위한 준비되고 쉬운 길』(*The Ready and Easy Way to Establish a Free Commonwealth*)에서도 익숙한 표현으로 낯익은 주장이 펼쳐지고 있음을 보게 된다.

밀턴은 왕이 태어날 때부터 권력을 가지거나 신이 국민을 왕의 손에 맡긴 것이라는 생각을 거부한다. 왕은 국민의 동의하에서만 국민들을 다스릴 수 있고, 국민 스스로가 만든 법에 따라 그들을 자유인으로서 통치해야 하며, 공화국을 위탁받은 종이 되어야 한다는 것이 『국왕과 관료들의 재직조건』의 신념이고, 이러한 사상은 『우상타파론』에서 되풀이해서 다뤄지고 있다. 또한 폭군은 폐위되어야 하고 처벌받아야 하며 왕보다는 공화정부에 최고의 권력이 존재한다고 주장한다. 왕과 관료는 자신들의 할 일을 바르게 수행해야 하며, 무제한적인 권력을 하늘로부터 부여받은 것으로 생각해서는 안 된다는 밀턴의 공화주의사상은 홉스(Thomas Hobbes)나 로크(John Locke)의 사회계약설에 기초한 사상을 뛰어넘어 현대적 민주주의 개념에 근접한 사상이라고 할 수 있다.

3)『영국민을 위한 변호』

1649년 말 영국혁명의 주도세력 가운데 하나인 독립파를 공격하고 절대왕정을 옹호하는, 일반적으로 『왕의 옹호』라고 하는 『찰스 1세를 위한 변호』(*Defensio Regia, Pro Carolo I*)가 익명으로 출판되었다. 그러자 이듬해 1월 8일에 국무회의는 여러 곡절과 망설임 끝에 외국어 비서관이었던 밀턴에게 이에 대응하는 글을 쓰도록 했다. 당시 그의 건강은 매우 위태로웠기 때문에 그 일은 12월이 되어서야 완성되었다. 밀턴은 1644년경부터 시력이 나빠지기 시작해서 이 무렵 왼쪽 눈의 시력을 완전히 잃었다. 왕을 처형하고 혁명을 일으킨 공화국을 옹호하는 최초의 라틴어 소책자인 『영국민을 위한 변호』(*Pro Populo Anglicano Defensio; A Defence of the People of England*)가 출판된 것은 1651년 2월 24일이었는데, 이로써 아직 유럽 대륙에서는 이름이 널리 알려지지 않은 무명의 지식인에 불과했던 밀턴이 국제적 명성을 얻게 된다.

『찰스 1세를 위한 변호』의 저자는 프랑스의 고전학자 살마시우스로, 그는 네덜란드 라이든(Leyden) 대학의 교수이자 70권이나 되는 저술을 펴낸 탁월한 논객이었다. 팰런은 살마시우스가 책에서 군주제를 옹호하면서, 영국이 왕을 제거했을 뿐만 아니라 재판하고 처형한 일에 대해 책임져야 한다는 유럽의 경악과 분노를 표현하고 있다고 말한다(17). 살마시우스가 이 책을 쓴 의도는 영국 공화정부를 유럽에서 버림받은 국가로 만들기 위함이었다(Corns, *Prose Works* 93). 또한 유럽의 왕들이 연합하여 영국의 공화정에 대항하고 찰스의 아들을 왕위에 복귀시키는 데 그 목적이 있었다. 이에 대해 밀턴은 그 악영향을 최소화하고 영국의 국제 관계를 정상화하기 위해『영국민을 위한 변호』를 집필하게 된 것이다.

이 '국왕 살해를 옹호하는 소책자'(regicide tracts)에서 그는 찰스 1세에 대한 의회의 재판과 처형이 정당하다고 주장하며 살마시우스의 논제를 반박하고 그의 논리와 학식, 성서와 역사의 해석에 질문을 던지고 있다. 이 글에서 밀턴은 콘즈도 말했듯이, 군주제에 찬성하거나 반대하는 고전의 예와 성경의 주장을 끌어와서 왕정의 부당함을 주장하지만, 왕의 권한보다 법이 우위에 있다며 1649년에 발표한 글과 기본적으로 입장이 같은 주장을 편다. 살마시우스는 "한 왕국 안에서 왕보다 높은 자는 아무도 없다"(In a kingdom, no one is higher than the king)며 "왕이 누구에 의해 재판을 받는단 말인가?"(By whom will he be judged?; *CPW* 4.2. 1011)라고 왕을 심판하는 것이 부당함을 지적한다. 이에 대해 밀턴은 "그러므로 국민이 왕을 위해 존재하는 것이 아니라 왕이 국민을 위해 존재하는 것이다"(the people therefore do not exist for the king, but the king for the people; *CPW* 4.1. 327)라며 국민이 왕보다 항상 우위에 존재했음을 강조한다. 그는 살마시우스가 내린 정의에 따르면 국민은 "노예나 가축"(slaves or cattle)처럼 "재산과 소유의 일부로"(as part of the property and possessions; *CPW* 4.1. 472) 취급되지만 자신이 말하는 국민은 "모든 계층의 모든 시민"(all citizens of every degree; *CPW* 4.1. 471)을 의미하는 것이라고 주장한다.

밀턴은 좋은 왕과 폭군의 차이를 다시 한 번 밝히면서, 공화주의의 장점에 대해 이전의 글보다 분명하게 말하기보다는 특정 시기에 특정한 왕을 섬기는 특정 국민의 권리를 옹호하고 있음을 주장하고 있다(Corns, Commonwealth 33).

> 한 사람이 다스리는 정부와 여러 사람이 다스리는 정부 중 실제로 어느 것이 더 나은지를 여기서 논의할 수는 없다. 만약 한 통치자가 최선의 인물이고 왕위에 오를 충분한 자격이 있는 경우, 군주제는 사실 많은 유명인들로부터 칭송을 받아 왔다. 그렇지 않은 경우에 군주제는 가장 빠르게 최악의 폭정으로 빠져들게 된다.

> Whether the government of one man or several is in fact the better cannot be discussed here. Monarchy has indeed been praised by many famous men, provided that the sole ruler is the best of men and fully deserving of the crown; otherwise monarchy sinks most rapidly into the worst tyranny. (*CPW* 4.1. 427)

밀턴은 모든 왕이 다 폭군이라는 뜻은 아니라는 논지를 강조하면서 당대의 유럽 시민이 선택할 수 있는 복수의 정부 구조의 개념을 설정하고 있다. 그 두 가지 가능성이 군주제와 공화주의이다. 이들의 장단점은 각각의 나라에서 각기 다르게 평가될 수 있으며 어느 것을 선호하느냐는 시기에 따라 변할 수 있다고 밀턴은 주장한다. 그는 하나님이 이스라엘에게는 사사(judges)가 다스리는 것이 왕이 다스리는 것보다 훨씬 낫다는 사실을 자기 백성에게 분명히 말했지만 그 선택은 백성의 희망과 판단에 전적으로 맡겼음을 상기시킨다. 여기서 밀턴은 사사가 다스리는 체제를 귀족 정치를 표방하는 정부(aristocratic government; *CPW* 4.1. 391)로 해석하면서, 역사적으로 사악한 왕이 착한 백성을 다스린 경우도 많고 반대로 선한 왕이 악한 백성을 통치한 적도 많다면서 다음과 같이 말한다.

> 그러므로 한 국민에게 어떤 정부가 가장 적합하고 유익한지를 알아내는 것이 가장 지혜로운 사람들이 할 일이다. 분명 같은 정부라도 모든 국민에게 적합하거나 한 국민에게 늘 맞는 것은 아니다. 시민들의 용기와 근면함이 찼다가 기울었다가 일정하지 않으므로 한때는 이런 형태가, 또 다른 때는 저런 형태가 더 적합하다. 한 국민으로부터 그들이 좋아하는 정부 형태가 어떤 것이든 이를 선택할 권리를 빼앗는 자는 분명 그들에게서 시민의 자유를 구성하는 모든 것을 빼앗는 셈이 된다.

> It is therefore a task for men of the utmost wisdom to discover what may be most suitable and advantageous for a people; certainly the same government is fitting neither for all peoples nor for one people at all times; now one form is better, now another, as the courage and industry of the citizens waxes or wanes. He who deprives a people of the power to choose whatever form of government they prefer surely deprives them of all that makes up civil liberty. (*CPW* 4.1. 392)

밀턴은 영국에서의 헌정상의 혁명을 실제적이면서 임박한 정치적 위기에 대한 불완전 할 수 있는 해결책으로 간주했다. 라틴어로 쓴 첫 번째 변호인 『영국민을 위한 변호』의 많은 부분이 네덜란드의 독자를 의식하고 있다는 점에 주목할 필요가 있다. 이는 영국 공화정에 대한 라틴어 논쟁을 다룬 많은 책들이 그러했듯이 밀턴이 공격하고 있는 책도 네덜란드 연방(the United Provinces)의 암스테르담(Amsterdam)에서 출판되었으며, 이 책의 저자 또한 라이든 대학 교수였다는 것이 이유이기도 하다. 그리고 새로 들어선 영국 공화정 정부는 중요한 외교 문제에 대해 네덜란드의 지지를 얻을 필요가 있어서 친밀한 관계를 맺고 싶어 했다. 영국은 16세기에 가톨릭 국가인 스페인으로부터 독립하기 위해 전쟁을 치른 네덜란드의 프로테스탄트를 지원한 이래로, 당시에도 정치적으로나 문화적·종교적으로 상당한 동질감을 느끼고 있던 터였다. 그렇지만 두 나라는 바다를 바탕으로 경제나 무역상의 이해관계가 충돌할 수밖에 없었다. 이러한 시대적 상황 때문에 밀턴은 왕정을 부정하고 공화정을 강하게 주장하고 고집하기보다는 이들 모두가 선택 가능한 정부 형태라며 다소 조심스럽게 접근하고 있는 것이다. 밀턴은 자신의 산문 가운데서 이 책을 특별히 더 자랑스럽게 여겼는데, 왜냐하면 이 글에서 그는 유럽에서 가장 고전적인 학자 중의 한 사람인 살마시우스와 겨루었기 때문이다.

『영국민을 위한 변호』에는 권두 삽화로 십자가와 하프가 각각 그려져 있는 방패가 실려 있는데, 이 두 상징은 저자와 연관된 다양하고 서로 교차되는 의미를 전달하고 있다. 여기서 하프는 오르페우스(Orpheus)나 예언자 다윗(David)을 연상시킨다. 이 방패에 그려진 상징에 대해 로웬스타인(David Loewenstein)은 밀턴이 성 조지(Saint George)처럼 영국을 지키는 전사로서 국내외적으로 적과 맞서 공화국을 지키기 위한 논쟁에서 문학적이고 예언자적인 재능을 사용하고 있음을 의미하는 것으로 보았다(Milton's Prose 98). 이 논쟁에서 영국의 다윗 밀턴은 거대한 프랑스의 골리앗과 맞설 용기가 있다는 것을 보여 준다. 밀턴은 자신의 말이 정당하며 영웅적임을 보여 주면서 다양한 모습, 즉 학자와 웅변가, 역사가로서의 역할을 하며 상대를 혹독하게 공격한다.

밀턴은 살마시우스가 그의 책을 12권으로 다룬 것처럼 자신도 같은 수로 장을 나누어 각각의 논쟁을 다루고 있다. 예를 들어 4권에서 살마시우스는 "왕의 신성함은 침범할 수 없고 다름 아닌 신의 권위에 따른다"(the sanctity of kings is inviolable and dependent upon no other than divine power; *CPW* 4.2. 986)라고 주장한다. 그는 이에 대한 근거로 성서와 역사, 문학, 그리고 교회의 교부를 들고 있다. 밀턴은 그가 예로 든 것을 그를 반박하는 예로 다시 사용하면서 그 마지막 예로 "기독교인들은 폭군과 전쟁을 할 때 자신을 방어하기 위해 무기를 사용했으며 종종 폭군이 저지른 죄를 처벌했다"(Christians warred on tyrants, used arms in their own defence, and frequently punished the crimes of tyrants; *CPW* 4.1. 414)라는 내용으로 끝맺고 있다. 그러면서 그는 "왕이 폭군이 되거나 무가치한 존재로 타락할"(king turns tyrant or degenerates through his worthlessness; *CPW* 4.1. 421) 때 국민은 "왕의 불충실로 인해, 정의 자체로 인해, 그리고 바로 자연법 자체로 인해 그들을 묶는 속박으로부터 풀려났"(they are released from their bond by his faithlessness, by justice herself, and by the very law of nature; *CPW* 4.1. 421)기 때문에 그들이 맺은 합의를 취소할 수 있다고 결론을 내린다.

이 시대에는 학자들의 논쟁이 흔히 사적인 성격으로 흐르는 경향이 있었다. 논쟁에 참여한 자들은 상대방의 논리를 공격할 뿐 아니라 그들의 인간적인 결점을 꼬투리 잡아 비난하기도 하였다. 라틴어로 쓴 세 편의 반박글 중에서 첫 번째 글인 『영국민을 위한 변호』에서 가장 험한 독설을 퍼붓는 전투적인 영국의 개신교 논쟁가 밀턴은 루터파(Luthers)와 쯔빙글리파(Zwinglis), 깔뱅파(Calvins) 등과 같은 전선을 형성하면서, 상대가 지닌 전문가로서의 자격과 개인적인 인격 모두를 파괴함으로써 살마시우스를 망가뜨리고자 한다(Loewenstein, Milton's Prose 98). 밀턴은 그의 주장을 "말만 많지 내용은 없는 것"(full of words and as lacking in substance)이라고 평가절하하면서, 이 글의 저자를 "텅 빈 떠버리"(an empty windbag)이며 "농담이나 하는 사람"(trifler)이나 "거짓말의 제왕"(prince of liars), "무지와 악으로 악명 높은"(notorious for ignorance and vice) 인물이라고 공격하고 있다(*CPW* 4.1. 301, 325, 462, 404, 453). 더욱이 그는 찰스 1세뿐만 아니라 살마시우스를 계시록 13장에 나오는 짐승과 연관시킬 때 거룩한 분노와 복수에 대해 예언적으로 쓰고 있다. 블레셋 사람들과 맞서서 싸우는 영웅적인 삼손은 성경적인 폭군 살해의 중요한 모델로 사용되며, 이는 나중에 이 전투적인 하나님의 투사가 단 한 번에 우상인 다곤(Dagon) 신전을 무너뜨리는 『투사 삼손』(*Samson Agonistes*)에서 완벽하게 그려진다. 삼손은 비록 자기의 많은 동족들이 노예로 살기를 망설이지 않았음에도 불구하고 자기 나라를 지배한 많은 폭군 지도자들을 한꺼번에 죽인 행위를 불경스러운 일로 생각하지 않고 경건한 행위로 생각했다고 『영국민을 위한 변호』에서 밀턴은 강조하고 있다(*CPW* 4.1. 402). 물론 살마시우스가 먼저 영국 국화국과 지도자들에 대해 독설을 퍼부음으로써 이전투구식 싸움을 시작한 면이 있지만, 오늘날의 독자들이 보기에 『영국민을 위한 변호』는 콘즈의 평가처럼 정치적 논쟁에서 통상적으로 허용되는 범위를 지나치게 넘어서는 것같이 보이기도 한다(*Prose Works* 97).

『영국민을 위한 변호』에서 밀턴은 위험에 처한 영국 공화국을 구해 줄 구원자로, 그리고 독재적인 통치를 공격하고 폭군 살해를 정당화하기 위해 키케로(Cicero)를 비롯하여 에우리피데스(Euripides)와 소포클레스(Sophocles), 세네카(Seneca) 등의 권위에 의존하고 있다. 이렇게 볼 때 신성한 공화국 옹호론자로서 밀턴의 영감은 성경과 고전의 권위에서 나온 것이다. 이 밀턴의 소책자는 송홍한이 평가한 바와 같이 "살마시우스의 『왕의 옹호』를 논박하면서 찰스 1세라는 한 폭군을 제거한 영국 국민의 권리를 국민주권론에 입각하여 정당화"한 글로서, "숭고한 논쟁과 가장 웅변적인 스타일을 보여 준 걸작"이다(2001, 15). 『영국민을 위한 변호』는 프랑스에서는 공공연하게 소각되는 일도 있었지만 저지대 국가(Low Countries)에서 그리스에 이르기까지 찬사를 받는 등 엄청난 성공을 거두었다. 밀턴은 특히 스웨덴의 개신교 여왕인 크리스티나(Christina)가 밀턴의 라틴어로 된 반박 글에 대한 찬사를 표현하고 난 후에 자신이 논쟁을 통해 행하고 있는 싸움에 대해 정당성을 느꼈다. 그러나 논쟁적인 관점에서 볼 때 밀턴의 가장 다양하고 뛰어난 혁명적인 반박의 변론은 아직 나오지 않았다.

1652년은 밀턴에게는 시련의 시기였다. 집필활동으로 시력에 손상을 입었고 『영국민을 위한 변호』를 출판한 후 채 1년이 지나기도 전에 시력을 완전히 상실했다. 또한 첫 번째 부인 메리(Mary)와 어린 외아들 존(John)까지 사망하였다. 그러나 이러한 상황에서도 밀턴은 계속해서 편지와 협상을 준비하고 번역하는 일을 수행했다. 1653년에 올리버 크롬웰과 군대는 잔부의회가 개혁을 추진하는 데 능력이 부족하다고 여겨 의회를 해산시켰다. 지명의회(Nominated Parliament) 혹은 베어본즈의회(Barebones Parliament)로 반년간의 정치적 실험을 거친 후에 영국은 지금까지와는 다른 새로운 정부 형태를 택하기 시작하였다(Fallon 18). 이에 크롬웰은 호국경에 취임하고 명칭만 다를 뿐 군주와 다름없는 권력을 위임받게 된다.

4) 『영국민을 위한 두 번째 변호』

밀턴은 살마시우스의 응답을 계속 기다리고 있었지만 그는 1653년 9월에 사망하였다. 그러나 전제군주의 폐위와 처형에 관한 논쟁은 살마시우스의 죽음 이후에도 계속되었다. 1652년에 헤이그(Hague)에서 살마시우스를 옹호하고 국왕 살해의 정당성을 주장한 밀턴을 공격하는『영국 국왕 살해에 대해 왕의 피가 하늘에 부르짖는 호소』(*The Royal Blood crying to Heaven for Vengeance on the English Parricides*)라는 라틴어로 된 작은 책자가 블락(Adriaan Vlacq)에 의해 출판되자 밀턴은 이에 대응하는 글을 쓰도록 국무회의로부터 명령을 받았다. 익명으로 출판했지만 이 책의 실제 저자인 영국의 왕당파 목사 두 물랭(Peter du Moulin)이 자신의 책에 공격을 가해 오자『영국민을 위한 변호』의 성공으로 살마시우스를 완파하고 사기가 높아진 밀턴은 열정적으로 반박함으로써 국제적인 논쟁을 계속 이어간다. 밀턴이 새로운 공격에 대한 논박을 요청받았을지라도, 그해 초반에 완전히 실명을 했기 때문에 그 책을 읽을 수가 없었다. 설상가상으로 그의 아내와 15개월 된 아들이 연달아 죽음을 맞이한다. 이러한 상황에서 그의 다음 작품 활동은 어느 정도 지연될 수밖에 없었을 것이며, 밀턴은 그런 지연에 대해서 어떤 개인적인 핑계도 대지 않았다. 호국경 체제가 시작된 초기의 몇 달 동안 집필하여 1654년 5월에 출판된『영국민을 위한 두 번째 변호』에서 밀턴은 "독설과 자서전적인 자기 정당화와 찬사, 냉철한 정치적 충고를 절묘하게 섞어서"(Loewenstein, Milton's Prose 99) 응수하였다.

『영국민을 위한 변호』가 군주제를 대신하여 수립된 공화정 정부에 대한 외국의 공격에 맞선 대응이라고 한다면,『영국민을 위한 두 번째 변호』는 이를 뒤이은 호국경 정치(Protectorate)에 쏟아진 비난에 대한 응답이다. 이 당면한 외교적 위기 상황을 맞이해서 밀턴은 자신의 정치 철학에 따라 보다 분명하게 정부의 형태에 대한 주장을 펴고 있다. 당시 영국 공화국은 스웨덴과 처음부터 우호적인 관계를 유지하고 있었다. 밀턴은 스웨덴의 크리스티나 여왕이 자신의 첫 번째 라틴어 변호에 대해 공감을 표현하고 살마시우스에 대해서는 반감을 표했다는 사실을 알았다. 이에 두 번째 라틴어 변호에서는 폭군과 선한 왕을 분명하게 구별 지으며, 영국 공화국은 좋은 왕과 논쟁하는 것이 전혀 아니라는 사실을 강조하면서 여왕을 훌륭한 왕의 표본으로 삼아 찬사를 표하고 있다(Corns, Commonwealth 34-35).

『영국민을 위한 두 번째 변호』는 『아레오파기티카』처럼 긴 연설문의 형식을 취하고 있다. 밀턴이 모방했던 것은 아테네의 데모스테네스(Demosthenes)와 로마의 키케로였다. 그러나 그는 출판의 힘을 통해 아테네의 시민이나 로마의 의원으로 연설하는 것이 아니라, 유럽의 모든 영향력 있는 사람과 도시, 국가에 대해 유럽 전체를 대상으로 하여 연설하는 자신을 상상하는 듯하다. 밀턴은 이 책에서도 『왕의 피가 하늘에 부르짖는 호소』의 국왕 살해에 대한 비난을 조목조목 반박했다. 이 책자는 밀턴을 "끔찍스럽고, 못생기고, 거대하며, 판단력을 상실한 괴물"(A monster, dreadful, ugly, huge, deprived of sight; *CPW* 4.1. 582)이라고 비난하였는데, 밀턴 역시 착각인지 실수인지는 몰라도 이 책의 저자를 모어(Alaxander More)라고 생각하여 "어떤 모어"(a certain More)라고 일컬으며 "믿을 수 없고, 반역적이며, 은혜를 모르고, 상스러운 말을 뱉으며, 늘 사람을 헐뜯기 좋아하는"(faithless, treacherous, ungrateful, foulmouthed, a consistent slanderer of men and of women; *CPW* 4.1. 564) 인물로 묘사하며 그의 추악한 행동을 고발하고 있다.

익명으로 출판된 『영국 국왕 살해에 대해 왕의 피가 하늘에 부르짖는 호소』의 저자는 1653년에서 1654년 초에 정부의 스파이들과 밀턴의 유럽 정보원에 의해서 모어의 작품으로 잘못 알려졌다. 말하자면 밀턴은 『영국민을 위한 두 번째 변호』에서 비난을 받을 대상자가 아닌 다른 남성을 공격한 것이다. 실명한 밀턴에게 유럽의 정보원은 모어에 대한 정확한 정보를 제공해 주었다. 밀턴은 그 정보원에게서 책의 진짜 저자가 성공회 목사이며 신학자인 두 물랭이라는 사실을 들은 이후에도 모어를 공격했다는 것이 흥미롭다. 모어는 책의 저자는 아니었지만 살마시우스의 피보호자였으며 그 집안과 절친한 사이였다. 1670년대에 이르러 두 물랭은 자신이 『영국 국왕 살해에 대해 왕의 피가 하늘에 부르짖는 호소』를 썼음을 인정하였다. 그리고 살마시우스가 죽지만 그때는 이미 밀턴이 모어에 대해 심하게 공격을 한 후였다. 『영국민을 위한 두 번째 변호』에는 동성애 취향의 살마시우스와 모어의 관계, 임신 시키고 버린 여성, 그리고 아이들에 대한 양육비 지원 문제 등에 대한 언급이 나오는데, 이러한 사실을 고려해 볼 때 모어는 분명 건달이었음이 틀림없다.

출판과 관련된 국제적인 사건은 저속하고 우스꽝스런 공박의 장이 되고 있었다. 자신의 실명이 도덕적인 비열함 때문이라는 비난에 대해 밀턴은 모어의 도덕성을 신랄하게 공격한다. 공교롭게도 모어의 이름은 라틴어로는 "Morus"로 "뽕나무"나 "멍청이"를 뜻하고, 그리스어로는 "바보"라는 의미였다. 또한, 그에게 버림받았던 여인은 본티아(Bontia)라는 이름의 여인이었는데, 밀턴은 이 이름을 라틴어에서 교황과 관련 있는 폰티아(Pontia)라고 이해했다. 모어(Morus)가 무어인이고 뽕나무라면, 폰티아는 여성의 성기에 대한 속어인 무화과를 의미하는 것이 된다. 밀턴은 가능한 모든 펀(pun)을 활용해서 모어를 조롱한다. 이 글은 스타일 면에서 밀턴이 『영국 국왕 살해에 대해 왕의 피가 하늘에 부르짖는 호소』에서의 인용과 그에 대한 냉소적인 언급, 고전적 암시, 지칠 줄 모르는 독설, 신랄한 펀을 사용하면서 질문과 답변을 섞어서 상당히 복잡하게 구성되어 있다. 모어가 살마시우스의 하녀를 꾀어서 임신시켰다는 소문 역시 사실이었다고 한다. 이 소책자에서 밀턴의 유머는 익살맞았으며, 상스럽고 외설적이라고 생각할 수도 있겠지만 아주 창의적이었다. 팰런은 밀턴이 이러한 장문의 소책자를 구술하여 작성하면서 이후에 쓸 위대한 시에 필요한 기술을 연마했을 것이라고 추측한다(20).

『영국민을 위한 두 번째 변호』에서 밀턴은 크롬웰과 페어팩스(Thomas Fairfax)를 비롯해 영국혁명을 주도한 지도자들의 인격과 업적을 칭송하고 있다. 그의 팸플릿은 고등법원장으로서 용감하게 왕을 재판한 열렬한 공화국 지지자 브래드쇼(John Bradshaw)와 1653년 12월 권력을 장악한 새로운 호국경 체제의 지도자인 크롬웰을 포함한 많은 혁명 지도자와 경건한 의원들의 영웅적인 업적을 찬양한다. 따라서 『영국민을 위한 두 번째 변호』는 로웬스타인의 표현을 빌리면 “혁명을 신화로 만들기 위한 격론의 장”이 되었다(Milton's Prose 99). 이 글에서 논객 밀턴은 자유를 쟁취하기 위해 무장하고 동지들의 영웅적인 행위를 칭송하는 문학적 기념비를 창조하는 서사 시인인 자신을 기사도 정신이 투철한 용감한 전사로 묘사한다 (*CPW* 4.1. 684-85).

『두 번째 변호』는 밀턴이 젊은 시절 한때 계획했던 전설적인 영국의 역사에 기초한 것이 아니라 혁명이라는 신나는 사건들과 그 주요 인물에 근거한 서사시를 쓰고자 하는 충동을 드러내고 있다. 그가 찬사를 바친 페어팩스 장군은 1645년에 신형군의 총사령관이 되어 그해 찰스 1세의 군대와 싸워 승리를 거둔 유명한 인물이다. 왕당파들이 1648년에 켄트(Kent)와 에섹스(Essex) 지방에서 반역을 일으켰을 때 이들을 진압한 의회파의 탁월한 전략가이며 청교도혁명에 크게 기여한 인물인 그는 전투를 수행하면서 자신의 안전을 돌보지 않는 불굴의 용기와 리더십으로 부하들에게 강한 인상을 남긴 뛰어난 지도자였다. 밀턴은 『영국민을 위한 두 번째 변호』에서 그를 최고의 용기와 지고한 불굴의 정신을 겸비한, 흠 없는 순수성을 지닌 인물로 칭송하고 있다. 평소에 찰스의 처형을 반대했던 페어팩스는 국왕이 처형되자 1650년 공직을 물러나 야인의 생활로 돌아갔지만, 밀턴은 그를 야망의 불길과 영광에 대한 욕망을 극복한 훌륭한 인물로 높이 평가하고 있다(*CPW* 4.1. 637-38, 669-70).

그러나 가장 높은 칭송은 크롬웰에게 바쳐졌다(*CPW* 4.1. 675-78, 666-72). 밀턴은 크롬웰이 탁월하고 거의 초인적인 미덕을 지녔을 뿐만 아니라 자신에 대해 완벽하게 알고 있을 만큼 수양이 된 군인이라며, 조국을 위해 승리를 거둔 업적을 높이 평가한다. 그러면서 그야말로 정부를 이끌고 나라를 구할 유일한 지도자이자 장군이라고 기대를 표하고 있다. 그는 "크롬웰이여, 우리는 모두 버림받았습니다! 당신 홀로 남았습니다. 당신에게 우리의 모든 짐이 내려졌습니다. 그들은 당신만 의지합니다"(Cromwell, we are deserted! You alone remain. On you has fallen the whole burden of our affairs. On you alone they depend; *CPW* 4.1. 671)라고 말하고 있다. 밀턴은 크롬웰을 지치지 않는 군사적 영웅(military hero)의 전형이면서 개신교에 헌신하는 청교도 성자로 표현한다. 국부(the father of your country; *CPW* 4.1. 672)로 일컬어질 정도로 묘사되는 크롬웰의 공적은 영국 왕들의 업적뿐만 아니라 심지어는 영국 영웅들의 전설을 능가하였다. 더구나 밀턴은 자신의 개인적 위기와 시련을 크롬웰과 국가의 그것과 동일시하면서, 1652년 자신이 완전히 실명하게 된 것이 국왕 살해를 정당화하는 데 앞장섰기 때문에 신이 벌을 내린 것이라며 그를 폄하하는 왕당파들과 맞서 열정적으로 자신을 변호한다. 영웅적이고 혁명적인 논쟁가인 밀턴은 자신의 실명은 신성함의 표시이자 내면적인 깨달음을 보여 주는 것이라며 스스로를 "순수하고 영예로운 삶"(a pure and honorable life; *CPW* 4.1. 611)을 산 비난할 수 없는 인물로 표현한다. 그는 크롬웰처럼 지치지 않고 글을 썼으며 논쟁을 통한 싸움에서 큰 위험을 기꺼이 무릅썼기 때문이다. 로웬스타인은 『영국민을 위한 두 번째 변호』가 "역사에 대한 서사시적 비전과 개인적 드라마"를 성공적으로 잘 결합했다고 말한다(Loewenstein, *Drama of History* 171). 그러나 이러한 결합이 성공적일지라도 밀턴이 자신의 미덕을 과장되게 묘사하는 부분에서 찰스의 전례를 따르고 있다는 비난은 피할 수 없다. 실명과 가족의 죽음으로 고독한 상황 속에서 밀턴은 그에 대한 보상 심리로 자신의 성취를 과장했을 수도 있다. 살마시우스에게 승리한 것에 관한 밀턴의 설명은 『영국민을 위한 두 번째 변호』와 「소네트 22번」에서 명확하게 드러나는데, 그는 자유의 옹호자로서 자신이 획득한 명성에서 위안을 받았다.

국왕 처형의 정당성을 옹호하는 이념적 원리로 의회로 대표되는 국민주권의 원칙을 제시했던 밀턴은 호국경 체제로 정부 형태가 바뀌자 박은미의 지적처럼, 이 체제를 공화주의적 관점에서 어떻게 정당화할 것인가 하는 문제로 곤혹스러워 했던 것 같다(2004, 81). 왜냐하면 이 체제는 왕이 아닌 호국경을 중심으로 하고 있으며 선출직 의원으로 구성된 의회 등 공화국의 골격을 지니고 있음에도 불구하고, 호국경이 현실적으로는 왕과 다름없는 막강한 권력을 행사하였기 때문에 공화주의자들의 일각에서는 이 체제가 왕정으로의 회귀가 아닌가 하는 우려가 엄연히 존재했기 때문이다. 이런 맥락에서 밀턴은 "당신은 국부와 같은 어떤 칭호를 취하셨습니다"(you assumed a certain title very like that of father of your country)라고 하면서 크롬웰이 호국경이라는 새로운 칭호로 불리게 된 것에 대해 걱정스러운 마음을 드러내고 있다. 이어서 그는 "한층 위대한 탁월함으로 당신은 왕이란 칭호를 물리쳤는데 그렇게 하시길 잘하셨습니다"(The name of king you spurned from your far greater eminence, and rightly so; *CPW* 4.1. 672)라고 말한다. 이는 밀턴이 1653년 12월 여러 군 장교들이 몰려가서 크롬웰에게 왕의 칭호를 수락하도록 요청한 사실을 잘 알고 있었음을 보여 주는 부분이다. 이런 우려되는 상황에도 불구하고 밀턴은 "만약 공화국이 실패로 돌아간다면, 말하자면 순식간에 사라져 버린다면, 이 나라에 이보다 더 큰 수치와 치욕은 없을 것이다"(If the republic should miscarry, so to speak, and as quickly vanish, surely no greater shame and disgrace could befall this country; *CPW* 4.1. 673)라고 말함으로써 호국경 체제가 안정적으로 유지되고 지속되기를 바라는 간절한 마음을 표현하고 있다.

그러나 밀턴은 바로 이어서 크롬웰에게 조국의 자유가 달려 있으므로 이 조국의 기대와, 자유를 위해 그와 함께 용감하게 싸운 전우들의 부상과, 그 자신의 명예를 존중할 것을 간곡한 어조로 권고한다. 그는 정치적인 자유가 전쟁과 대단히 충격적인 개혁을 통해서 힘들게 얻어진 것이라 할지라도 여전히 상처받기 쉬운 것임을 상기시킨다. 밀턴은 정치적 자유를 위해서는 내적으로 고군분투해야 할 뿐만 아니라 평화의 시기에는 힘든 시련이 앞에 있기 때문에 늘 깨어 있어야 한다고 크롬웰과 그의 동료들에게 충고하고 있다. 이들은 교회와 정치(국가)를 분리시키고, 법을 축소하고 개혁하며, 젊은이들의 도덕과 교육에 관심을 가지고, 보다 개방된 언론을 가능하게 하고, 자유로운 양심을 보호하며, 당파를 삼가고, 왕당파의 어리석음과 지나침에 굴복하지 않고 저항해야 하며, 부패하고 무능한 사람이 정부에서 권력과 영향력을 갖게 하는 다른 악들과도 싸워야 한다고 강조한다.

밀턴이 『두 번째 변호』에서 크롬웰 정부를 지지했는지 여부에 대해서는 학자들 간에 의견이 분분하다. 그가 공화국 정부를 직접적으로는 아니더라도 은밀히 비판하거나 적어도 유보적인 입장을 취했건 비판할 의도가 전혀 없었건 간에, 로웬스타인은 실험적인 호국경 체제하에서의 불안정한 정치적 상황에 대한 현실적인 평가와 능숙한 찬사가 잘 조화된 글로 『두 번째 변호』를 평가한다(Milton's Prose 100). 박은미는 밀턴이 "단순히 지지의 차원을 넘어 그 정부를 정당화하는 작업에 암묵적으로 참여하고 있었던 것으로 판단"(2004, 79)하고 있다. 이렇게 보는 근거는 밀턴의 산문이 크롬웰 정부의 이익을 대변하고 선전하는 역할을 한 것이 아니라 정부 형태의 변화를 공화주의적으로 정당화하는 일에 연루되어 있다고 보기 때문이다. 수많은 급진적인 청교도들이 희망을 가지고 크롬웰 정부를 지켜보고 있었으며, 밀턴도 그들 중 한 명이었다. 마블(Marvell)과 위더(George Wither), 그리고 네담(Marchamont Nedham)과 같은 그 당시의 많은 저명한 작가들처럼 밀턴은 자신의 뛰어난 문학적인 재능을 통해 그 공화정부를 지지하고 국내외적으로 그 적들과 맞서서 아직 불안정한 정부의 권위를 지키는 데 도움을 주었다. 『두 번째 변호』는 밀턴이 실명 이후에도 유럽의 정치계에 성공적으로 합류하고 있음을 보여 주며, 이는 공화정에서 그의 유용성을 평가하는 데도 영향을 끼쳤을 것이다.

밀턴은 『두 번째 변호』와 소네트에서 오직 조국과 자유의 수호를 위해 일관되게 살아온 자신의 삶과 시력의 상실을 영웅적으로 과장해서 제시하는 측면이 있다. 하지만, 그는 자신의 동포들이 투사에 대해서 기꺼이 주목해 줄 것이라는 잘못된 희망을 품었다. 한때 저명했던 잉글랜드의 옹호자는 "눈먼 안내자"로 거부당했으며, 그를 반대하는 사람들은 찰스 2세가 왕위에 올랐을 때 밀턴이 반역에 앞장섰다는 이유로 처형되는 것을 보고 싶어 했다. 그러나 밀턴은 살아남아서 패배의 시련 속에서도 자신의 가장 위대한 역작을 집필한다. 그는 자유의 선지자로서의 이미지를 한결같이 유지했으며, 1688년에 이르러서도 여전히 군주가 신성한 권리를 지닌다는 생각에 반대했다. 그리고 그의 정치적인 연설은 북미와 프랑스에서 공화국 혁명을 불러일으켰다. 동포의 버림 속에서도 밀턴의 이미지와 명성은 살아남았으며, 밀턴 자신도 이를 예측하고 있었다.

밀턴은 자유를 지키려는 자신의 고귀한 사명에 대한 신념에 관하여 『영국민을 위한 두 번째 변호』에서 "헤라클레스(Hercules)의 기둥에서부터 인도양에 이르기까지, 나는 온 땅의 열방들이 그토록 오래 잃어버렸던 자유를 회복하는 것을 본다"(Now, surrounded by such great throngs, from the Pillars of Hercules all the way to the farthest boundaries of Father Liber, I seem to be leading home again everywhere in the world, after a vast space of time, Liberty herself, so long expelled and exiled; *CPW* 4.1. 555)라고 말한 바 있다. 이 글에서 밀턴은 실명이 누구에게나 일어날 수 있는 일이며, 역사상 위대하고 덕망 높은 사람들과 시인들 가운데도 장님이 많았음을 티레시아스(Tiresias)와 티몰레온(Timoleon) 등의 실례를 들어 주장한다. 또한 그는 시민의 자유와 종교적 자유를 확장하는 일이 자신의 의무라는 확신과 애국심, 그리고 이를 위한 사심 없는 열정 때문에 이를 위해 노력했으며, 자신의 야망을 이루거나 어떤 이익을 얻거나 칭찬을 듣기 위한 생각은 추호도 없었다고 강변한다. 밀턴은 1649년에 발표된 살마시우스의 『왕의 옹호』에 대응하는 글을 써 달라는 부탁을 국무회의로부터 받았을 때 실명을 할지도 모른다는 의사의 강력한 만류와 경고에도 불구하고 1651년에 라틴어로 된 『영국민을 위한 변호』를 쓰게 된 경위를 『두 번째 변호』에서 자세히 밝히고 있다. 그는 실명하느냐 자신의 의무를 저버릴 것이냐 하는 선택의 기로에서도 그의 확고한 결단은 흔들리지 않았다면서, 델피(Delphi)에서 신탁을 받았을 때의 아킬레스(Achilles)의 심정을 예로 들며 감동적인 어조로 심경을 토로하고 있다(*CPW* 4.1. 588).

두 가지 운명이 나를 밤의 영역으로 인도할 것이다.
만약 여기 머문다면 트로이의 성벽 주변에서 나는 싸우게 될 것이고,
사랑하는 조국에는 다시는 돌아가지 못할 것이지만,
영원한 영광이 나의 유골을 장식할 것이다.
그러나 만약 내가 전투에서 물러선다면
내 명성은 짧지만, 내 생명은 길 것이다.

Two fates may lead me to the realms of night;

If staying here, around Troy's wall I fight,
To my dear home no more must I return;
But lasting glory will adorn my urn.
But, if I withdraw from the martial strife,
Short is my fame, but long will be my life. (*Iliad*. IX, 410-16)

아킬레스처럼 밀턴도 길고 따분한 삶을 살 것이냐, 아니면 짧고 영광스러운 삶을 살 것이냐 하는 선택의 갈림길에 섰을 때, 기꺼이 조국을 위해 실명을 택했다고 담담히 밝히고 있는 것이다. 계속해서 밀턴은 『두 번째 변호』에서 많은 사람들이 많은 악으로 작은 선을 사고 죽음으로 영광을 사지만, 자신은 실명이라는 값만 치르고 영광스러운 임무를 완수할 수 있었으니 이들과 정반대로 작은 고통으로 큰 선을 산 것이라고 겸손하게 말한다. 밀턴은 눈이 멀었다고 그를 욕하는 많은 이들이 눈은 떠 있지만 마음에 구름이 드리워 이성과 양심의 빛을 보지 못하는 데 반해, 자신은 사물의 다채로운 외양을 보지 못하지만 그 사물의 본질적이고 참된 면을 지적인 비전으로 볼 수 있다면서, 약할수록 강하고 보지 못할수록 밝히 본다는 역설로 자신의 실명을 강하게 변호하고 있다.

여기서 잠시 밀턴이 쓴 소네트 가운데 자신의 실명에 대해 노래한 두 편을 읽어 보기로 하자. 「소네트 19번」은 밀턴이 완전히 실명한 직후인 1652년에 창작된 것으로 보인다. 이 소네트에서 밀턴은 실명이 작가로서의 자신의 삶에 어떤 영향을 미칠 것인지에 대해 의아해하면서 마음의 갈피를 잡지 못하는 모습을 보인다.

이 어둡고 넓은 세상에서 반생애도 되기 전에
  나의 눈에서 빛이 소진된 것을 생각할 때,

그리고 그것을 숨기는 것이 곧 죽음인 한 달란트
비록 그것으로 조물주를 섬기고, 그분이 돌아와 꾸짖지 않도록
나의 계산서를 제출하는 일에 내 마음을 쏟긴 했지만,
이제는 아무 쓸모없는 것이 되었음을 생각할 때
나는 어리석게 묻는다. "하나님은 빛을 허락하지 않고서도
낮일을 강요하실까?"라고. 그러나 인내는 그 불평을
가로막고 곧 대답한다. "신은 인간의 업적이나
인간의 재능을 원치 않으신다. 그의 가벼운
멍에를 잘 짊어지는 자가 그를 잘 섬기는 것.
그의 나라는 왕국. 수천의 천사들은 그의 명에 따라
달리며 육지나 대양을 넘어 쉴 새 없이 전한다.
다만 서서 기다리는 자가 또한 섬기는 것이니라."

When I consider how my light is spent,
Ere half my days, in this dark world and wide,
And that one Talent which is death to hide,
Lodg'd with me useless, though my Soul more bent
To serve therewith my Maker, and present
My true account, lest he returning chide;
"Doth God exact day-labor, light denied,"
I fondly ask; But patience to prevent
That murmur, soon replies, "God doth not need
Either man's work or his own gifts; who best
Bear his mild yoke, they serve him best; his State
Is Kingly. Thousands at his bidding speed

And post o'er Land and Ocean without rest:
They also serve who only stand and wait."

이처럼 의문으로 가득 차 있으며 끊임없이 자신이 처한 상황에 대한 애매모호한 생각이 이어지고 있는 「소네트 19번」은 이보다 3년 늦게 쓰인 「소네트 22번」과 여러 면에서 대조를 이룬다. 「소네트 22번」은 자신의 절친한 친구 시리악의 이름을 부르며 시작하므로 그에 관한 시인 것 같지만 사실은 자신과 자신의 실명이 주제라고 할 수 있으며, 그와 동시에 밀턴의 다른 많은 소네트처럼 명예나 위대한 명성을 다루고 있다.

시리악이여, 이 3년이라는 세월에 이들 눈은 비록
  겉보기에는 흠이나 점도 없이 맑아 보이지만
  빛을 빼앗겨 보는 것을 잊어버렸다오.
  헛되이 움직이는 동공에 일 년 내내
해도 달도 별도, 그리고 남자도 여자도 그 모습을
  드러내지 않는구려. 그래도 나는 하늘의 손과 뜻에 대항하여
  따지거나, 용기나 희망을 조금도 잃지 않고,
  묵묵히 참고 앞으로 곧장 나아갈 따름이라오.
무엇이 나를 버티게 해 주느냐고 그대 묻는가요?
  친구여, 그건 나의 숭고한 사명인 자유를 수호하느라
  너무 바삐 일하다가 시력을 잃어버렸다는 의식이라오.
이에 대해 온 유럽이 여기저기서 말하고 있지요.
  이보다 더 나은 인도자가 없다면 눈은 멀었지만 만족하며
이 생각에 이끌려 세상의 헛된 가장무도회를 지나가리라.

Cyriack, this three years' day these eyes, though clear
  To outward view of blemish or of spot,
  Bereft of light thir seeing have forgot;
  Nor to thir idle orbs doth sight appear
Of Sun or Moon or Star throughout the year,
  Or man or woman. Yet I argue not
  Against heav'n's hand or will, nor bate a jot
  Of heart or hope; but still bear up and steer
Right onward. What supports me, dost thou ask?
  The conscience, Friend, to have lost them overplied
  In liberty's defense, my noble task,
Of which all Europe talks from side to side.
  This thought might lead me through the world's vain mask
  Content though blind, had I no better guide.

1655년에 쓴 이 시는 완전히 실명한 지 3년이 지난 시점에서 자신의 실명에 대한 세간의 공격과 비난에 맞서 자신을 변호하는 내용이다. 밀턴은 자유를 수호하는 숭고한 일을 하느라 시력을 잃었기 때문에 실명한 일에 대해 전혀 후회하지 않는다고 친구에게 말하는 투로 주장하고 있다. 어조는 매우 직접적이고 머뭇거리는 기색이 전혀 없으며, 더 이상 "하늘의 손과 뜻에 대항하여/ 따지거나" 희망을 잃고 좌절하는 모습을 보이지 않고 묵묵히 신의 뜻에 따르고 있다. 이 6행 중간에 긴 휴지(caesura)를 둔 뒤에 밀턴은 "그래도 나는 하늘의 손과 뜻에 대항하여/ 따지거나, 용기나 희망을 조금도 잃지 않고,/ 묵묵히 참고 앞으로 곧장 나아갈 따름"이라며 자신의 영웅적인 결단을 밝히고 있다. 자신의 실명을 이야기하면서 밀턴은 변함없는 신의 은총과 보호를 강하게 의식하고 있음을 알 수 있다.

시인은「소네트 22번」의 9행에서 "무엇이 나를 버티게 해주느냐"는 물음에 그건 "나의 숭고한 사명인 자유를 수호하느라/ 너무 바삐 일하다가 시력을 잃어버렸다는 의식이라오"라며 자신의 실명을 마치 전쟁터에서 입은 부상과 같이 이야기하고 있다. 이는 밀턴 자신이 조국의 정치적·종교적 자유를 변호하느라 너무 많은 글을 읽고 써서 실명하게 되었음을 암시하는 구절이다. 그는 이 소네트에서 실명하였음에도 불구하고 좌절이나 분노를 느끼지 않고, 자신의 산문을 통하여 전 세계의 독자들 앞에서 신이 자신에게 부여한 명령인 영국을 변호하는 일을 완수하였다는 기쁨을 노래하고 있다.

이 시에서 "헛되이 움직이는 동공에 일 년 내내/ 해도 달도 별도, 그리고 남자도 여자도 그 모습을/ 드러내지 않는구려"라는 구절은『실낙원』제3권 시작 부분의 기원(invocation)을 연상시킨다(*PL*, III. 21-26; 40-55). 일반적으로 "빛에게 하는 말"(Address to Light)로 일컬어지는 이 기원은 시 전체에서 가장 솔직하고 개인적인 내용을 담고 있으면서도, 신학적·철학적·예술적 의미에서 가장 깊이가 있고 밀턴 자신의 실명과 같은 자전적인 요소가 많이 들어 있다. 시인은 여기서 자신이 시력을 상실했기 때문에 거의 어떤 시인도 이전에 시도해서 성공하지 못했던 신을 묘사하는 작업이 가능하게 된 것이라고 생각하면서, 실명을 신의 은총으로 여기고 있다. 밀턴은 이처럼 "인간의 눈으로는 볼 수 없는 것들"이기에 감히 생각하지도 못했던 일을 자신이 실명했기 때문에 오히려 할 수 있게 되었음을 감사하고 있다. 하늘을 원망하지 않고 묵묵히 자신의 신념을 위해 나아가는 시인에게서 불행을 당했을 때도 아내와 친구들의 비난과 부당한 대우를 꿋꿋이 견디는 성경의 욥(Job)의 믿음을 엿볼 수 있다.

그리스 비극의 형식을 취하고 있는 1671년에 출판된 극시『투사 삼손』

역시 시력을 빼앗긴 채 노예 상태로 전락한 삼손의 모습에서 왕정복고 후의 밀턴의 모습을 찾아볼 수 있다. 자기희생을 통해 이스라엘을 구하려 했던 삼손은 그리스도의 전형인 동시에, 전제왕정과 불신앙으로부터 영국 민중을 해방시키려 했던 '투사 밀턴' 자신과도 평행을 이루고 있다. 왕정복고로 적들에게 둘러싸인 눈먼 밀턴의 고통에 찬 절망적 절규가 삼손의 비탄을 통해 그대로 전달되고 있다(*SA*, 67-76; 80-95; 101-2). 시력을 상실한 것을 무엇보다 한탄하며 슬픔을 토로하면서 삼손은 "온갖 기쁨의 대상도 다 사라져 버렸네"(all her various objects of delight Annull'd)라며, "인간이나 버러지 중 제일 비천한 것보다"(Inferior to the vilest now become Of man or worm) 못한 자신의 처지에 괴로워한다. 그는 매일 "기만과 멸시, 욕설과 학대에 노출되어 있다네"(expos'd To daily fraud, contempt, abuse and wrong)라며 왕정복고 이후 자신이 겪고 있는 비참한 상황을 이야기하고 있는 듯하다. 당시의 정치현실은 왕정이야말로 지상낙원이라고 믿는 왕당파들이 판치고 있었는데, 이에 대항해야 할 밀턴은 육체적으로 눈멀고 고독에 사로잡혀 있었으며 정신적으로는 혁명 실패의 충격에 휩싸여 있었던 것이다. 모든 정치적 꿈과 이상이 무너져 버린 지금 삼손과 밀턴은 "내 자신이 무덤이니, 움직이는 무덤이라네"(Myself, my Sepulcher, a moving Grave)라고 절규하면서 몸부림치고 있는 것이다.

5)『세속 권력론』

모어(Alexander More)에 대해 심한 인신공격을 가한 1655년의 팸플릿『두 번째 변호』이후 공적인 논쟁에 참여하지 않던 밀턴은 공위기간(Interregnum) 마지막 2년의 불안정한 시기에 다시 글을 발표하기 시작한다. 1658년 9월 올리버 크롬웰이 사망한 후 정치적인 격변의 시기가 뒤를 이었다. 리처드 크롬웰의 호국경 체제는 군은 물론 이보다 더 급진적인 독립파에게도 적대감을 불러일으켰으며 단명으로 끝났다. 잔부의회가 1659년 5월에 다시 권력을 쥐었지만 이전과 마찬가지로 인기가 없었고 무능함이 입증되었다. 잔부의회는 장교들을 파면하고 전국에 작은 수비대로 나누어 배치함으로써 군대를 마비시키려고 했다. 스코틀랜드의 지휘관인 몽크(George Monck) 장군은 이것을 부정적으로 생각하여 자신의 군대를 이끌고 남쪽으로 가면서 여론을 분석하였다. 런던에 도착했을 때 그는 국민이 잔부의회를 매우 불신한다는 사실을 알게 되자 의회가 스스로 해산할 것을 강요하고 새로운 선거를 하도록 했다. 이것은 군주제를 회복하는 결과를 불러왔다. 왕에 대한 대중의 그리움과 열렬한 지지가 점점 커 가던 차에 새로 선출된 의회는 1660년 5월에 마침내 망명 중이던 찰스 2세를 불러들이게 된다. 공위기간 말기에 이처럼 상황이 과거의 왕정으로 돌아가고 공화정이 내걸었던 '선한 옛 대의'(Good Old Cause)도 실패로 돌아갔음에도 불구하고, 밀턴의 급진적인 종교적·정치적 목소리는 여전히 변하지 않았으며 어떤 점에서는 더욱 과격해졌다.

1659년 밀턴이 발간한 두 권의 책들에서 그의 급진적인 사상은 절정에 다다른다. 이 가운데 『세속 권력론』(*A Treatise of Civil Power*)은 리처드 크롬웰의 보수적인 개신교 의회에 보낸 글이고, 『고용 성직자 퇴출 방안』(*Considerations Touching the Likeliest Means to Remove Hirelings out of the Church*)은 분파주의의 두려움이 고조되고 과격한 퀘이커 교도의 글과 같은 급진적인 내용의 소책자가 많이 발행되면서 조지 부스(George Booth) 등 친왕당파가 서서히 부상하던 시점인 8월에 발간되었다. 『세속 권력론』에서 밀턴은 교회의 어떤 권력이나 시민의 치안판사도 개인의 내면적인 신앙이나 양심에 제약을 가하고 강요하는 데 외부의 힘을 사용해서는 안 된다며, 인간 내면의 종교 문제에 대해 열정적으로 교회와 정치권력에 도전함으로써 급진적인 프로테스탄트의 성향을 드러내고 있다. 밀턴은 고결한 인격의 기준으로 "자유롭고 양심적인 고찰"(free and conscientious examination; *CPW* 7. 258)을 꼽았으며, 이는 또한 종교적 분파 문제와 관련해서 긴장이 악화되어 가던 혁명 기간 동안 그가 논쟁에서 중요하게 여긴 전략이기도 했다. 밀턴은 『아레오파기티카』에서 그랬듯이 이단자(heretic)를 성경에 근거하지 않은 사상이나 인간의 전통을 주장하는 자로 새롭게 정의하고, 이단(heresy)을 성경에 대한 자신의 양심적인 이해와 상반되게 믿음을 고백하는 것으로 새롭게 정의 내린다.

르왈스키는 『세속 권력론』을 "종교적인 관용에 대해서 침착하고 긴밀하게 추론하고 있는 논의"라고 요약한 바 있다(339). 이 팸플릿에서 밀턴은 이전의 입장을 다시 한 번 표명하고 있다. 수년 동안 실명인 상태였지만 밀턴은 1658년과 1659년 사이에 올리버 크롬웰이 죽기 이전까지 그를 위해서 국가의 중요 서한을 계속해서 번역했으며, 이 업무는 크롬웰의 후계자인 아들 리처드가 사임하고 공화정이 일시적으로 다시 시행될 때까지 계속되었다. 1659년 2월 16일에 밀턴은 『세속 권력론』을 『고용 성직자 퇴출 방안』과 함께 출간할 의도로 출판업자 조합에 등록한다.

몇 년간을 이혼 관련 주장 등 민주주의와 시민적 자유에 대해서 고심했던 밀턴은 『세속 권력론』에서 일반 대중의 자유를 위해 자신이 쉽고 평이하게 글을 쓰고 있다고 이야기한다. 밀턴은 소논문의 마지막 부분에서 자신이 소동을 일으키려고 하는 것이 아니라 평범한 원칙을 표명하고 있다고 밝힌다. 그의 평이한 스타일은 콘즈가 이야기하듯 "분주한 이가 분주한 이에게 말을 거는 자기 이미지"를 반영하고 있다(*Uncloistered Virtue* 271). 스타일은 평이하지만 밀턴의 학식과 성서에 대한 심오한 지식은 그의 주장을 통해 부각된다. 그의 언어는 간단할지 모르지만 지나치게 단순하지는 않다.

정치와 종교의 분리에 대한 밀턴의 확고한 입장은 『세속 권력론』에 잘 표현되어 있다. 종교적 관용 문제를 차분하고 조리 있게 다루고 있는『세속 권력론』은 브라운(Cedric Brown)이 언급한 바와 같이 양심의 자유에 대한 만년의 밀턴의 입장을 분명하게 보여 준다(145). 여기서 그는 어떤 통치자도 한 개인에게 그의 양심에 어긋나는 종교적 선택을 하도록 강요할 수 없으며, 교회와 정치는 분리되어야 한다고 강하게 주장한다. 밀턴은 인간 내면에서 비치는 신의 내적인 빛인 양심이 어떤 외적인 전통보다도 우월하고, 세속 권력은 종교적인 문제를 다룰 어떤 권한도 없으며, 만약 세속 권력이 종교적인 문제를 판단하고 개인의 양심의 자유를 제한한다면 그것은 바람직하지 않을 뿐만 아니라 잘못된 것이라고 주장한다. 이러한 생각은 제목인 '세속 권력론' 아래에 붙어 있는 "지상의 어떤 권력도 종교 문제에 대해 강요하는 것은 합법적이지 않다"(It is not lawfull for any power on earth to compell in matters of Religion)라는 부제에 해당하는 글귀에서 분명히 드러난다.『세속 권력론』에서 밀턴은 정신적인 문제와 내면적 종교에 관해서 열정적으로 교회 권력과 정치권력에 도전함으로써 급진적인 개신교 성향을 드러냈다. 기본적으로 밀턴은 어떠한 행정관도 개인이 자신의 양심에 반하여 종교적 선택을 할 것을 강요할 권리를 갖고 있지 않다는 입장을 고수한다. 개인에게 강요하는 법은 그 어떠한 법도 잘못된 것이다. 밀턴은 기독교 자유를 위해서 교회와 국가의 분리를 강력하게 주장한다. 또한 밀턴은 인간 속에 있는 신의 내적인 빛과 양심 같은 개인의 정신을 강하게 신뢰한다. 그는 "세속의 관료가 종교에 힘을 행사하는 것은 불법이다"(it is unlawfull for the civil magistrate to use force in matters of religion; *CPW* 7. 255)라는 주장을 거듭한다.

밀턴이『세속 권력론』에서 인간이 만든 법이나 조항보다 성령의 "내적인 설득력 있는 움직임"(inward perswasive motions; *CPW* 7. 261)의 인도를 강조한 것은 내적인 성령의 감동을 중시한 당시의 종교적 급진주의자들,

그 가운데서도 특히 퀘이커 교도들과 그가 밀접한 관계가 있었음을 보여주는 부분이다. 이는 훗날 밀턴의 후기 걸작인 『복낙원』에서 예수를 광야로 이끄는 강력한 움직임이나, 『투사 삼손』에서 팔레스타인의 다곤 신전에 들어가 이를 무너뜨리기 직전에 삼손(Samson)의 마음속에 일어나는 움직임 등에 나타난 급진적 영성주의(spiritualism)를 예고하는 것이기도 하다. 『세속 권력론』은 로웬스타인의 평가처럼 내적인 성령의 감동을 강조한 것이나, 인간이 제정한 예배 의식과 삶을 옭아매는 법으로부터의 자유를 강조하기 위해 성경 구절을 증거로 간단명료하게 인용한 것, 그리고 많이 배운 사제들에 대한 밀턴의 거부감을 나타내듯이 문체가 단순한 것 등을 두드러진 특징으로 한다(Milton's Prose 102).

밀턴의 구성은 『테트라코던』과 같은 형식을 취한다. 그는 성서 구절을 계속 언급하면서, 네 개의 긴 구절에서 4개의 중요한 논지를 주장한다. 양심은 어떠한 외부적이고 부과된 관습보다 중요하며, 시민권은 종교적인 문제에서 판단을 내릴 권리가 없다. 만약 시민권이 종교적 문제를 판단한다면 그것은 악한 것이 되고 말며, 인간의 양심의 자유를 제안한다면 시민권은 전적으로 무익하게 된다.

6) 『고용 성직자 퇴출 방안』

크롬웰은 밀턴의 충고에도 불구하고 폭군의 멍에를 안은 채 1658년 9월에 죽고, 이듬해 그의 아들 리처드 크롬웰(Richard Cromwell)의 몰락과 함께 호국경 제도는 끝나고 장기의회가 부활된다. 이에 밀턴은 1659년에 발표한 『고용 성직자 퇴출 방안』(*Considerations Touching the Likeliest Means to Remove Hirelings out of the Church*)에서 "이제 다시 우리에게 하나님의 경이로운 섭리의 신(新)새벽이 밝아, 짧았지만 명예롭지 못했던 중단의 밤은 지났다"(after a short but scandalous night of interruption, is now again by a new dawning of Gods miraculous providence among us; *CPW* 7. 274)며 의회가 자유를 회복시켜 줄 것이라고 환영한다.

『고용 성직자 퇴출 방안』은 올리버 크롬웰이 죽은 1658년 9월부터 1660년 5월 왕정복고 사이의 기간에 영국 정부가 어떤 형태를 갖춰야 할 것인가에 대한 대중적인 논의를 불러일으킨다. 이 팸플릿 역시 개인의 종교적 자유를 논하면서, 성직자의 생활을 지원하기 위하여 십일조 등을 세금과 같이 의무적으로 징수하는 데 강하게 반대한다. 밀턴은 이러한 현행 제도가 정부와 교회의 유착 관계를 조성함으로써 종교의 타락을 불러온다고 생각하여, 물질에만 눈이 어두운 탐욕스러운 고용 성직자를 배불리는 십일조와 기타 교회 수입의 폐지를 주장한다. 그는 보시(alms)를 받아 생활하거나 직업을 가지고 생활비를 벌면서 설교하는 순회 목사(itinerant preacher)를 가장 이상적인 형태의 성직자로 평가하고 있다. 이는 서홍원의 주장처럼 "가톨릭 교회나 영국 국교회, 그리고 장로교파 같은 조직적인 거대 교회를 은연중 반대하는 것"(184)으로서, 사람들이 지역 단위에서 자유롭게 교회를 세울 권리를 주장하는 급진적인 생각이다. 그러나 이러한 그의 주장은 왕정복고 이전 정치적 혼란의 시기에 별 주목을 받지 못했다.

급진적 프로테스탄트인 밀턴은 독립된 어떤 교파에 속하지는 않았으며, 국가 교회에 대해서는 강력히 반대하는 입장이었다. 『세속 권력론』과 『고용 성직자 퇴출 방안』은 프로테스탄트의 경험에 입각하여 교회의 역할을 무시한 것으로 유명하다. 국가가 뽑아서 임명한 성직자들의 생활비를 대기 위해 평신도의 수입의 십분의 일을 세금으로 내는 십일조 세에 대하여 강력히 반대할 뿐만 아니라, 고용 성직자를 늑대나 "탐욕스러운 개"(*greedy dongs*; *CPW* 7. 296)라고 신랄하게 공격을 퍼붓는 밀턴의 입장은 급진적인 분파주의자, 특히 퀘이커 교도들의 입장과 매우 유사하다. 퀘이커 교도들은 공공연하게, 전통적인 대학 교육을 받은 성직자들을 설교를 직업으로 삼는 고용인이나 위선자라고 맹렬히 비난했다. 십일조 세제는 영국혁명 기간에 가장 논란이 많았던 종교적 쟁점 가운데 하나였다. 밀턴은 내적으로 영감을 받은 성직자를 더 선호했지만, 성직 고용제를 없애고 바울처럼 아무런 대가를 받지 않고 복음에 대해 설교할 준비가 되어 있는 성직자를 찾는 일은 쉽지 않았을 것이다.

7) 『자유공화국 수립을 위한 준비되고 쉬운 길』

『자유공화국 수립을 위한 준비되고 쉬운 길』(*The Ready and Easy Way to Establish a Free Commonwealth: and the Excellence Thereof Compared with the Inconveniences and Dangers of Readmitting Kingship in this Nation*)은 1660년 2월 말경과 4월 초에 두 판으로 출간되었다. 초판은 아직 잔부의회가 존재할 때 뉴콤(Thomas Newcomb)이 3월에 인쇄하여 서적상인 채프먼(Livewell Chapman)이 판매하였다. 책의 출판은 상당히 급하게 진행되었기에, 책의 정오표 리스트가 책 광고와 함께 실렸다. 책은 당시에 일어나고 있는 사건에 보조를 맞추기 위해서 촉박하게 저술되었지만 아주 엄숙하면서도 대단히 감동적인 작품이다. 당시의 정치적 상황은 잔부의회의 평판이 좋지 않았을 때였으며, 공화국의 군대 지휘관들로 인한 동요가 일어나고 몽크(George Monck) 장군이 통솔하는 군대가 런던에 입성하는 등 불안한 형국이었다. 그해 1월과 2월 초에 몽크 장군은 공화정에 대한 지지를 거듭 표명하면서 군주제로의 복구를 반대했다. 그러나 그의 진짜 의도는 당대에나 오늘날의 학자들 사이에서 토론과 논쟁의 주제가 되고 있다. 밀턴의 팸플릿 제목은 종신직을 부여받은 의원들로 구성된 영구적이고 장기의회인 대의회(grand council)와 지역의회에 대한 밀턴의 계획을 지칭한다. 밀턴은 대의회의 의원은 훌륭한 절차에 의해서 추천과 선출로 선발되어야 한다고 생각했다. 그는 자신이 구상한 이상적인 대의회는 "그 구성원들이 맡은 직무에 대한 경험을 쌓게 함으로써 일의 능률을 제고할 뿐 아니라 국가운영의 단단한 기반을 형성함으로써 영국민이 염원했던 안정을 되찾을 수 있게 한다는 두 가지 장점이 있다"(서홍원 185)라고 생각했다. 그러면서 이 대의회를 "우리의 질환을 치유할 수 있는 가장 쉽고, 가장 바로 앞에 있는, 유일한 치료책"(most easie, most present and only cure of our distempers; *CPW* 7. 374)으로 제시하며, 이 기반 없이는 영국이 계속 변화의 풍파에 시달릴 것이라고 보았다. 밀턴은 자신이 제시한 모델이 준비되고 쉬운 것이라고 생각했을 수도 있다. 하지만 그는 2월 말경에 이르러 여론이 왕정을 원하는 쪽으로 돌아가자 자신의 계획을 이행하는 것이 불가능하다는 사실을 인식해야만 했다.

『자유공화국 수립을 위한 준비되고 쉬운 길』(이하 『준비되고 쉬운 길』로 표기함)의 초판에서 밀턴은 공화정이 지속되기를 바라는 희망을 몽크 장군에게 걸었다. 그러나 밀턴이 인쇄된 초판을 보기도 전인 2월 21일에, 몽크 장군은 이제는 피할 수 없게 된 찰스 2세의 왕위 복귀를 추진하면서 1648년의 프라이드의 숙청(Pride's Purge)에서 제외되었던 장로파 의원들을 복귀시킨다. 그리고 그는 왕정복고만이 혼란을 막을 수 있다는 판단 아래, 네덜란드 공화국에 머물던 찰스 2세와 비밀리에 연락을 취한다(박상익 310). 찰스 2세의 복귀를 도운 몽크는 당대의 가장 중요한 인물이며, 조국에 헌신한 용감하고 정직한 인물로 인식되었다. 밀턴도 1659년과 1660년 사이에 몽크가 시민과 종교의 자유를 지켜 낼 유일한 사람이라고 믿었지만 나중에 아주 실망하게 된다. 몽크의 중요한 역할을 알 수 있는 실제적인 역사적 상황 속에서 밀턴의 후기 정치적 산문을 고려하면, 밀턴이 주장한 공화주의와 그가 올리버 크롬웰을 거부한 사실을 두고 이루어진 최근의 평가는 상당히 복잡한 성격을 띤다. 상당한 내용이 증보된 재판이 4월 초에 나왔을 때 당국은 채프먼이 선동적인 자료를 출판한 것으로 간주했다. 그리고 재판의 출판자는 자신의 이름을 타이틀 페이지에 밝히려 하지 않았지만 밀턴은 용감하게 "J. M."이라고 밝힌다. 밀턴은 정치적 유명인에서 군주제 아래의 고립되고 위험한 처지로 전락한다. 공화정 정부에서 대변인 역할을 했던 그는 이제 새로운 정권이 들어서려는 위험한 순간에, 왕정으로 돌아갈 경우 처할 위험을 경고하며 국민들에게 공화정 수호를 훈계하는 예언자 역할을 하게 된 것이다. 『준비되고 쉬운 길』의 초판에서 밀턴은 다음과 같이 말한다.

> 이 외에도 만약 우리가 왕정으로 되돌아간다면 의심할 나위 없이 이내 후회하게 될 것이며, 그때 우리는 이전의 침입자들이 우리의 양심을 조금씩 잠식해 들어가는 것을 보게 될 것이다. 이런 일은 분명 이해관계에서 불가분적으로 하나로 엮여 있는 왕과 주교에게서 말미암는 것이다. 그러면 우리는 지금까지 싸워 왔던 모든 것을 상대로 다시 한 번 싸우지 않으면 안 될 것이고, 우리가 소모했던 모든 시간을 다시 소모해야 할 것이다. 그렇게 한다 하더라도 우리가 지금 향상시킨 수준까지, 우리의 자유를 회복시켜서 지금 누리고 있는 수준까지는 결코 얻어내지 못할 것이다.

> Besides this, if we return to kingship, and soon repent, as undoubtedly we shall, when we begin to finde the old incroachments coming on by little and little upon our consciences, which must necessarily proceed from king and bishop united inseparably in one interest, we may be forc'd perhaps to fight over again all that we have fought, and spend over again all that we have spent, but are never like to attain thus far as we are now advanc'd, to the recoverie of our freedom, never likely

to have it in possession, as we now have it. (*CPW* 7. 357-58)

이러한 밀턴의 간절한 호소와 경고에도 불구하고 결국 공론은 찰스 2세의 복귀로 모아졌다. 재판이 나온 시기에 복구된 장기의회는 새로운 선거를 제안하고, 잔부의회의 인정 없이 선출된 의회는 군주제를 복구시킬 것이 확실했다. 왕에 대한 대중의 점증하는 열광과 함께 새로 선출된 의회는 1660년 5월에 망명 중이던 찰스 2세를 불러들였다. 1660년대 왕정복고, 런던 대역병과 대화재 등에 대한 생생한 기록을 일기로 남긴 핍스(Samuel Pepys)는 찰스 2세가 런던으로 돌아온 지 이틀이 지난 1660년 5월 31일 일기에서 "온 세상이 왕이 돌아옴으로 인해 즐거운 분위기다"(all the world in a merry mood because of the King's coming)라고 당시 상황을 기록하고 있다(53). 이런 분위기 속에서 밀턴은 군주제를 반대하는 자들에게는 더 이상 희망이 없음을 토로한다.

만약 반주교제 소책자의 출판으로 시류를 바꿀 수 있었다면 『준비되고 쉬운 길』을 둘러싼 상황은 좀 더 달라질 수 있었을 것이다. 밀턴은 왕정복고 이전에 자신의 이름을 군주제에 반대하는 작품에 집어넣은 마지막 공화주의자였다. 많은 위험에도 불구하고 자신의 의무라고 생각한 바를 행했다는 밀턴의 주장은 조금의 과장도 없다. 그는 "자유로운 공화정부"(free Commonwealth)의 관료들은 "영원한 종으로서 자신의 일은 돌아보지 않은 채 자기가 비용을 지불해 가며 책임지고 대중을 위해 힘든 일을 하며, 그렇다고 형제들 위에 군림하려고도 하지 않는다"(perpetual servants and drudges to the public at thir own cost and charges, neglect thir own affairs; yet are not elevated above thir brethren)고 말한다(*CPW* 7. 425). "반면 왕은 신과 같이 떠받들리고, 엄청난 사치와 낭비를 일삼는 방탕하고 거만한 신하들에 둘러싸이며, 가면극과 유흥을 즐기고, 우리 상류사회 남녀를 타락으로 내몬다"(Whereas a king must be ador'd like a Demigod, with a dissolute and haughtie court about him, of vast expence and luxurie, masks and revels, to the debaushing of our prime gentry both male and female; *CPW* 7. 425)며 군주제가 초래할 병폐와 문제점에 대해 경고한다. 왕정으로 돌아갈 경우 찰스 2세의 왕실은 신과 같은 권력을 행사하게 될 것이고, 엄청난 돈을 낭비하는 방탕하고 거만한 왕실에 대해 생각 없이 굴종만 하는 국민들이 넘쳐날 것을 안타깝게 생각하며 스튜어트 왕가의 절대 권력을 조롱하는 부분에서 로웬스타인(David Loewenstein)은 『우상타파론』의 급진적인 목소리가 다시 들리는 것 같다고 말한다(Milton's Prose 103).

밀턴은 새롭게 왕당파가 된 장로파를 조롱하면서, 왕정으로 돌아가게 되면 급진적인 비국교도와 공화주의자뿐만 아니라 장로파 자신들에게도 투옥이나 벌금형, 추방 또는 폭행과 같은 왕당파들의 보복이 가해질 것이라며 앞을 내다보라고 경고한다. 그러면서 밀턴은 공화국이 내부의 암투로 급속히 무너져 내리는 위태로운 시기에 충동적인 국민들에게 "그들이 어디로 달려가고 있는지 생각하라"(consider whether they are rushing; *CPW* 7. 463)고 요청하면서 과거의 왕정으로 돌아가려는 선택의 위험성에 대해 예언자적인 목소리로 용감하게 외치고 있다. 이러한 불안하고 우울한 정치적 상황하에서 밀턴은 왕이나 호국경 같은 어떤 한 사람이 아니라 고대 아테네의 아레오파고스(Areopagus)나 이스라엘의 산헤드린(Sanhedrin)과 같이 칭찬받을 만한 사람들로 구성된 영구적인 의회에 기초한 공화정을 제안한다. 게다가 『준비되고 쉬운 길』 재판에서 혁명가 밀턴은 놀랍도록 직설적인 어조로 다수에 의해서 자유가 충분히 그 가치를 인정받지 못하고 위험에 처할 경우 그 자유를 지키기 위한 수단으로서 필요하다면 소수에 의한 통치가 정당화될 수 있다고 주장한다.

1660년 5월 25일에 찰스 2세는 도버에 상륙하고 4일 후에 런던에 입성한다. 이로써 밀턴의 군주제에 대항한 외로운 전쟁은 끝이 난다. 그리고 그는 새 왕의 진노 속에서 살아남을 수 있을지를 걱정해야 했다. 밀턴은 6월 16일에 체포되고, 8월에는 그의 반군주제 팸플릿 중에서 두 작품의 일부 사본들이 소각된다. 하원에서 핀치(Hineage Finch) 경은 밀턴이 교수형에 처해져야 한다고 주장한다. 그러나 밀턴의 친구이자 동료 시인이었던 마블(Andrew Marvell)이 개입했을 것으로 추정되는 가운데, 8월 29일의 사면령은 그를 용서받지 못한 사람 중의 하나로 지명하지 않았다. 그는 체포되어 일시적으로 감금되었지만 12월 15일에 사면을 받고 런던탑에서 풀려난다. 만약 그가 사면을 받지 못했다면, 『실낙원』은 물론 『투사 삼손』, 『복낙원』과 같은 걸작은 탄생하지 못했을 것이다. 힐(Christopher Hill)은 밀턴이 이 팸플릿을 쓰는 행위를 『실낙원』에서 압디엘(Abdiel)이나 『투사 삼손』에서의 삼손(Samson), 『복낙원』에서 그리스도(Christ)처럼 고립 속에서의 용기를 보여 주는 것으로 간주한다(124). 한편 로웬스타인은 이 산문에서 밀턴이 자신의 주장을 역사의 드라마 속에 적극적으로 관여시키면서 자신의 동요를 드러내고 있다고 이야기한다(*Drama of History* 89). 밀턴은 찰스 2세의 복귀 전날에 공화제를 주창하는 국왕 처형자로서 목숨을 걸고 모험을 하고 있었다고 할 수 있다.

1659년에서 1660년 사이 밀턴의 정치적 산문은 그의 "시와 산문의 관계와 공화주의의 본질과 중요성, 호국경 정치에 대한 밀턴의 태도, 특히 올리버 크롬웰에 대한 그의 태도 등"(Knoppers 2001, 309) 최근의 학문 연구에서 특히 중요한 논점이 되었다. 밀턴이 어느 정도로까지 일관성을 고수하고 있었는가 하는 것과, 변화하는 상황에 어느 정도까지 적응하고 있었는가 하는 것이 논쟁점이 되고 있다. 후기 산문, 특히 『준비되고 쉬운 길』의 두 판본은 당대의 정치적인 상황과 연관이 있다. 밀턴이 당대의 상황에 실질적으로 영향을 미치려고 이 소책자를 썼는지, 아니면 이상주의적이며 예언적인 글에 불과한 것인지, 혹은 밀턴이 군주제나 올리버 크롬웰, 그리고 호국경 정치를 공격하고 있는 것인지 등 여러 의문점이 생긴다. 『준비되고 쉬운 길』에 대한 최근의 연구는 문학적인 것보다는 정치적인 연관성에 더 중점을 두는 경향이 있다. 이러한 연구는 이 산문이 밀턴이 오랫동안 지녀 왔던 핵심적인 공화주의 사상을 천명하고, 임박한 군주제에 대해서뿐만 아니라 올리버 크롬웰과 호국관 제도를 공격하고 있음을 보여 준다. 하지만 밀턴이 크롬웰을 거부했는지의 문제는 논쟁의 여지가 있다. 당대의 정치적 상황을 고려했을 때 밀턴이 이유 없이 이미 죽은 지 오래된 크롬웰을 공격하지는 않았을 것이며 오히려 군주제의 위험을 목표로 했을 것이라는 견해가 있다. 그리고 밀턴의 후기 산문에서 크롬웰에 대한 거부 문제는 정황적이고 추정적이라는 주장도 제기된다. 『준비되고 쉬운 길』에서 밀턴이 명시적으로나 암묵적으로 목표로 삼은 것이 무엇이냐에 관한 논쟁과 정치적 관련성의 여부는 『실낙원』과 같은 시의 정치적인 해석에 있어서 중요하다. 이전의 연구들은 사탄을 찰스 1세와 연관 짓거나 전제정치와 왕정복고의 상황에 대한 우려와 병치시켰다. 그러나 최근에는 야망에 찬 군주의 모습을 띠게 된 크롬웰을 『실낙원』에서 공화주의적 언어를 전용하고 위장에 능한 사탄과 연관 지어서 보는 견해도 제시되고 있다.

『준비되고 쉬운 길』은 정치적인 이론에 대한 획기적인 작품인 동시에 '선한 옛 대의'(Old Good Cause)의 마지막 숨결이기도 하다. 밀턴은 이 글에서 중앙과 지방 정부 간의 연방주의 공화정의 균형을 고안했다는 평가를 받기도 한다. 밀턴은 시대에 역행하는 영국민들에 대해 한탄하면서 예지적인 관점으로 바라보고 있다. 그는 『준비되고 쉬운 길』 재판에서 자신을 바빌론의 왕 느부갓네살의 노예가 되는 것에 반대한 예언자 예레미야(Jeremiah)처럼 조국에서 명예롭지 못한 예언자로 묘사하고 있다. 밀턴은 군주제로 돌아가게 되면 영국민은 성직자의 타락과 무절제한 삶을 조장할 왕의 노예로 전락하게 될 것이라고 단정한다. 이처럼 왕정복고 바로 직전에 끝나 가는 자유와 혁명의 시대에 대해 밀턴은 예레미야처럼 슬픔에 찬 어조로 작별을 고한다.

왕정복고 이후에 밀턴은 인간의 성급한 행동이 역사에서 비극적인 결말을 맺게 된 인간의 타락에 대한 위대한 서사시를 발표했다. 1660년 4월에 영국민들이 "파멸의 벼랑"(a precipice of destruction)에 직면했을 때, 밀턴은 "전염병과 같은 광기가 펴져 나가는 것"(the deluge of epidemic madness)과 왕정으로 성급하게 달려감으로써 잃게 될 자유의 비극적인 상실을 절규하고 있다(*CPW* 7. 463). 그는 영국민을 "이집트로 돌아가려는 지도자"(a captain back for *Egypt*; *CPW* 7. 463)를 선택한 이스라엘 민족에 비유하면서 한탄한다. 그러면서 자신의 말에 귀 기울여 줄 "남은 자"(remnant)에 대해 마지막 희망을 놓지 않는 모습에서 너퍼스(Laura Knoppers)가 이야기한 것처럼 글 전체에 깔려 있는 이중성과 긴장을 읽을 수 있다(1990, 223). 밀턴은 노예에게는 전제정치가 적절할지도 모르지만, 자유의지를 지니고 있는 이들에게 그것은 참을 수 없는 무도한 행위라고 보았다. 이 팸플릿을 마무리하는 밀턴의 심정에 대해서 서홍원은 다음과 같이 말하고 있다.

> 영국민의 실패의 가능성을 오래전에 경고하였던 밀턴은 자유 공화국 실현의 실패를 자신과 같은 공화국 옹호자들의 문제로 보지 않고 나태한 영국민의 문제로 보았다. 패배는커녕 자신이 영국민을 의심한 것이 역시 옳았다는 일종의 예언자적인 만족감도 엿보인다. 『준비되고 쉬운 길』 2판은 정치적인 패배 속에서 개인적인 승리를 기록하기 위해, 또 진정한 싸움은 아직 끝나지 않았음을 시사하기 위해 밀턴이 내놓은 것이다. (서홍원 187)

왕정복고 직전에 끝나 가는 자유에 대한 마지막 말이라는 것을 절실하게 의식한 밀턴은 선지자 예레미야의 슬픔에 찬 말들을 상기하며 혁명의 시기에 작별을 고하고 있다. 그는 영국이 또 다른 로마가 될 수도 있다는 공화국의 이상뿐만 아니라, 신성한 빛에 이끌리어 행동하기를 추구한 급진적인 개신교들의 세대의 목소리를 감동적으로 말하고 있다. 『준비되고 쉬운 길』은 통제를 벗어난 엄청난 힘으로 결론을 맺는다. 밀턴의 강한 확신은 언어에 생동감과 열정을 불어넣어 이 글을 자신의 산문 중에서 최고의 경지로 올려놓았다.

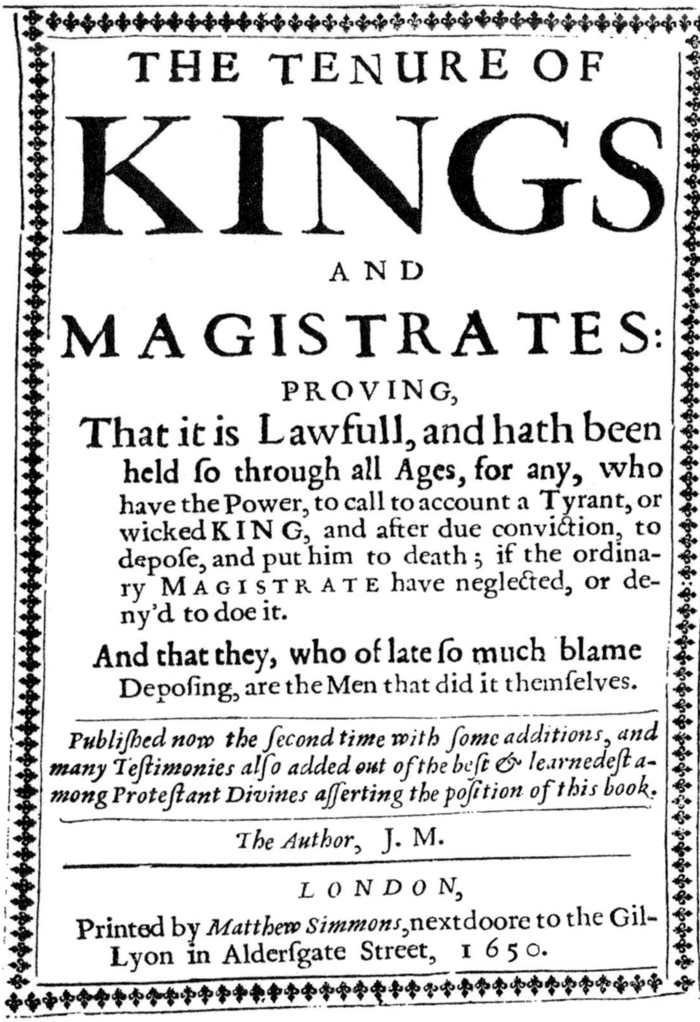
THE TENURE OF

KINGS

AND

MAGISTRATES:

PROVING,

That it is Lawfull, and hath been held ſo through all Ages, for any, who have the Power, to call to account a Tyrant, or wicked KING, and after due conviction, to depoſe, and put him to death; if the ordinary MAGISTRATE have neglected, or deny'd to doe it.

And that they, who of late ſo much blame Depoſing, are the Men that did it themſelves.

Publiſhed now the ſecond time with ſome additions, and many Teſtimonies alſo added out of the beſt & learnedeſt among Proteſtant Divines aſſerting the poſition of this book.

The Author, J. M.

LONDON,

Printed by *Matthew Simmons*, next doore to the Gil-Lyon in Alderſgate Street, 1650.

그림 13_『국왕과 관료들의 재직조건』 표지

ΕΙΚΟΝΟΚΛΑ'ΣΤΗΣ

IN

ANSWER

To a Book Intitl'd

ΕΙΚΩ'Ν ΒΑΣΙΛΙΚΗ,

THE

Portrature of his ſacred Majeſty
in his *Solitudes* and *Sufferings*.

The AUTHOR *J. M.*

PROV. 28. 15, 16, 17.

15. *As a roaring Lyon, and a ranging Beare, ſo is a wicked Ruler over the poor people.*
16. *The Prince that wanteth underſtanding, is alſo a great oppreſſor; but he that hateth covetouſneſs ſhall prolong his dayes.*
17. *A man that doth violence to the blood of any perſon, ſhall fly to the pit, let no man ſtay him.*

Saluſt. Conjurat. Catilin.

Regium imperium, quod initio, conſervandæ libertatis, atque augendæ reipub. causa fuerat, in ſuperbiam, dominationemque ſe convertit.
Regibus boni, quam mali, ſuſpectiores ſunt; ſemperq; his aliena virtus formidoloſa eſt.
Impune quælibet facere, id eſt regem eſſe. Idem Bell. Jugurth.

Publiſh'd now the ſecond time, and much enlarg'd.

London, Printed by *T. N.* and are to be ſold by *Tho. Brewſter* and *G. Moule* at the three Bibles in *Pauls* Church-Yard near the Weſt-end, 1650.

그림 14_『우상타파론』 표지

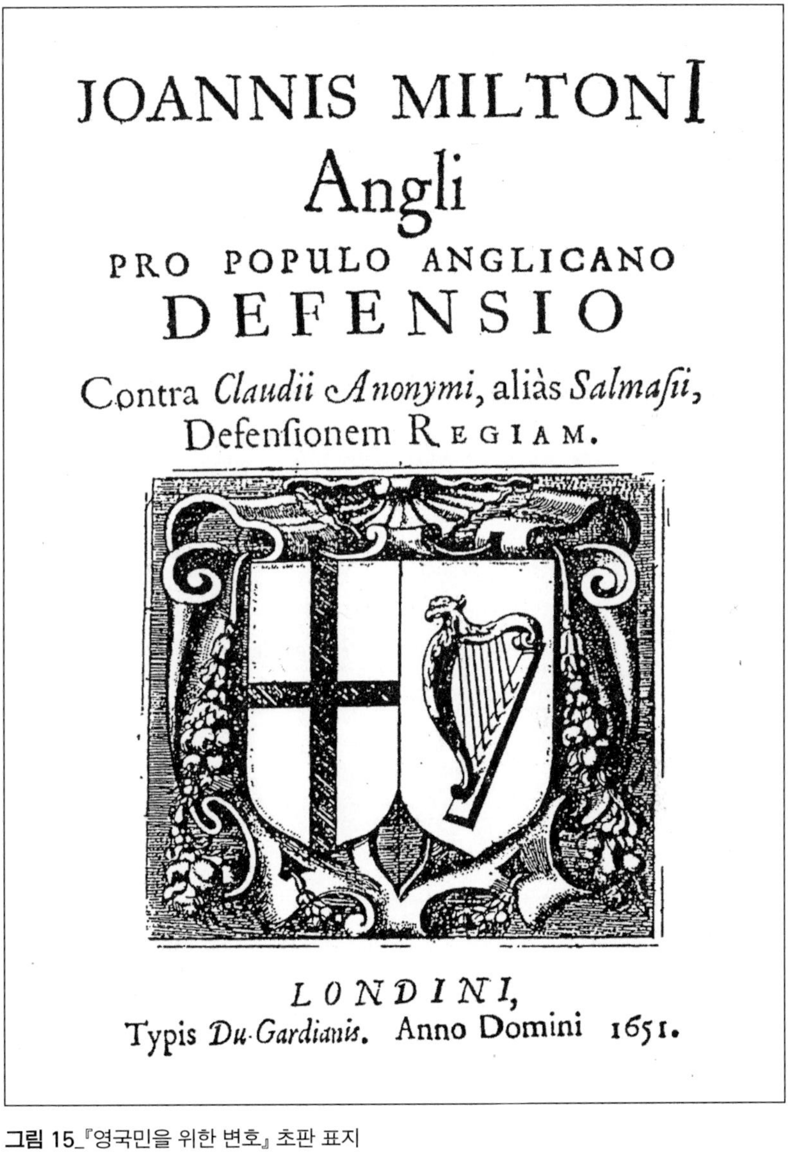

JOANNIS MILTONI
Angli
PRO POPULO ANGLICANO
DEFENSIO
Contra *Claudii Anonymi*, aliàs *Salmasii*,
Defensionem REGIAM.

LONDINI,
Typis *Du-Gardianis*. Anno Domini 1651.

그림 15_『영국민을 위한 변호』 초판 표지

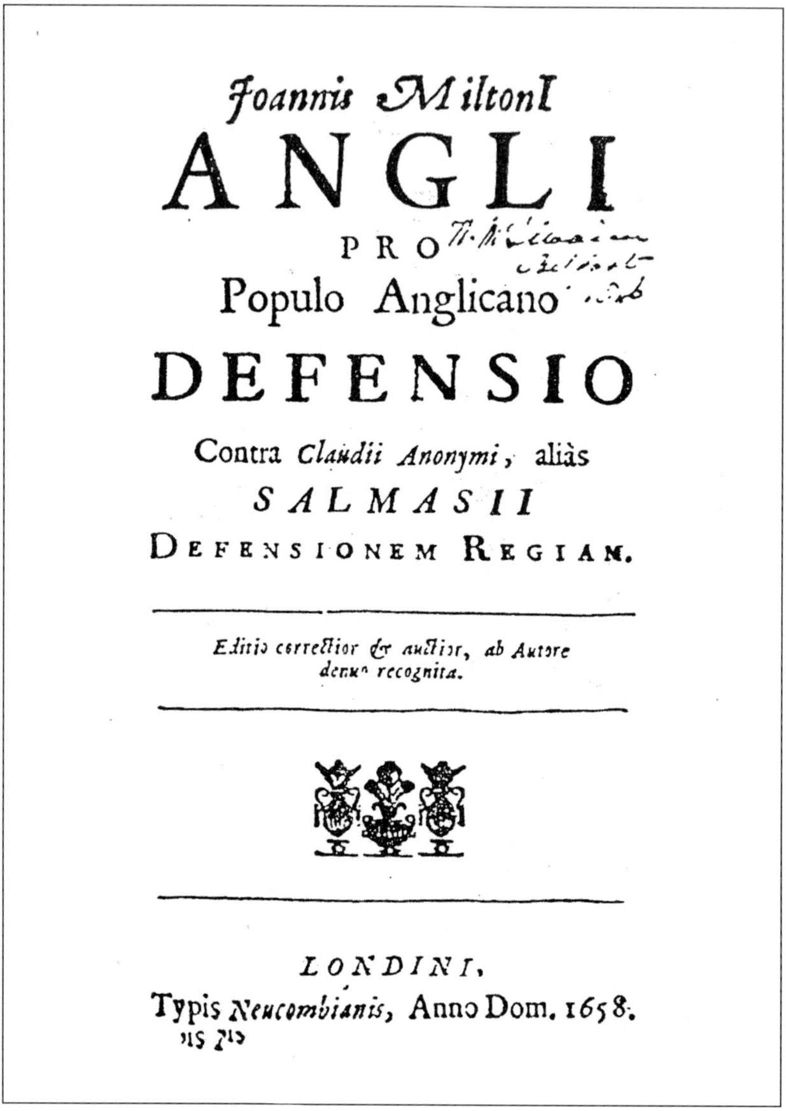

Joannis Miltoni

ANGLI

PRO

Populo Anglicano

DEFENSIO

Contra *Claudii Anonymi*, aliàs

SALMASII

DEFENSIONEM REGIAM.

Editio correctior & auctior, ab Autore denuo recognita.

LONDINI,

Typis *Neucombianis*, Anno Dom. 1658.

그림 16_『영국민을 위한 변호』 재판 표지

Joannis Miltoni

ANGLI

PRO

POPULO ANGLICANO

DEFENSIO

SECUNDA.

Contra infamem libellum anonymum cui titulus,

Regii ſanguinis clamor ad cœlum adverſus parricidas Anglicanos.

LONDINI,
Typis Neucomianis, 1654.

그림 17_『영국민을 위한 두 번째 변호』 표지

A
TREATISE
OF
Civil power
IN
Eccleſiaſtical cauſes:

SHEWING
That it is not lawfull for any power on earth to compell in matters of
Religion.

The author J. M.

London, Printed by *Tho. Newcomb,*
Anno 1659.

그림 18_『세속 권력론』 표지

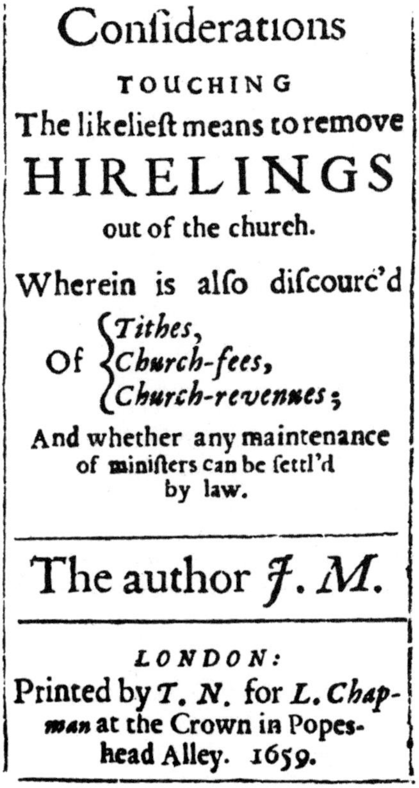

Confiderations
TOUCHING
The likelieft means to remove
HIRELINGS
out of the church.
Wherein is alfo difcourc'd
Of *Tithes,* *Church-fees,* *Church-revenues;*
And whether any maintenance of minifters can be fettl'd by law.

The author *J. M.*

LONDON:
Printed by *T. N.* for *L. Chapman* at the Crown in Popes-head Alley. 1659.

그림 19_『고용 성직자 퇴출 방안』 표지

THE
READIE & EASIE
VVAY
TO
ESTABLISH
A
Free Commonwealth,
AND
The EXCELLENCE therof
Compar'd with
The inconveniences and dangers of readmitting kingſhip in this nation.

The author J. Milton

LONDON,
Printed by *T. N.* and are to be ſold by *Livewell Chapman* at the Crown in Popes-Head Alley. 1660.

그림 20_『자유공화국 수립을 위한 준비되고 쉬운 길』 표지

제5장

밀턴의 중기 소네트: 종교적·윤리적·정치적 이상주의

Middle Milton

제5장

Milton's Prose

1 밀턴은 모두 23편의 소네트를 남겼다. 그 가운데 10편은 1645년 시집에 포함되어 있고, 1673년판에는 기존의 10편의 소네트에 9편이 더해져 있다. 그러나 1645년에서 1658년 사이에 창작된 것으로 보이는 15번, 16번, 17번, 22번 등 네 편의 소네트는 정치적인 이유 때문에 1673년판에 포함되지 못하고 1694년에야 출판된다. 밀턴은 『교회치리론』(*Reason of Church Government*, 1642)에서 작가로서의 야망을 밝히면서 서사시와 비극과 핀다로스(Pindar)의 장엄한 오드(ode)와 같은 장르에 대해서는 길게 이야기하며 이에 도전해 보고 싶은 꿈을 밝히고 있지만, 정작 소네트에 대해서는 한마디 언급조차 하지 않고 있다. 그 이유에 대해 생각해 보면 패터슨(Annabel Patterson)이 주장한 바와 같이 서사시나 비극, 오드 등의 장르는 중요한 공적·교육적 역할을 지니고 있지만, 소네트는 주로 한 인간의 개인적인 삶을 노래한 것으로 간주되기 때문이라고 짐작할 수 있을 것이다(78). 우리는 밀턴이 「그리스도가 탄생한 날 아침에」("On the Morning of Christ's Nativity," 1629)를 발표한 때와 거의 같은 시기부터 소네트를 쓰기 시작하여 그가 완전히 실명한 이후인 1658년에 이르기까지 오랜 기간에 걸쳐 산발적이긴 하지만 계속해서 소네트를 발표하고 있다는 사실에 주목할 필요가 있다. 밀턴의 경우 소네트는 그의 개인적인 성장과 삶,

작가로서의 경력, 그리고 그가 살았던 시대의 역사에 대해 많은 것을 알려주는 중요한 지표가 된다.

밀턴의 소네트에는 자유에 대한 시인의 지속적인 사랑과 관심이, 그리고 종교적인 편협함에 대한 참을 수 없는 분노와 당대인을 비롯한 인물들의 업적에 대한 찬양 등이 잘 드러나 있다. 밀턴은 크롬웰(Oliver Cromwell)과 베인(Henry Vane), 페어팩스(Thomas Fairfax)의 인격과 업적을 찬양하는 시를 쓰는가 하면, 자신의 실명과 사별한 아내에 대한 기억을 노래한 소네트에서는 비통한 심정을 윤리적·종교적 이상주의와 결합시켜 강한 개인적 감정을 드러내고 있다. 밀턴의 소네트에는 다른 작품에서와 마찬가지로 종교적 자유, 개인의 자유, 그리고 정치적 자유에 대한 시인의 관심이 담겨 있다. 그의 소네트는 성경을 개인의 양심에 따라 해석해야 한다는 종교적 자유에 대해, 그리고 이혼에 대한 생각을 담고 있는 「소네트 11번」과 「소네트 12번」 등에서는 개인의 자유에 대해, 그리고 페어팩스 등 지도자들을 찬양하는 시 등에서는 정치적 자유에 대해 이야기하고 있다.

학자들은 한때 영국 혁명 시기에 맹렬한 어조로 논쟁적인 산문을 쓴 작가로서의 밀턴과 고상하고 숭고한 시를 쓴 시인으로서의 밀턴을 별 연관성이 없는 것처럼 분리해서 보는 경향이 있었다. 그러나 로웬스타인(David Lowenstein)이 지적한 바와 같이 시인과 혁명적인 논객으로서의 밀턴은 서로 밀접히 연관되어 있다(87). 밀턴은 혁명의 소용돌이 속에서 여러 가지 중요하고 민감한 현안에 대한 산문과 몇 편의 소네트를 발표함으로써 혼신의 힘과 재능을 바쳐 매우 적극적으로 자신의 생각을 표현하였다. 그가 열정적으로 산문을 쓰게 된 배경에는 당시 부패한 영국 교회로 인한 종교적·정치적 긴장과 위기가 자리하고 있었다. 밀턴은 영국 교회의 부패와 문제점을 해결하고 종교개혁을 완수하는 방안으로 주교제를 폐지하고, 개인의 양심에 따라 성경을 해석하고 믿을 자유를 허용하고 이단과 분파에 대해 관용을 베풀어야 하며, 종교와 정치를 철저히 분리해야 한다는 신념을 지녔다. 그리고 언론과 신앙의 자유를 포함한 양심의 자유와, 공화국에 대한 믿음에 바탕을 둔 정치적 자유가 인간의 삶과 그가 그리는 이상적인 사회에 없어서는 안 될 핵심적인 요소라고 생각했다. 그는 현실에서 부딪히는 수많은 정치적·종교적 어려움에도 불구하고 이러한 자신의 신념을 이루기 위해 노력하고 타협할 줄 모르는 이상주의자였다. 본 장에서는 밀턴의 중기 문학 세계를 그의 소네트와 이와 관련 있는 산문을 중심으로 살펴봄으로써, 밀턴 작품에 흐르는 공통된 주제와 관심사가 소위 산문기라고 하는 이 시기에 어떻게 표현되고 있는지를 고찰하려고 한다. 이를 위해 특히 이 시기에 창작된 밀턴의 소네트 가운데서도 1645년 시집에 실리지 않은, 소위 "공화정 소네트"(commonwealth sonnets)라고도 하는 세 편의 "영웅적 소네트"(heroic sonnets)와, 산문 가운데 이와 관련이 깊은 『영국민을 위한 두 번째 변호』(*A Second Defence of the English People*, 1654)와 『세속 권력론』(*A Treatise of Civil Power*, 1659), 『고용 성직자 퇴출 방안』(*Considerations Touching the Likeliest Means to Remove Hirelings out of the Church*, 1659) 등을 중심으로 밀턴 사상의 핵심인 이상주의와 그의 문학 세계를 조명하려고 한다.

2 밀턴의 중기에 해당하는 시기에 가장 먼저 창작된 소네트는 "런던시에 대한 침공이 의도된 때에"(When the Assault was Intended to the City)[16]라는 제목이 달려 있는 「소네트 8번」이다. 내란(Civil War)이 시작된 해인 1642년 왕당파가 런던을 공격할 것으로 예상되던 시기에 쓰인 이 시

16 이 장에서 인용된 밀턴의 시와 산문은 휴즈(Merritt Hughes)가 편집한 *John Milton: Complete Poems and Major Prose*를 따랐다.

에서 밀턴은 런던 침공을 테베(Thebes)와 아테네(Athens)의 함락과 연관시켜 노래하고 있다. 그는 전시(戰時)에 작가를 보호하는 문학의 힘에 대한 강한 확신을 노래한 이 시를 왕당파 군대의 어느 장교에게 보내는 형식을 취하고 있다. 여기서 밀턴은 알렉산더 대왕(the great *Emathian* Conqueror)이 기원전 335년에 테베를 함락할 때 부하들에게 명하여 위대한 그리스의 서정시인인 핀다로스(Pindar)의 집을 훼손시키지 않은 것처럼, 만약 지금 그 지휘관이 시인의 집을 지켜 준다면 그의 이름 역시 역사에 남을 것이라고 주장한다. 그러나 시에서는 "지휘관이나 대령 혹은 무장한 기사여"(Captain or Colonel, or Knight in Arms)라며 특정인을 지칭하지 않고 있기 때문에, 패터슨의 지적처럼 정작 이 소네트를 통해 유명해질 지휘관은 이름도 알 수 없고 계급도 확실하지 않으므로 시인의 주장은 아이러니하다고 하겠다(81). 어쨌든 밀턴이 주로 사랑의 내용을 노래한 소네트 형식을 통해 당시 핀다로스풍의 오드(Pindaric ode)에서 전형적으로 다루던 명예나 명성이라는 주제를 언급하고 있음은 주목할 만하다. 이후 밀턴은 1645년에서 1657년 사이에 13편의 페트라르카 형식으로 된 소네트를 더 썼는데, 이들 가운데 네 편을 제외한 다른 시들은 1673년 시집으로 출판된다. 이때 쓴 13편의 소네트는 대개 유럽에서 일어난 프로테스탄트 학살이나 자신의 이혼 팸플릿에 대한 적대적인 반응 등과 같이 역사적인 순간의 특정 사건을 모티프로 하고 있다. 그와 함께 자신의 실명과 죽은 아내에 관한 개인적인 시 세 편과, 영국 혁명의 지도자 세 명에게 쓴 소위 '공화정' 소네트와 새로운 공화국을 위해 일하다가 실명하게 된 자신을 자랑스럽게 여긴다는 내용을 담은 자기 친구 시리악 스키너(Cyriack Skinner)에게 쓴 시 등 1673년 시집에 포함되지 않은 네 편의 시가 포함되어 있다. 라지노비츠(Mary Ann Radzinowicz) 같은 비평가는 밀턴의 23편의 소네트를 연속된 내러티브 구조를 지닌 하나의 연작 소네트(sonnet sequence)로 파악하기도 하지만(129), 이들 각각의 소네트가 다루고 있는 다양한 주제들을 그의 산문과 연관 지어 생각하는 것은 의미 있는 작업이 될 것이다.

「소네트 8번」 이후에 쓰인 많은 소네트가 특정 이름을 거명하며 그 이름을 부르는 형식으로 시작하고 있다는 사실은 매우 흥미롭다. 1673년판에서 빠진 네 편의 소네트 역시 "페어팩스"와 "크롬웰", "베인", 그리고 "스키너"의 이름으로 시작한다. 패터슨이 언급한 바와 같이 밀턴이 서사시의 주요 모델로 삼은 타소(Torquato Tasso) 역시 교황과 왕과 대주교와 왕자와 위대한 여인들 앞으로 500편에 가까운 "영웅적 소네트"를 썼다는 사실은 시사하는 바가 크다(84-85). 밀턴은 비록 서사시와 대비되는 소네트라는 장르를 통해서이기는 하지만, 위대한 명성과 이름이라는 서사시적 주제를 다룸으로써 그가 나아갈 시적인 여정을 어렴풋이 보여 준다. 자신의 명성을 소중히 생각하면서 겸손한 믿음을 소유한, 자유롭고 덕망 높은 개인이야말로 밀턴 자신이 꿈꾸는 이상적인 사회를 이루는 데 핵심적인 역할을 한다고 보았던 것이다. 이들 네 편을 포함한 밀턴의 몇몇 소네트를 "영웅적 소네트"라고 부르는 이유는 이 시들이 그가 후에 영웅 서사시에서 사용한 장중한 문체, 주제 등과 공통점을 지니고 있기 때문이다.

앞서 언급한 네 편의 소네트 가운데 "콜체스터 포위 공격 때의 페어팩스 장군에게"(On the Lord General Fairfax at the Siege of Colchester)라는 제목이 달려 있는 「소네트 15번」은 왕당파들이 1648년에 켄트(Kent)와 에섹스(Essex) 지방에서 반역을 일으켰을 때 토마스 페어팩스 경(Sir Thomas Fairfax, 1612~1671)이 이들을 콜체스터로 몰아넣고 성을 점령한 승리를 배경으로 하고 있다. 의회파 측의 탁월한 전략가로서 청교도혁명에 크게 기여한 페어팩스는 1645년에 신형군(New Model Army)의 총사령관이 되어 그해 찰스 1세의 군대와 싸워 승리를 거둔 유명한 인물이다. 그는 여러 전투를 수행하면서 자신의 안전을 돌보지 않는 불굴의 용기와 리더십으로

부하들에게 강한 인상을 남긴 뛰어난 지도자였다. 이 시는 왕당파들의 소요를 진압하고 2년 정도 잠시 평화로운 시기가 있은 후 또다시 전쟁이 일어나는 상황에서 쓴 것이다. 이 페어팩스의 명성이 "부러워하는 왕들로 경악을 금치 못하게"(her jealous monarchs with amaze; 3) 한다는 구절에서 공화주의자 밀턴의 모습을 엿볼 수 있다. 당시 영국은 청교도혁명이 사실상 거의 끝나고 평화로운 시기가 시작된 것처럼 보였으나, "새로운 반역들이 그들 히드라의 머리를 쳐들고"(new rebellions raise/ Thir Hydra heads; 6-7)라는 구절에서 의회파의 지배에 대해 여전히 많은 위협이 존재함을 알 수 있다. 곳곳에서 일어나는 왕당파들의 반란과 함께 1643년 영국 의회와 맺은 협정(Solemn League and Covenant)을 깬 "거짓된 북방"(the false North; 7) 스코틀랜드의 침략이 상존하던 상황에서, 밀턴은 페어팩스가 괴물 히드라를 죽이는 헤라클레스(Hercules)의 역할을 수행하고 있음을 암시하고 있다. 즉 괴물을 퇴치하는 신화적 전형으로서 페어팩스는 반신인 헤라클레스에 비견될 정도로 칭송되고 있는 것이다.

전쟁에서 승리를 거둔 용맹한 장군을 찬양하던 이 시는 후반부에서 전후에 따르는 재건의 시기에 그가 수행해야 할 일들에 대해 말하고 있다.

아, 그러나 한층 고귀한 임무가 그대 손을 기다리오.
  진리와 정의가 폭력으로부터 자유로워질 때까지,
  공적인 믿음이 공적인 사기라는 수치스러운 오명을
깨끗이 씻을 때까지, 전쟁은 왜 끝없는 전쟁을 늘 낳을까?
  탐욕과 약탈이 땅을 점령하는 동안엔
  헛되이 용맹은 피를 흘린다네.

O yet a nobler task awaits thy hand;

For what can War, but endless war still breed,
Till Truth and Right from Violence be freed,
And Public Faith clear'd from the shameful brand
Of Public Fraud. In vain doth Valor bleed
While Avarice and Rapine share the land. (9-14)

"아, 그러나 한층 고귀한 임무가 그대 손을 기다리오"라는 구절은 전시에 보여 준 용기만으로는 충분하지 않으니, 페어팩스에게 평화로운 시기에도 진리와 정의를 수호하는 정신적인 용기와 힘과 미덕을 지닌 정치가가 되어 달라는 보다 큰 기대감과 부탁을 담고 있는 것이다. 그러나 페어팩스가 정치적 리더십을 발휘하여 부패한 정부를 정화시켜 주기를 바라던 밀턴의 기대는 전쟁이 끝난 지 일 년 후 그가 공직에서 사임함으로써 이뤄지지 못한다. 그는 콜체스터에서 대승을 거둔 이후에 총사령관이라는 명목적인 직함은 그대로 가지고 있었으나, 군대에 대한 실질적인 권력은 크롬웰에게로 옮겨 감으로써 정치적으로 오히려 불확실한 입지에 놓이게 된다. 이러한 상황 속에서 평소에 찰스의 처형을 반대했던 페어팩스는 국왕이 처형되자 1650년 공직에서 물러난 것으로 짐작된다. 따라서 시의 후반부는 니콜슨(Marjorie Nicolson)의 말처럼 페어팩스의 입장에서 보면 아이러니하다고 하겠다(170).

밀턴은 자신의 실명에 대한 변호 등 자전적 내용과 함께 혁명기의 지도자들에 대한 영웅적 업적을 기리는 내용을 담은 『영국민을 위한 두 번째 변호』에서 그를 "최고의 용기와 지고한 불굴의 정신을 겸비한"(united the utmost fortitude with the utmost courage) "흠 없는 순수성"(spotless innocence)을 지닌 인물로 칭송하고 있다(833). 또한 비록 사임하여 세속으로부터 물러나 야인의 생활로 돌아갔지만 페어팩스가 정복한 것은 적들만이 아니라며, 많은 위대한 사람들까지도 벗어나지 못하고 노예로 전락하게 하는 "야망의 불길과 영광에 대한 욕망을 극복한"(triumphed over that flame of ambition and that lust of glory; 833) 훌륭한 인물로 그를 높이 평가하고 있다. 그러나 일각에서는 페어팩스가 훌륭한 장군이었지만 정치적으로는 결단력이 없고 우유부단한 인물로 평가되기 때문에, 밀턴이 그에게서 결정적인 정치적 행동을 기대한 것은 무리라고도 볼 수 있을 것이다(Hughes 411).

비어(Anna Beer)는 6행연구의 웅변적인 시행은 전쟁에 대한 호소력 있는 고발이면서 폭력과 탐욕이 넘쳐 나는 조국에 대한 애가(lament)라는 설득력 있는 해석을 제시하고 있다(196-97). 전쟁에서의 승리가 모든 문제를 해결하지 않는다는 사실을 잘 알고 있는 밀턴은 "전쟁은 왜 끝없는 전쟁을 늘 낳을까?"라는 물음을 던지며, 폭력과 속임수가 난무하는 영국에 진리와 정의와 믿음이 회복되기를 바라는 마음을 토로하고 있다. 탐욕과 부패, 공적 자금의 부정한 사용, 국가가 보증한 채무에 대한 불이행, 종교적 억압 등 여기서 의인화되어 거론되고 있는 특정의 악은 장로파가 주도하는 의회의 탓으로, 이 소네트와 거의 같은 시기에 쓴 것으로 보이는 밀턴의 『영국사』(*History of Britain*, 1670)의 "여담"(Digression) 부분에서 신랄하게 비판하고 있다(Lewalski 215).

의회가 개인의 양심을 해방시키고 국가적인 부패를 일소해 줄 것으로 바랐던 밀턴의 기대는 1648년 5월에 의회가 이단은 사형에 해당하는 중죄라는 법을 통과시키고 재정 남용의 온상이 됨으로써 무너지고 만다. 당시 영국 의회는 전쟁을 지원하기 위해 밀턴을 포함한 선량한 시민들에게 돈을 빌려서는 갚지 않았다. 그리하여 국가를 믿고 돈을 빌려 준 수많은 성난 채권자들과 의회로부터 재산을 압류당한 왕당파들은 아이러니하게도 "공적인 믿음"이라는 표현을 강탈과 같은 의미로 사용하였다고 한다(Nardo 110-11). 여기서 "공적인 믿음"이란 밀턴 시대에 의회가 진 국가 채무 형태를 지칭하는 데 널리 사용된 표현으로 이해할 수 있다(Honigmann 143). 전쟁 비용을 충당하기 위해 왕당파의 토지와 재산이 몰수되고 세금이 올라가는 동시에 뇌물과 부패와 사기가 판을 치던 당시의 혼란한 상황 속에서, 시인은 "탐욕과 약탈이 땅을 점령하는 동안엔/ 헛되이 용맹은 피를 흘린다네"라며 대의명분을 저버린 정부와 탐욕에 물든 백성들의 타락상을 안타까워하고 있다. 의회가 진리와 정의를 실현해 주기를 기대하며 "공적인 믿음이 공적인 사기라는 수치스러운 오명을/ 깨끗이 씻을 때"를 바랐던 밀턴의 바람은 암울한 전망으로 끝맺고 있는 것이다. 전쟁은 전쟁을 낳을 뿐이라는 밀턴의 생각은 『실낙원』(*Paradise Lost*) 제6권의 "하늘의 전쟁"(War in Heaven) 장면에 생생하게 나타나 있다. 이처럼 구체적인 역사적 인물과 사건으로 시작한 「소네트 15번」은 시인의 예언자적 목소리를 통하여 페어팩스에게 올바르고 공정한 정치력을 요구할 뿐만 아니라, 영국 국민이 마땅히 지녀야 할 도덕적 기준을 제시하면서 종말론적 전망으로 끝을 맺고 있다.

3 밀턴이 완전히 실명한 해이면서, 아내 메리 파월(Mary Powell)이 죽은 1652년 5월에 쓴 「소네트 16번: 크롬웰 장군에게」("Sonnet 16: To the Lord General Cromwell")는 「소네트 15번」과 매우 유사한 구조를 취하면서 각운을 엄격히 지키고 있다. 당시 크롬웰은 아직 호국경(Lord Protector)이 되기 전이었으며, 페어팩스를 대신하여 의회파 가운데 가장 탁월한 군사 지도자로 신망을 받고 있었다. 이 소네트 역시 앞부분에서는 장군으로서의 크롬웰의 탁월함을 칭송하면서, 프레스톤(Preston, 1648)과 던바(Dunbar, 1650)와 워체스터(Worcester, 1651)에서 각각 스코틀랜드 군대를 물리친 승리를 열거하면서 시작하고 있다. "모진 비방"(detractions rude; 2)은 왕당파와 장로파(Presbyterians)들의 비난과 공격을 의미하는데, 밀턴은 이러한 비방으로부터 크롬웰을 변호하면서 그를 "믿음과 비할 데 없는 용기"(faith and matchless Fortitude; 3)를 지닌 인물이라고 칭송한다. "평화와 진리"(peace and truth; 4)는 의회가 발행한 동전에 새겨진 글귀로, 스코틀랜드에 대한 크롬웰의 승리의 결과에 대한 자신감을 표현하고 있다(Hughes 160). "왕관을 쓴 당당한 운명의 목"(the neck of crowned Fortune proud; 5)은 아마 머리가 잘려 처형당한 왕 찰스 1세의 목을 지칭하며, "신의 전승기념비"(God's Trophies; 6)를 세웠다는 것은 신의 뜻에 따라 왕정을 무너뜨리고 공화정부를 성공적으로 수립한 것을 의미하는 것으로 보인다. 시인은 이를 참된 신인 하나님의 종 크롬웰이 이교도의 운명의 여신에게 승리를 거둔 것처럼 표현하고 있다. 이어서 크롬웰이 스코틀랜드와 싸워 승리를 거둔 세 번의 전투를 언급하고 있는데, 이는 스코틀랜드인들에 대한 당시 영국인들의 반감과 스코틀랜드 장로파에 대한 밀턴의 경계심을 반영하고 있다. "믿음과 용기"의 인도를 받아 "평화와 진리"에 이르는 "영광스런 길"(glorious way; 4)을 "갈며"(plough'd; 4) "신의 전승기념비"를 세우고 자신의 임무를 수행한 크롬웰은 초인적인 하나님의 투사로 높이 칭송되고 있는 것이다.

밀턴은 폭군이나 악한 왕에 대해 백성들이 심판할 권리를 『국왕과 관료들의 재직조건』(*The Tenure of Kings and Magistrates*, 1649)에서 옹호한 바 있다. 왕은 법 위에 있지 아니하고 왕의 권위는 법의 권위에 따르며, 왕은 법에 복종해야 한다고 밀턴은 주장한다. 통치받는 자들의 뜻에 의해서 정부가 결정된다는 밀턴의 생각은 선거(election)가 유전적 상속이나 특권에 의한 지명보다 늘 우선이라는 것을 의미한다. 르왈스키(Barbara Lewalski)도 말한 것처럼 『국왕과 관료들의 재직조건』에는 장로파에 대한 공격과, 여러 파당으로 갈려 있는 개혁파들에 대한 웅변적인 호소, 국왕 처형에 대한 변호, 그리고 고전과 당대의 여러 근원과 성경에서 찾아낸 공화주의적인 정치 이론의 개진 등의 요소들이 여기저기 섞인 채 서로 연결되어 있다(230). 밀턴은 이 글을 발표할 당시 『영국사』를 쓰고 있었기에 자신의 주제를 다룰 충분한 준비가 갖춰져 있었던 것이다. 밀턴은 이 글을 발표함으로써 주목을 받아 크롬웰 정부의 외교문서 담당관으로 일하도록 제안을 받고 일하게 되었다. 밀턴은 왕을 처형하는 일의 정당함을 서사시나 비극의 영웅주의적 관점에서 바라보면서, 의회를 전제정치라는 악에 대항하여 싸우는 영웅적인 주인공으로 묘사한다. 이렇게 함으로써 시적 이미지와 정치적 입지의 변호를 결합시켜 청교도혁명을 탁월한 수사로 기술하고 있다.

크롬웰이 영국의 "참된 종교를 회복시키고 확립"(restoring and establishing true religion; 832)해 줄 것이라는 밀턴의 기대와 그에 대한 찬사는 『영국민을 위한 두 번째 변호』에도 웅변적인 어조로 길게 표현되어 있다. 우리는 이 산문을 통해 호국경 크롬웰에 대한 밀턴의 태도를 살펴볼 수 있다. 「소네트 16번」을 쓴 지 2년 후에 발표한 이 글을 두고 사무엘 존슨(Samuel Johnson)은 폭군에게 바치는 아첨에 지나지 않는 것으로 평가하였다. 그러나 스마트(John Smart)도 말한 바와 같이 편견에 빠지지 않은 균형 잡힌 독자라면 이 글이 아첨의 성격보다는 충고의 성격이 더 강하다는 점을 쉽게 발견할 것이다(90). 밀턴은 이 산문에서 크롬웰이야말로 "탁월하고 거의 초인적인 미덕"(extraordinary and almost supernatural virtue; 832)을 소지하였을 뿐만 아니라 "자신에 대해 완벽하게 알고 있을 만큼 수양이 된 군인"(a soldier disciplined to perfection in the knowledge of himself; 832)으로, 조국을 위해 여러 전투에 부름을 받아 큰 승리를 거둔 크롬웰의 업적을 높이 평가한다. 그는 크롬웰이 1653년 4월에 장기의회를 해산시킨 사실에 대해서도 언급하면서, 이는 의원들이 "공공의 이익보다는 자기 자신의 이기적인 이익을 도모"(more intent on his own selfish interest than on the public good; 834)했기 때문이라고 크롬웰을 옹호한다. 그러면서 그야말로 정부를 이끌고 나라를 구할 유일한 지도자이며 장군이라고 기대를 표하고 있다. 크롬웰을 무용(武勇)에 뛰어난 고전적인 영웅이자 청교도 성자로 그리고 있는 『영국민을 위한 두 번째 변호』를 통해서 우리는 로웬스타인이 말한 것처럼 영국 역사상 전설적인 인물이 아니라 혁명기에 주도적 역할을 한 지도자와 고무적인 사건을 바탕으로 서사시를 쓰려는 밀턴의 욕망을 읽을 수 있다(100).

그러나 밀턴은 바로 이어서 크롬웰에게 조국의 자유가 달려 있으므로 이 조국의 기대와, 자유를 위해 그와 함께 용감하게 싸운 전우들의 부상과, 그 자신의 명예를 존중할 것을 간곡한 어조로 권고한다. 그는 전쟁과 여러 난관을 거쳐 어렵게 쟁취한 정치적 자유가 여전히 불안정한 상태에 있으므로 전쟁이 끝난 후 평화의 시기에 겪게 될 내부적인 갈등과 시련을 극복하고 이 자유를 지켜내야 한다는 사실을 일깨우고 있다. 밀턴은 "자유를 위해 많은 고난을 견디고 많은 위험을 겪은 후"(after having endured so many sufferings and encountered so many perils for the sake of liberty) 크롬웰 자신이 그 자유를 침해하지 않도록 조심하라며, "우리도 함께 자유롭지 않으면 당신도 진정 자유로울 수 없다"(You cannot be truly free unless we are free too)라는 의미심장한 말을 던진다(835). 크롬웰의 행위야말로 그가 진정 "경건함과 충성됨, 정의, 극기"(piety, fidelity, justice, and self-denial; 835) 등의 미덕과 자질을 갖추었는지를 보여 줄 것이라는 경고나 훈계에 가까운 밀턴의 글이 바로 크롬웰이 왕의 직위와 자리를 제안받았을 때 발표된 것이라는 사실에 주목할 필요가 있다. 크롬웰은 왕이라는 직위는 사양했지만 밀턴을 포함한 공화주의자들이 기꺼이 받아들이기 힘들었을 정도의 왕권에 버금가는 강력한 권력을 행사하게 되었다. 크롬웰이

별 반대 없이 직무를 수행할 수 있었던 이유에 대해 콘즈(Thomas Corns)는 그가 찰스 1세와 달리 신형군이라는 강력한 힘을 배경으로 삼고 있었기 때문이라고 분석하고 있다(99-100). 이에 밀턴은 크롬웰에게 "권력의 쾌락과 화려함이라는 유혹"(the blandishments of pleasure and pomp of power; 835)을 물리치기 위해 그가 가진 모든 힘과 자질을 사용하도록 충정 어린 조언을 하고 있다.

크롬웰은 밀턴의 충고에도 불구하고 폭군의 멍에를 안은 채 1658년 9월에 죽고, 이듬해 그의 아들 리처드 크롬웰(Richard Cromwell)의 몰락과 함께 호국경 제도는 끝나고 장기의회가 부활된다. 이에 밀턴은 1659년에 발표한 『고용 성직자 퇴출 방안』에서 의회가 자유를 회복시켜 줄 것이라며 환영하고 있다. 6년 전 의회 해산을 옹호하였던 사실에 비추어 볼 때 밀턴의 이러한 태도 변화는 크롬웰에게 지나친 기대를 건 단견이었다는 비판을 면하기 힘들 것 같다. 그러면 산문에 표현된 크롬웰에 대한 밀턴의 기대와 충고가 이 소네트에 어떻게 나타나 있는지 살펴보자.

그러나
아직 정복할 것이 많이 있으니, 평화의 승리는
전쟁의 승리만큼이나 영예롭다오. 새로운 적들이 일어나
우리의 영혼을 세속적인 사슬로 눈멀게 위협하오.
복음이 자신들의 밥통인 삯꾼 이리들의 마수로부터
자유로운 양심을 구하도록 우릴 도와주시오.

yet much remains
To conquer still; peace hath her victories
No less renown'd than war, new foes arise

Threat'ning to bind our souls with secular chains:

Help us to save free Conscience from the paw

Of hireling wolves whose Gospel is their maw. (9-14)

시의 후반부에서는 "그러나 아직 정복할 것이 많이 있으니"라며「소네트 15번」에서처럼 평화로운 시기에 크롬웰이 수행할 역할로 강조점이 옮아가고 있다. 크롬웰의 업적에 대한 찬양은 8행에서 멈추지 않고 경계를 넘어 9행에서까지 계속되는데 마치 월계관으로 풍성하고 아름답게 장식한 듯하며, 자신감 넘치는 군인의 어조로 장엄하게 이어진다. 그러다가 "아직"(yet)이라는 말을 전환점으로 느리고 균형 잡힌 어조가 빠르고 절박한 진행으로 바뀜으로써, 영광스러운 과거에서 힘든 현재의 상황으로 옮겨 가는 것 같은 느낌을 준다. 6행연구로 옮겨 가며 각운도 바뀜으로써 크롬웰에게 주어진 사명 또한 평화를 유지하고 교회를 안정시키는 새로운 과업으로 바뀐 것을 부각시키고 있다.

11행의 "새로운 적들"은 프로테스탄트의 원리에 기초한 영국 교회를 설립하되 국가가 성직자에게 봉급을 주고 국가가 교회를 관리해 주기를 1652년 초에 의회에 요청한 독립교회파(Independents)라고도 불리는 중도파 조합교회 목사들(moderate Congregational ministers)을 가리킨다. 이들은 종교적인 가르침과 설교를 아무나 할 수 있도록 해서는 안 된다고 주장하면서 비국교도들에게 제한적으로만 이교에 대해 관용(tolerance)하도록 허락하는 새로운 교회 설립을 주장했다. 이들은 또한 국가가 설립하는 교회와 십일조 제도 시행, 이단의 억압 등을 의회에 강하게 요구하였다. 무자격 설교자와 이단들을 제어하고 막을 효과적인 수단이 없던 당시의 혼란스러운 상황에서 이들의 청원을 받아들인 잔부의회(Rump Parliament)는 "복음 전파를 위한 위원회"(Committee for Propagation of the Gospel)

를 설립하게 된다. 이 위원회의 목적은 국가가 성직자를 인허함으로써 교회를 어느 정도 관리함과 동시에 이들을 지원하는 방법을 모색하는 것이었으며, 크롬웰도 이 위원회의 회원이었다.

그러나 정통 교리에 어긋나는 말을 못하도록 하여 이단들이 지나치게 난립하는 것을 막고, 국가가 인정하는 목사나 위원회가 신임 목사의 적격 여부를 승인하도록 하며, 만약 위원회나 이들 목사에 의해 부적격 판정을 받으면 국가로부터 급료를 받지 못하도록 하는 제도는 많은 논란을 불러일으켰다. 특히 신앙 양심의 자유와 종교적 신념에 대한 관용을 주창했던 밀턴과 그의 친구인 로저 윌리엄스(Roger Williams), 헨리 베인 등은 정치와 종교의 유착과 이로 인한 종교적 타락을 이유로 이에 대해 반대의 선봉에 섰다(Lewalski 284-85). 「소네트 16번」은 부제("On the proposals of certain ministers at the Committee for Propagation of the Gospel")가 말해주듯이 성직자들이 의회에 이러한 제안을 한 시기에 쓰인 시이다. 밀턴은 이 위원회의 성직자들을 "우리의 영혼을 세속적인 사슬로 눈멀게 위협"하는 "복음이 자신들의 밥통인 삯꾼 이리들"이라고 비난하면서, 크롬웰이 이들의 마수로부터 "자유로운 양심을 구하도록" 도와주기를 바라고 있다. 그는 「리시다스」("Lycidas")에서 로마가톨릭 신부를 늑대의 이미지로, 감독파(Episcopal) 목사들을 삯꾼으로 비난하였으며 다른 시에서는 장로파 목사들의 탐욕을 경계하였는데("New Forcers of Conscience"), 여기서는 늑대와 삯꾼의 이미지를 합하여 위원회 성직자들을 비난하고 있다.

『아레오파기티카』(*Areopagitica*)에서 구속받지 않는 언론과 신앙의 자유를 주창하였던 밀턴은 1650년대에 들어서는 새로운 공화정부 내에서 이러한 이상을 실질적으로 이행하기 위한 운동을 벌였다(Bradford 87). 그는 새로운 교회가 장로교회이든 아니든 간에 국가가 지원하는 교회의 설립을 반대하였다. 그렇게 되면 스마트의 주장처럼 검열 제도 등을 통해 정부나 권력을 잡은 성직자로부터 개인의 양심의 자유가 통제를 받을 위험이 있고(88-89), 특권적 지위를 누리는 교회의 폐해가 커질 것을 우려했던 것이다. 이처럼 종교와 정치, 교회와 국가의 완전한 분리를 주장하였던 밀턴은 이 소네트를 통해 종교적 관용을 오랫동안 지지해 온 크롬웰의 동의를 바랐던 것 같다. 그러나 밀턴의 생각은 크롬웰 정부의 대다수 사람들의 생각보다 급진적인 것으로 여겨져 별다른 호응을 얻지 못하였으며, 따라서 이 소네트 역시 1694년까지 출판되지 못하였다.

청교도의 승리는 잘 조직되고 통일된 영국의 종교에 큰 혼란을 가져왔으며, 이단과 무자격 목사들이 난무해도 이들을 제어할 마땅한 방법이 없었다. 기존의 영국 교회 체제가 와해되면서 청교도와 연합한 우파인 장로파와 중도파인 독립교회파, 그리고 좌파인 분리주의자가 서로 다른 목소리를 내게 된다. 부유하고 종종 부패한 주교(bishop)에 의해 움직이는 교회(the episcopacy)를 싫어했던 장로파는 스코틀랜드와 같이 국가가 관리하는 통일된 교회를 요구했으며, 이들이 의회에서 다수를 차지하고 있었다. 밀턴은 『아레오파기티카』에서 영국 교회가 가톨릭의 주교에서 장로교의 장로로 바뀌었을 뿐 권위적이고 위압적인 옛 모습을 그대로 이어받고 있음을 개탄하고 있다(743). 그는 장로파가 이혼에 대한 자신의 입장을 비난했으며 비국교도들을 용납하지 않는 엄격한 입장을 고수했기 때문에 특히 이들에 대해 반대하는 목소리를 높인 것으로 보인다. 밀턴은 이들 중 분리주의자와 마찬가지로 교회와 국가의 완전한 분리와 양심의 자유를 주장했다(Woodhouse 416-17). 또한 자신이 늘 큰 관심을 가지고 있던 개인의 자유가 표현의 자유와, 종교와 국가의 분리와, 법 조항의 축소와 적절한 교육의 제공을 통해 이뤄진다고 믿었으며, 이 소네트를 쓸 당시 크롬웰을 자신의 생각을 실현시켜 줄 인물로 여겼던 것이다.

4 "젊은 헨리 베인 경에게"(To Sir Henry Vane the Younger)라는 제목의 「소네트 17번」은 네덜란드(Holland)와의 전쟁이 선포된 1652년 7월에 쓰였다. 공화정부에서 국제관계, 특히 네덜란드와의 관계에서 중요한 역할을 하고 있었던 베인 경은 의회에서 가장 유능하고 활동적인 인물로서 향후 지도자로서 기대를 받고 있었다. 왕이 신임하는 신하로서 요직을 두루 거친 그의 부친(Sir Henry Vane the Elder)과 구별하기 위해 그는 당시 40세 가까운 나이였지만 "젊은 헨리 베인 경"이라고 불렸다. 베인은 정치가이면서 아마추어 신학자이기도 했고, 종교와 정치와 교육 등 당시의 중대사에 대해 많은 부분 밀턴과 입장을 같이했던 것으로 알려지고 있다(Honigmann 153-55). 그는 지속적으로 퓨리턴의 견해를 옹호했을 뿐만 아니라, 해군과 외교, 종교적인 관용 등과 관련한 일에서 장기의회와 잔부의회, 국무회의(the Council of State) 등에서 이를 위해 적극적으로 노력하였다.

밀턴이 이 소네트를 쓴 시기는 바로 영국과 네덜란드 사이의 관계가 악화되어 이미 전쟁이 선포된 위기의 순간이었다고 할 수 있다. 전쟁이 발발한 데는 여러 가지 이유가 있었다. 당시 네덜란드와 해상권을 두고 우위를 차지하기 위해 다투던 영국은 영국해협을 지나는 모든 외국 선박이 영국군함에 대해 경의를 표해야 한다고 주장했다. 그 와중에 프랑스 물품을 싣고 지나가던 네덜란드 배가 나포되어 약탈당하거나, 북해에서 고기잡이하던 네덜란드 어부에게 통행세가 부과되기도 하였다. 워체스터에서 스코틀랜드를 대패시킨 후, 베인은 네덜란드와 동맹을 맺음으로써 네덜란드를 공화정 내에 편입시키려고 했다. 반면 네덜란드는 크롬웰 정부가 쿠데타로 정권을 찬탈하였으므로 오래가지 못하고 곧 무너질 것으로 보고 이 제안을 거절하였다. 네덜란드 정부의 이러한 태도는 영국 의회의 불신을 증폭시켰으며 이후 양국 관계는 점차 악화되어 전쟁에까지 이르게 된 것이다(Woodhouse 426-27). 밀턴은 전쟁이 선포된 직후에 이 소네트를 쓴 것으로 알려져 있다.

밀턴은 베인의 인품과 능력과 그의 업적을 칭송하면서 이를 에피루스(Epirus) 왕 피러스(Pyrrhus)와 아프리카 카르타고의 한니발(Hannibal)이 기원전 3세기에 로마를 침공했을 때 로마 원로원이 보여 준 용기와 위엄과 애국심에 비교하고 있다. 그는 로마의 공화정에서 영국 공화정의 모델을 찾았는데, 당시 로마 원로원은 이들에 저항하여 단호한 의지와 효과적인 전략으로 침략을 물리친 유명한 일화가 전해 오고 있었다. "가운"(gowns; 3)은 로마 원로원들이 입던 긴 겉옷인 토가(toga)를 지칭하는 것으로, 무력이 아닌 시민의 힘을 상징하고 있다. 밀턴은 특히 네덜란드와의 관계에서 베인이 행한 여러 가지 업적을 높이 칭송한다. 로마의 평화를 지키기 위해 애쓴 로마 원로원처럼 베인도 네덜란드와 평화를 유지하기 위해 노력했지만, 네덜란드 사신이 영국에 파견되어 공화정부와 협상을 하는 동안 한편으로는 전쟁을 계획한 것으로 의심되었다. 당시 이 사신들을 면밀하게 관찰한 홉스(Thomas Hobbes) 역시 이들은 영국의 해군이 어느 정도 준비되어 있으며, 영국민이 자신들의 정부에 얼마나 만족하고 있는가를 정탐할 목적으로 파견되었다고 자신의 글에서 밝히고 있다(Smart 95). 결국 전쟁이 발발하자 베인은 해군을 준비시키는 데 총력을 기울였으며, 금으로 전쟁에 필요한 군비를 조달하는 일에도 능했다고 한다. 여기서 "텅 빈 나라"(hollow states; 6)는 철자도 비슷하지만 국토가 해수면보다 낮은 네덜란드(Holland)를 지칭하면서, 그 나라의 국토처럼 국민들도 거짓되고 위험스러운 도덕적 공백 상태에 있음을 암시한다고 볼 수 있다. 즉 지리적 사실을 윤리적 펀(pun)으로 사용하고 있는 것이다.

이어지는 6행연구에서는 다른 주제가 등장한다. 이는 국내의 문제에 대한 것으로서 전쟁이 끝난 후 평화를 유지하는 일과 종교적인 관용이라는 뜨거운 이슈를 다루고 있는데, 이 역시 베인의 지도력이 관련되어 있는 부분이다. 베인은 정치와 신학과 법에 대한 식견이 뛰어났다. 밀턴은 베인이 종교적 권력과 세속적 권력의 차이와 이들의 한계를 분명히 인식하고 있었다는 점을 특히 칭송한다.

또한 영적인 힘과 세속의 힘에 대해 알고,
  각각의 의미와 무엇이 그 각각을 나누는지
  거의 아무도 모르는 것을 그대는 알고 있다네.
그대 덕분에 각각의 검의 관할권의 한계가 유지되오.
  평화로운 때에 그대의 견고한 손에 종교는 의지하고
  그대를 종교의 장자로 여긴다오.

besides to know
  Both spiritual power and civil, what each means,
  What severs each, thou hast learnt, which few have done.
The bounds of either sword to thee wee owe.
  Therefore on thy firm hand religion leans
  In peace, and reck'ns thee her eldest son. (9-14)

밀턴은 1652년의 위기가 네덜란드와의 전쟁에만 그치는 것이 아니라, '복음 전파를 위한 위원회'가 여전히 국가가 지원하는 형태의 교회 설립을 고려하고 있는 사실을 또 다른 위기로 생각한 것 같다. 이에 외국으로부터의 군사적 위협에 대처하는 탁월한 능력을 보인 베인이 국내의 종교적인 문제도 해결할 훌륭한 자질을 지닌 인물로 주목받고 있는 것이다(Schlueter 133). 당시 장기의회에서 세력을 잡고 있었던 장로파는 자신들의 신조를 다른 종파에게 강요하며 억압하려고 하였다. 이에 대해 밀턴과 베인 같은 독립파는 종교적인 관용과 양심의 자유가 허용되어야 한다고 주장했으며, 이를 위해 정치와 종교의 분리를 강조했다. 시의 12행에서 말하는 "양날 검의 영역"이란 "영적인 검"(spiritual sword)과 "세속의 검"(civil sword), 즉 교회와 국가의 지배권 혹은 권위를 의미한다. 여기서 영적인 검은 이단과 분파를 잘라내기에 부적합한 무기인 세속의 검과 대조되는, 성령의 검(the sword of the Spirit)인 하나님의 말씀(the word of God)을 뜻한다.

베인은 급진적인 퓨리턴의 입장에서 교회와 정치의 분리를 주장하며 크롬웰과 대립을 보이기도 하였다. 이 소네트는 15번, 16번 소네트와 짝을 이루면서, 영연방을 위한 스코틀랜드와의 협상과 네덜란드와의 평화협상에 기울인 베인의 노력을 다루고 있다. 또한 밀턴은 종교적인 관용과 교회와 정치의 분리에 대한 베인의 입장을 높이 평가하고 칭송하면서, 그를 장자라고 일컬음으로써 "나이는 젊지만"이라고 첫 행을 시작했던 것과 역설적인 대조를 이루며 시를 마무리 짓고 있다.

정치와 종교의 분리에 대한 밀턴의 확고한 입장은 "지상의 어떤 권력도 종교 문제에 있어서 강요하는 것은 합법적이지 않다"(It is not lawful for any power on earth to compel in matters of religion)라는 부제가 붙어 있는 『세속 권력론』에 잘 표현되어 있다. 종교적 관용 문제를 차분하고 조리 있게 다루고 있는 『세속 권력론』은 브라운(Cedric Brown)이 언급한 바와 같이 양심의 자유에 대한 만년의 밀턴의 입장을 분명하게 보여 준다(145). 여기서 그는 어떤 통치자도 한 개인에게 그의 양심에 어긋나는 종교적 선택을 하도록 강요할 수 없으며, 교회와 정치는 분리되어야 한다고 강하게 주장한다. 밀턴은 국무회의에서 베인을 만나 수년간 친구로 교류하였는데, "종교와 세속적인 신중함을 잘 겸비하였으면서도 이들 각각의 다른 힘을 잘 구별해 낸다"(so well joining religion with civil prudence, and yet so well distinguishing the different power of either; 839)라는 『세속 권력론』에 나오는 국무위원에 대한 칭찬은 주로 베인을 두고 한 것으로 보인다(Lewalski 285).

「소네트 17번」을 「소네트 15번」과 「소네트 16번」과 비교해 볼 때, 헤라클레스와 같은 영웅인 페어팩스와 크롬웰은 전장에서 이미 입증해 보인 능력을 경제적인 부패와 종교적 타락 같은 국내의 사회적인 적들에 대해 발휘할 것을 요청받고 있다. 즉 전사(warrior)가 정치가(statesman)가 되어 달라는 것이다. 반면 「소네트 17번」은 평화 협상이 실패로 돌아간 후 해군을 준비시키고 군비를 조달하는 등 전쟁을 도운 정치가 베인을 묘사하고 있다. 나르도(Anna Nardo)가 말한 바와 같이 페어팩스와 크롬웰 장군은 먼 곳에 있는 외부의 적은 정복했지만, 자유로운 양심을 구속하는 일이나 탐욕과 같은 보다 핵심적이고 끈질긴 내부의 적을 소탕하는 새로운 일에 착수해야 한다. 반면 베인은 현명하고 덕망 있는 인품을 중심에 지닌 자로서 사회에 대해 봉사한 후, 이제 종교적 평화를 유지하도록 신의 뜻을 실천하는 방향으로 나아가야 한다(123-24).

베인은 밀턴처럼 정부와 성공회의 전례(liturgy) 의식에 불만을 느껴 일찍이 1635년에 예배의 자유를 찾아 뉴잉글랜드(New England)로 이주했으며, 1636년 23세라는 젊은 나이에 놀랍게도 매사추세츠(Massachusetts) 총독으로 선출되기도 하였다. 1637년에 영국으로 돌아와 1653년 국무회의 의원으로 열정적으로 일하기까지 영국 정치의 중요한 직책을 두루 거쳤다. 그러다가 그해 크롬웰이 장기의회를 해산한 것을 공격한 일로 서로의 우정이 깨지고, 크롬웰이 호국경으로 다스린 시절에는 야인으로 돌아가 지내면서 크롬웰로부터 이런저런 박해를 받기도 하였다. 베인은 국왕시해에 직접적으로 가담하지는 않았지만 의회의 요구에 따라 1662년에 교수대에서 처형당했으며, 마지막 순간까지 위엄과 용기를 잃지 않고 죽음을 맞이했다고 전해진다(Honigmann 154; Woodhouse 426). 이처럼 크롬웰과 베인과 페어팩스는 1673년 시집이 출판될 당시에 이미 죽었을 뿐만 아니라, 시집에서 이들에 관한 시가 제외됨으로써 패터슨의 주장처럼 사회로부터도 추방당했다고 말할 수 있다(86). 그렇다면 밀턴의 소네트는 시인의 이상주의에 대한 기록임과 동시에, 이러한 이상을 실현하려던 운동이 성공했다기보다는 실패했음을 보여 주는 기록이라고 평가할 수 있을 것이다.

5 밀턴은 종교개혁이 개인의 영혼을 위계적이고 의식(儀式)적인 가톨릭이 부과하는 외부의 속박으로부터 자유롭게 하고, 영국혁명이 시민을 독재적인 국가로부터 자유롭게 해 줄 수 있다고 믿었다. 그는『아레오파기티카』를 비롯한 여러 글에서 종교개혁이 영국에서 시작되었으며, 영국민이야말로 신으로부터 선택된 백성이라고 주장한다. 밀턴은 "마음속에서 한 고귀하고 힘센 국민이 마치 잠에서 깨어난 장사처럼 일어나 무적의 머리 타래를 흔드는"(in my mind a noble and puissant nation rousing herself like a strong man after sleep, and shaking her invincible locks; 745) 비전을 보면서, 신의 선민인 영국민이 이상적 국가를 이루기 위해 갖춰야 할 자질을 소네트와 산문을 통하여 밝히고 있다. 현실적으로 실현되기 힘들다고 생각될 정도로 이상주의적인 사상을 지녔던 밀턴은 중기에 발표한 소네트와 산문, 그 가운데서도 특히 "공화정 소네트"에서 이러한 면모를 분명하게 보여 준다.

페어팩스에게 바친「소네트 15번」에서는 당시 폭력과 속임수가 난무하는 영국에 진리와 정의와 믿음이 회복되기를 애타게 바라는 시인의 마음을 읽을 수 있다. 뇌물과 부패와 사기가 판을 치던 혼란한 상황 속에서 밀턴은 정부와 백성들의 타락상을 안타까워하면서, 의회가 진리와 정의를 실현시켜 주기를 간절히 바라며 영국 국민이 마땅히 지녀야 할 윤리적이고 도덕적인 기준을 제시하고 있다. 밀턴은 개인의 자유가 검열 등의 제도로 구속받지 않는 표현의 자유와, 양심의 자유가 보장되고 다른 종파에 관용하며 종교와 국가가 철저하게 분리되는 신앙의 자유와, 적절한 교육의 제공 등을 통해 이뤄진다고 믿었다. 「소네트 16번」에서 그는 크롬웰이 자신의 이러한 믿음을 실현시켜 줄 것이라는 기대를 표현하면서, 크롬웰이 왕정을 무너뜨리고 공화정부를 수립한 것을 신이 부여한 임무를 수행한 것으로 높이 평가한다. 밀턴은 왕도 무제한적인 권력을 가질 수 없고 법의 권위에 따라야 하며, 그렇지 않을 경우 백성들에 의해 심판을 받을 수 있다며 정치적으로 매우 혁명적이고 이상주의적인 사상을 그의 산문에서도 분명히 밝히고 있다. 앞서 크롬웰에 대한 소네트에서처럼 베인에 대한 기대를 담은「소네트 17번」에서도 베인이 국내의 종교적인 현안을 해결해 주기를 바라는 마음과 함께, 종교적인 관용과 양심의 자유, 그리고 정치와 종교의 분리에 대한 밀턴의 신념이 다시 한 번 강하게 표현되어 있다. 이처럼 밀턴의 "영웅적 소네트"는 혁명기 훌륭한 지도자들의 업적을 칭송하면서 정치적이고 종교적인 충고를 곁들임으로써 자국민의 영광스러운 행위를 칭송하는 문학적 기념비를 세우는 서사시인의 면모를 보여 주고 있다는 점에서 향후 밀턴의 문학적 경력에 비추어 볼 때 주목할 만하다.

이들 소네트에 나타나 있는 밀턴이 이상적으로 여겼던 신념은 그의 산문에서 보다 분명하고 상세하게 다뤄지고 있다. 특히 『국왕과 관료들의 재직조건』에서는 정치적 신념이, 『영국민을 위한 두 번째 변호』와 『세속 권력론』, 『고용 성직자 퇴출 방안』 등에서는 종교적 신념이, 그리고 『아레오파기티카』 등에서는 개인적·윤리적 신념이 자신의 소명에 대해 강한 확신에 찬 어조로 조국에 대한 절절한 애국심과 함께 웅변적으로 표현되어 있다. 밀턴은 자신이 주창한 이러한 신념과 자유를 공화정부 내에서 실현하기 위해 교회와 정치를 분리시키고, 잘못된 법률을 개정하고, 젊은이를 도덕성을 갖춘 인물로 교육하고, 출판의 자유를 확대하고, 양심의 자유를 보호하고, 당쟁을 그치게 하는 등 여러 가지 실제적인 방안을 모색하고 제안하였다. 또한 그는 국내외에 공화국 정부의 정당성을 변호하고 자유롭고 이상적인 국가를 세우기 위해 크롬웰을 비롯한 지도자와 국민에게 호소하는 일에 문학적 재능을 아낌없이 사용하였다.

그렇지만 밀턴은 만년에 왕정이 복고됨으로써 자신이 토대를 세우는 데 이바지했던 공화국에 대한 꿈이 완성되지 못하고 실패로 돌아가는 것을 목격해야 했다. 영국민에게 부여된 종교개혁의 사명도 완수되지 못하고 정치적이고 종교적인 갈등은 한층 깊어만 갔으며, 종교적인 관용과 양심의 자유도 여전히 성취되지 않았다. 이처럼 영국을 서쪽의 또 하나의 로마로 만들려고 했던 밀턴의 이상주의는 그의 생전에는 현실적으로 실패했다. 그러나 당시에는 현실과 거리가 멀고 이상적으로만 여겨졌던 그의 시와 산문에 담긴 많은 사상이 오랜 세월이 흐른 후 제도화되고 실현되었음을 볼 때 밀턴은 시대를 앞선 선견자였으며, 자유를 위한 힘찬 투쟁에 앞장서서 자신의 신념을 굽히지 않고 싸운 전사였다고 평가할 수 있을 것이다.

제6장

중기 이후의 산문과 밀턴의 영향

Middle Milton

제6장

Milton's Prose

1 밀턴은 말년에 후기 대표 시들을 발표한 후 1649년부터 쓰기 시작하여 1650년 중반에 마무리한 것으로 추정되는 『영국사』(*History of Britain*)를 1670년에 출판하였다. 그는 1674년 『실낙원』을 고전 서사시의 전례를 따라 12권으로 만들어 재판을 발행하는데 이것이 그의 마지막 출판이다. 밀턴은 장인 리처드 파월에게 받기로 되어 있었던 아내의 결혼 지참금 1,000파운드를 결국 받지 못했고 이에 대한 분노의 감정을 유언장에 담고 있다. 그는 만년을 런던의 집에서 통풍으로 고생하며 조용히 보낸다. 그러다가 1674년 11월 8일 65세를 일기로 생을 마감하고 런던의 세인트 자일스(St. Giles) 교회의 부친 곁에 묻힌다.

왕정복고가 된 1660년 『자유공화국 수립을 위한 준비되고 쉬운 길』을 출판한 이후에도 밀턴은 계속해서 산문을 발표한다. 그는 『실낙원』을 비롯한 후기의 대작들을 집필하는 와중에도 1670년 11월경 『영국사』를 출간하고, 1673년에는 『참된 종교에 대하여』(*Of True Religion*)를 출판하였으며, 과연 밀턴이 쓴 것이 맞는지를 두고 논란이 많았던 라틴어로 쓴 『기독교 교리』(*Christian Doctrine*)가 1823년 런던의 고문서 보관소에서 발견되었다.

『참된 종교에 대하여』는 로마 가톨릭 교회를 제외한 다른 종교에 대한 관용을 호소하고 있는 밀턴의 15페이지 분량의 팸플릿으로, 1673년 5월 6

일 이전에 쓴 것으로 추정된다. 밀턴이 잘 알고 있었듯이 왕정복고 후 국교 재건을 위해 왕당파 의회(Cavalier Parliament)가 클라렌든(Clarendon)의 지도하에 1661년에서 1665년 사이에 제정한 클라렌든 법전(Clarendon Code)은 청교도 급진주의를 통제하고자 했다. 이 법전은 목사 추방과 집회 금지, 학교 운영 정지, 평신도 관료들에 대한 순종 강요 등의 방식으로 프로테스탄트를 압박한다. 영국민들 대부분은 개인의 양심에 따른 예배를 제약받았고, 그들의 지도자들은 생계를 꾸려 나가는 것을 방해받았다. 국왕 처형자라는 평판을 받았던 밀턴은 찰스 2세의 정책을 무시하는 용기를 보여 준다. 찰스는 자신의 포르투갈 출신 가톨릭 아내와 함께 로마 가톨릭에 대한 관용을 바랐다. 그러나 밀턴과 다른 의회파들은 찰스가 로마 가톨릭교로 개종할지도 모르며 가톨릭 교도가 그를 계승할지도 모른다는 우려를 지니고 있었다. 밀턴은 또한 탐닉과 무절제에 대항하면서 왕정복고라는 역사적 퇴보를 비난하며 런던 대역병과 대화제가 신의 징벌이라고 보았다. 그리고 그는 스튜어트 절대왕정을 간접적으로 공격하기 위해 로마 가톨릭에 대항하는 군중의 감정을 이용한다. 종교적인 관용에 대한 밀턴의 호소는 존 로크(John Locke)와 토머스 제퍼슨(Thomas Jefferson)의 종교적 관용 사상을 예견하고 있다(Flannagan 1150).

『참된 종교에 대하여』를 출간한 시기는 찰스 2세가 '신교 자유령'(Declaration of Indulgence)을 선포한 후 정치적 격동의 시기였다. 의회는 왕의 의도가 영국 가톨릭을 해방하는 데 있다고 확신하여 자유령을 철회할 것을 강력히 요청했다. 이 팸플릿에서 밀턴은 "천주교"(Popery)를 열정적으로 비난했으며 "로마 가톨릭이라는 잡초가 자라날 것"(the growth of the Romish weed)이라고 경고하며 "로마 교회는 오류의 어머니이며 이교의 학교"(the Romish Church *Mother of Error, School of Heresie*)라고 하였다(*CPW* 8. 417, 421). 『참된 종교에 대하여』에서 가장 흥미로운 이미지는 로마 가톨릭을 풍자할 때 사용된 이미지일 것이다. 밀턴은 오만과 사치, 탐욕, 매춘, 저주, 독설, 무신론 등을 쉽게 받아들이는 벨리알(Belial)의 자손인 영국에 대한 비난을 남겨 둔다.

밀턴은 『참된 종교에 대하여』를 고등 교육을 받은 사람이나 의회의 의원을 위해서가 아니라 일반 독자를 위해서 썼다. 『실낙원』의 성자의 말에서 제시된 평범하고 간단한 문체가 특징인 이 팸플릿의 문장 길이는 콘즈에 따르면 밀턴의 표준 문장 길이보다 짧은 약 23단어로 이루어져 있다(118). 밀턴은 항상 악덕을 지닌 적들을 잘 간파했으며, 진정한 종교란 인간이 만든 교파에 바탕을 둔 것이 아니라 성서에 기초해야 한다고 역설하였다.

밀턴은 1640년대에 당시의 종교적 교리에 관해 상세하게 기술했다. 이것은 과연 밀턴이 쓴 것이 맞느냐에 대한 논란이 많았던 라틴어로 쓴 『기독교 교리』(*De Doctrina Christiana; Christian Doctrine*)라는 방대한 분량의 원고로 남아 있는데, 그가 살아 있을 당시에는 출판되지 않았고 1823년 런던의 고문서 보관소에서 발견되었다. 이 원고에는 밀턴의 이름이 있었고 그가 작성했던 국가문서의 사본과 함께 묶여 있었다. 이 책은 성서와 신학적 체계에 대한 밀턴의 평생 동안의 연구의 최종적 산물로 보였다. 최근의 학자들은 과연 이 책의 어느 정도가 기독교 신앙에 대한 밀턴의 생각을 대변하고 있는지에 대해 의문을 표해 왔다. 그러나 만약 이것이 밀턴의 글이라면 논쟁적인 시기인 1640년대에 국가가 종교를 통제하려는 것을 반대한 그의 사상을 이해하는 데 많은 도움이 된다.

논문에 부치는 서문의 서한은 이 책의 기원과 전개 과정을 묘사하고, 신학적인 색인에 대한 밀턴의 『비망록』(*Commonplace Book*)에 나오는 언급과 에드워드 필립스가 자기 삼촌의 신학적인 논문에 대해서 했던 언급을 설명하고 있다. 이 필사본을 발견한 이후, 학자들은 필사본 자체의 증거를 수립하면서 다음과 같이 문서적인 기록을 완성해 나갔다. (1) 이것이 밀턴 평생의 신앙적 연구의 산물일지라도, 논문에 대한 집필은 1658년에서 1660년에 집중되었다. (2) 밀턴 사후에 다니엘 스키너(Daniel Skinner)라는 젊은 남성이 밀턴의 국가문서와 논문의 필사본을 소유했다. (3) 1675년 스키너는 자신이 소유한 밀턴의 문서를 왕정복고기 영국에 비해서 출판이 자유로웠던 암스테르담에서 출판하고자 했지만, 책의 이단적 주장으로 인해 이 논문을 공표하지 않았다. (4) 1677년에 이르러 스키너는 영국 정부, 특히 국무장관 윌리암슨(Joseph Williamson)으로부터 출판을 하지 못하도록 압력을 받는다. (5) 윌리암슨은 스키너를 협박하면서 조종했다. 스키너는 필사본을 압수당했고 그 문서들은 1823년까지 창고에 보관된다.

만약 밀턴이 자신의 논문을 왕정복고 시절에 출판하고자 했다면, 아리우스파적인 삼위일체설에 대한 부인 등 이단적 내용으로 인해 심각한 상황을 겪어야 했을 것이다. 암스테르담의 출판자에게 문의를 받은 네덜란드의 신학 교수는 강한 아리우스적인 견해가 있기 때문에 이 책의 출판에 반대했다. 17세기에 그리스도의 최고 신성에 대한 거부는 가장 심한 이단으로 취급되었으며 이러한 견해를 옹호한 자들은 제임스 1세의 통치기간 동안 화형에 처해지기도 했다. 이 논문이 복구된 19세기 이후에도 이 글에 담긴 예수의 신성을 부인하는 아리우스적 입장은 강한 반향을 불러 일으켰다. 20세기 후반에 학자들은 밀턴이 단순히 비정상적인 주변부로서가 아니라 기독교 신앙의 위대한 전통에 더욱 근접했다고 간주했다. 결과적으로 이 책의 풍자적인 스타일에 대한 통계적인 분석을 통해 논문의 저자가 밀턴이 아니라는 주장이 나오기도 했다.

이러한 긴 논쟁은 학자들에게 밀턴의 논문의 역사와 그의 신학적 견해의 정확한 성향에 대해 더 관심을 기울이게 만들었다. 그리고 밀턴이 저자가 아니라고 간주했던 주장은 설득력을 잃는다. 밀턴 시대의 정통적인 프로테스탄트 교리는 밀턴의 신학적인 경향을 인정하지 않는다. 아르미니우스 교리, 반율법주의(도덕률 초월론), 생기론(활력설), 물질주의, 일부다처 등의 이단적 교리들 중 일부는 밀턴의 시와 관련이 있다. 밀턴은 이 논문을 『실낙원』을 쓰고 있을 때 구체화하기 시작했으며, 그의 서사시에서의 내러티브는 신념을 체계적으로 서술하기 위한 밀턴의 지속적인 시도와 함께 대화로 전개된다고 볼 수도 있다. 최근의 밀턴 연구는 밀턴의 신학 관련 소책자들과 서사시의 상호 관련성을 중요하게 연구하는 경향을 띤다. 밀턴은 프로테스탄티즘을 체계적으로 연구한 신학자라고 할 수 있다. 이 논문과 신학자로서의 밀턴의 특징은 꾸준하게 성서에 의존한다는 점인데, 이 논문은 성서와 외전에서 인용한 9,346개의 엄청난 분량의 인용구를 포함하고 있다. 밀턴 스스로 서두의 서한문에서 말했듯이, 페이지를 채우려고 심지어는 성서의 모든 부분에서 차용한 인용들로 채우면서 자신의 말은 거의 없다고 밝히고 있다.

이 책은 최근의 역사와 텍스트 연구를 반영하면서 새롭게 해석되어야 한다. 『기독교 교리』는 신학 분야에서뿐 아니라 위대한 영국시에 대한 중요한 주해서라고 할 수 있다. 밀턴에게 성서는 어떻게 살아야 하는지를 알려 주는 흥미로운 책이었다. 1650년대에 신앙심 깊은 프로테스탄트 유럽인에게 성서의 모든 말은 성스러운 것이었고, 구약과 신약의 구절들은 도덕적 지침서로 활용되기 위해 각색되었다. 이러한 생각으로 인해 밀턴은 『기독교 교리』에서 자신의 말을 최소한으로 제한하면서 성서의 인용으로 채운다. 성서에 익숙하지 않은 이들에게는 지루할 수도 있지만, 『실낙원』의 독자들에게는 타락 이전 아담과 이브의 동기를 이해하기 위해 아주 유용할 수도 있다. 혹은 『실낙원』과 『복낙원』에서 하나님의 아들의 존재적 특성을 규명해야 할 때, 그리고 선한 천사의 임무와 악한 천사의 불순종을 이해하고자 할 때 유용할 수 있다. 밀턴의 이단적 성향은 아리우스 교파, 펠라기우스주의자, 반삼위일체주의자, 혹은 아르미니우스적이라 가정되어 왔다. 극히 단순화시켜 보면 이것들은 성부에 비중을 두고 성자와 성령은 가볍게 취급하는 삼위일체관과 연관이 있다.

2 밀턴은 평생 종교적 자유에 대해 관심을 가지고 많은 팸플릿을 발표하였다. 그가 1640년대에 처음으로 쓴 산문 소책자가 주교제의 병폐에 대해 공격한 『종교개혁론』을 비롯한 반주교제 소책자 5편이며, 그의 마지막 산문 소책자도 국교를 믿지 않는 프로테스탄트 분파들의 예배할 권리를 제한하는 법을 완화할 것을 주장하는 『참된 종교에 대하여』였다. 당시 왕은 잉글랜드 교회의 수장이었기 때문에 왕권과 주교제는 밀접한 관계를 유지하며 서로 도움을 주고받았다. 그러나 종교개혁가들은 주교제를 로마 가톨릭의 잔재로 여기고 종교개혁의 장애물이라고 비판했다. 이러한 와중에 찰스 1세와 로드 대주교는 잉글랜드의 예배 의식과 교회 조직을 장로교를 믿는 스코틀랜드 교회에도 강제로 채택하게 하였다. 이에 반발하여 스코틀랜드 장로교인들이 폭동을 일으키자 1639년 주교전쟁(Bishop's Wars)이 일어나게 되고, 이듬해 12월에는 헨리 베인(Henry Vane)과 올리버 크롬웰(Oliver Cromwell)이 중심이 되어 주교의 폐지를 요구하는 '루트 앤 브랜치 청원'(Root and Branch Petition)이 의회에 제출되어 로드는 하원에서 탄핵당한 후 대역죄로 런던탑에 투옥되었다가 1644년 처형된다. 이 청원은 주교들의 세속적인 권력과 특권을 박탈할 뿐 아니라 가톨릭적인 의식도 없애고 주교들을 교회로부터 쫓아내고 뿌리째 뽑아 버릴 것을 요구하고 있다(Lewalski 121).

이처럼 내전의 기운이 감도는 새로운 상황에서 밀턴은 자신의 반주교제 팸플릿을 발표했으며, 이는 『종교개혁론』을 시작으로 하여 『교회치리론』과 『스멕팀누스를 위한 변호』에서 절정에 다다랐다. 『교회치리론』은 주교제를 폐지한 후 영국 국교회가 나아가야 할 교회 개혁에 대한 내용이 활력과 열정이 넘치는 문장으로 자세하게 기술되어 있다. 밀턴은 주교제라는 성직자 계급제도는 성서에 기초한 것이 아니며 더구나 영국의 정치적·종교적 건강을 해친다고 주장한다. 밀턴은 종교의 자유와 표현의 자유가 보장되어야 하며 진리를 추구하는 과정에서 어느 정도의 이단적 해석이나 이설에 대해 관용해야 한다고 주장함으로써 말년에 취하게 될 분명한 관용주의자의 입장을 예고하고 있다. 그는 주교와 같은 성직자들이 세속적인 권력을 탐하면서 예배 의식이나 아이콘, 예복 따위에 중요성을 부여하는 등 진정한 본분을 망각하고 있다고 보았기에 정치와 종교는 반드시 분리되어야 한다고 확신했다. 관용은 계몽주의 시대의 중요한 문제 가운데 하나였는데, 근대 초기에 관용은 종교적 자유를 일컫는 말이라기보다는 허용이나 인내의 개념에 좀 더 가까웠다.

밀턴은 이혼 소논문과 『아레오파기티카』에서 관용을 주창했으며, 『국왕과 관료들의 재직조건』에서 장로파의 편협함을 공격했다. 그는 왕정복고가 임박하여 국가교회가 다시 세워질 즈음에 『세속 권력론』과 『고용 성직자 퇴출 방안』을 통해 국교의 폐지를 촉구했다. 그는 『기독교 교리』 서문에서 기독교 분파와 입장에 대한 관용을 호소하고 있다. 이처럼 분파에 반대하는 풍조에 대항하여 개인의 양심의 자유를 옹호한 밀턴은 관용의 영웅 취급을 받아 왔으나 관용적이지 못다는 평가도 동시에 받고 있다. 왜냐하면 밀턴은 로마 교회가 폭정을 자행한 것을 비난하면서 종교적인 관용의 대상에서 가톨릭을 배제하였기 때문이다. 이러한 생각은 마지막 팸플릿인 『참된 종교에 대하여』에서도 그대로 유지되고 있다.

밀턴은 분파나 종파가 종교개혁에 방해가 되기보다는 오히려 이를 촉진시킨다는 점을 역설한다. 그는 『교회치리론』 전반에 걸쳐 신앙에 획일성을 강요하려는 생각에 반대하는 논리를 펴면서, 누구에게도 다른 사람의 믿음을 강요하거나 위협하지 않고 다양한 종파와 분파가 존재한다는 것 자체가 진정한 종교개혁이 진행 중임을 보여 주는 건강함의 표시라고 주장한다. 초대교회 때 사도들도 교리를 비롯한 여러 가지 문제에 대해 회의하고 논의를 했던 것처럼, 분파주의자들의 주장도 진리를 창조하는 데 필요한 언어적 교류와 열정적인 논의를 불러일으키는 순기능을 한다고 보았기 때문이다(*CPW* 1. 795). 만약 종교개혁을 목표라고 한다면 종파들 간의 논쟁과 언어적인 교류는 그 수단이라고 할 수 있기에, 밀턴은 "진실과 거짓의 열띤 조우"(the fierce enounter of truth and falshood; *CPW* 1. 796) 가운데서 진리는 승리할 것이며 교회의 개혁도 이루어질 것이라고 『아레오파기티카』를 예견하게 하는 주장을 한다. 이후 밀턴은 18세기에 큰 영향을 끼친 유일한 급진적 청교도 관용주의자가 되었으며 오늘날에도 자유주의를 대변하는 인물로 평가되고 있다.

검열 제도를 반대하고 표현의 자유를 옹호하면서 종교적 관용과 개인의 자유를 주장한 언론 자유의 경전으로 알려져 있는 『아레오파기티카』에 종교적 자유 가운데서 특히 표현의 자유를 주장한 밀턴의 생각이 구체화되고 있다. 밀턴은 책에 대한 검열 문제는 종교적인 분파의 성장과 관용의 문제와 관련 있는 것으로 보았다. 관용의 문제보다는 교육과 검열을 주된 관심사로 다루고 있는 이 팸플릿에서 그는 "주교들은 쫓아내야 하며 모든 출판 활동은 활짝 열려야 한다. 이는 의회의 지배 하에서 인민의 타고난 권리이자 특권이었으며, 빛의 분출이었다"(Bishops were to be baited down, then all Presses might be open; it was the peoples birthright and priviledge in time of Parliament, it was the breaking forth of light; *CPW* 2. 541)라고 하며 주교들로 구성된 종교재판소와 검열관의 폐해를 지적하면서 주교들의 술책에 대해 주의를 환기시킨다. 밀턴은 인간의 정신은 책을 읽을 때 개인의 양심과 자유의지에 따라 선악을 판단하는 훈련을 거치게 되므로 "지식은 더럽혀질 수 없으며, 의지와 양심이 더럽혀지지 않았다면 책도 더럽혀질 수 없다"(the knowledge cannot defile, nor consequently the books, if the will and conscience be not defil'd; *CPW* 2. 512)라며 선하든 악하든 모든 종류의 지식을 고려의 대상으로 받아들인다. 즉, 어떤 형태의 책도 분별 있는 "현명한 독자"(judicious reader; *CPW* 2.512)가 읽지 못할 책은 없다고 단정 짓고 있다.

밀턴은 진리는 본질적으로 여러 면을 지니고 있으므로, 종교적으로도 많은 분파와 분당들을 허용하지 않고서는 진리에 도달할 수 없으며 잉글랜드가 바로 세워질 수 없다고 주장한다. 양심과 의지의 순수함에 관해 급진적인 윤리관을 가진 그는 책을 읽을 때 양심에 따른 개인의 선택과 판단이 중요하며, 독자는 자신의 이성의 능력으로 책의 가치를 스스로 판단하여야 한다고 생각했다. 선을 알기 위해서는 그에 대비되는 악을 알아야 한다는 생각을 가지고 있었던 밀턴은 인간이 선과 악 사이에서 이성적으로 선택할 수 있는 자유를 지니고 있으며, 그 선택의 결과에 따라 구원이 결정된다는 자유의지(free will) 사상을 피력한다. 이런 자유의지를 행하려면 분파와 이단까지도 한시적으로 용인해야 한다는 것이 그의 입장이었다. "좋은 책은 생애 뒤의 생애를 위해 향취 있게 저장된 탁월한 영혼의 고귀한 생명의 피다"(a good Booke is the pretious life-blood of a master spirit, imbalm'd and treasur'd up on purpose to a life beyond life; *CPW* 2.493)라고 하며, 아무리 나쁘고 위험해 보이는 책일지라도 그 안에 영혼을 지니고 있어서 살아 있는 지성의 정수를 순수하게 뽑아 놓은 것일 수 있으니, 책을 선택하고 판단하는 문제는 독자 개인의 역량과 능력에 맡기는 것이 현명하다고 주장한다. 밀턴의 의도는 검열 제도 하에서는 개인의 영혼이 선과 악을 판단할 여지가 없으므로 이를 없앰으로써 선악을 선택할 양심의 자유를 누리게 하자는 것이다(Achinstein 64). 그는 만약 이런 강압적인 검열 제도가 지속될 경우 인간의 정신이 노예 상태로 전락하게 될 것을 우려하면서, 검열관의 수와 자질, 검열에 소요되는 시간 등의 문제를 하나하나 짚어 가며 검열제의 비효율성에 대해 논박한다.

밀턴은 양심의 자유를 옹호하면서 종교적 진리를 찾고 적용하는 데 있어서 프로테스탄트 종파의 권리를 변호하고 있다. 양심의 자유는 신자들이 종교적 진리를 추구하는 것은 허용되어야 하고 세속적인 기관은 이를 존중해야 하므로, 종교적 문제에 대해 국가가 간섭하지 않는다는 것을 의미한다. 『아레오파기티카』에서 다뤄진 종교적 관용에 대한 밀턴의 생각은 그로부터 10여 년 후 발표된 『세속 권력론』과 『고용 성직자 퇴출 방안』에 구체적으로 드러나 있다. 종교적 관용 문제를 차분하고 조리 있게 다루고 있는 『세속 권력론』은 만년의 밀턴이 양심의 자유에 대한 자신의 입장을 분명하게 보여 주고 있다.

이 『세속 권력론』과 거의 동시에 발표된 『고용 성직자 퇴출 방안』에서 밀턴은 국가교회에 대한 개념을 유대교와 연관시키면서 "크리스천 교회는 보편적이다. 국가나 주교의 관구, 교구 등에 얽매이지 않고, 많은 개별 교회가 그 자체로 완전하게 존재한다"(the Christian church is universal; not ti'd to nation, dioces or parish, but consisting of many particular churches complete in themselves; *CPW* 7. 292)라며 크리스천 교회의 보편성을 주장한다. 여기서 밀턴은 국가교회를 유대교와 연관 지음으로써 국가교회를 옹호하는 자들이 참된 기독교인들을 위협하고 있음을 지적하고 있다. 왜냐하면 국가교회를 지지하는 자들이 바라는 외적인 의식의 준수와 국교 신봉은 그들이 성경과 성령의 은혜를 통해 하나님의 진리를 찾기보다는 맹목적인 신앙과 미신에 의존하는 등 성경의 원리를 제대로 따르지 않고 있음을 드러내고 있기 때문이라는 것이다. 밀턴은 이처럼 외적인 예배의 일치를 주장하는 자들은 받아들여서는 안 된다고 주장하는데, 이런 시각에서 맨 처음 주교들에 대해서, 그리고 장로파에 대해서, 그리고 로마 가톨릭에 대해서는 항상 반대하는 입장을 취했던 것이다. 이처럼 밀턴은 양심의 자유라는 원칙 안에서 종교적 관용에 대해 제한을 두어야 한다는 논리를 유지하고 있다. 그에 따르면 프로테스탄트 국가는 개인에게 성경을 자유롭게 해석하고 내면의 빛인 “성령의 조명”(the illumination of the Holy Spirit; *CPW* 7. 242)을 따르도록 허용하는 국가라는 것이다.

이처럼 밀턴의 산문은 17세기 영국의 종교적인 상황과 정치적 환경에 대해 많은 것을 말해 준다. 그리고 종교적 관용에 대한 그의 사상은 양심의 자유와 자유의지, 평등, 이성 등에 대한 이론적이고 실제적인 다양한 그림을 제공하고 있다. 종교개혁을 주창한 인문주의 사상가로서 개인의 경험을 강조한 밀턴은 아친스타인(Sharon Achinstein)과 사우어(Elizabeth Sauer)가 지적한 바와 같이 로마 가톨릭에서 온갖 형태의 굴종과 이성으로부터 멀어지는 현상을 보았다는 점에서 동시대의 관용주의자들과 현저히 달랐다(7). 그는 가톨릭이 우상 숭배적이고 미신적일 뿐만 아니라 선동적이며, 정치적 위협이라기보다는 철학적 자유에 대한 위협이라고 보았기 때문에 이를 관용의 범주에서 제외했지만, 성경을 읽을 때 개인의 다양한 해석의 차이를 가능한 한 허용하는 입장을 보이고 있다. 따라서 밀턴은 양심과 이성의 자유라는 시각에서 관용을 주창한 점을 높이 평가 받으면서도, 한계와 모순을 동시에 보여 준다는 평가를 받고 있다.

3 밀턴 사후 그의 공화국에 대한 사상과 이상은 프랑스와 미국에서 계승되었다. 밀턴의 사상은 프랑스혁명에 상당한 영향을 끼쳤다. 미국에서는 벤자민 프랭클린(Benjamin Franklin)과 토머스 제퍼슨, 그리고 존 애덤스(John Adams) 등이 자신들의 공화주의의 근원을 밀턴의 시와 산문에서 찾았으며 이를 폭넓게 읽고 인용하였다. 이처럼 밀턴이 미국과 프랑스에서는 공화주의의 창시자로 여겨질지 몰라도 정작 잉글랜드에서는 그

의 정치적 후계자가 없었다. 잉글랜드 공화주의는 1683년 앨저넌 시드니(Algernon Sidney)와 함께 단두대에서 처형당했고 다시는 살아나지 못하고 잊혀져 버렸다.

영어로 창작된 서사시 가운데 여러 면에서 가장 위대하면서 또한 마지막 작품이라고 할 수 있는 밀턴의 『실낙원』은 그 이후의 문학사에 엄청난 영향을 끼쳤다. 그 다양하고 복합적인 영향은 간단히 설명하기에 너무 광대한 주제이기는 하지만, 왕정복고기에서 낭만주의 시대에 이르기까지 많은 작가들이 밀턴의 시를 개작하고 모방했다는 사실만으로도 그의 시가 얼마나 강력한 창작의 자극제 역할을 했는지를 짐작할 수 있다. 밀턴의 시는 18세기에 많은 비평적인 관심을 끌었는데 대표적인 비평가가 조셉 에디슨(Joseph Addison)과 사무엘 존슨(Samuel Johnson)이다. 에디슨은 1712년 『스펙테이터』(*The Spectator*)라는 간행물에 『실낙원』에 대한 글을 18회에 걸쳐 연속적으로 발표했다. 존슨 박사는 『시인론』(*Lives of Poets*, 1779~1781) 속에 밀턴에 대한 통찰력 있으면서 고집스러운 비평적 전기를 담고 있다. 『실낙원』은 1682년에 독일어로, 그리고 1686년엔 라틴어로 번역되어 유럽의 독자들도 접할 수 있게 되었다. 이후 『실낙원』 번역은 급속도로 진행되어 네덜란드어판(1728), 불어판(1729), 이탈리아어판(1729), 그리스어판(1735), 러시아어판(1777), 노르웨이어판(1787), 포르투갈어판(1791), 폴란드어판(1791), 헝가리어판(1796) 등이 지속적으로 출판되었다.

낭만주의 시인들은 밀턴의 영향을 많이 받았는데 그 가운데 대표적인 시인이 블레이크(William Blake)다. 그는 밀턴이 『실낙원』을 쓸 때에 잠재의식적으로 자기 자신과 대화를 나누고 있으며, 자신도 모르는 사이에 악마의 편(Devil's party)이 되었다고 주장한다. 여기서 블레이크가 의미하는 바는 밀턴이 잠재의식적인 사탄주의자(Satanist)라는 것이 아니라, 본의 아니게 사탄과 그의 추종자들의 반역적이고 영웅적인 상황이 그의 상상력을 사로잡아 그들에게 숭고한 시적 감정과 신보다 더한 비극적 장엄함을 부여하게 되었다는 것이다. 18세기 계몽 운동과 유럽과 아메리카 대륙의 역사를 변화시킨 혁명적인 정치 이데올로기에 영향을 받은 블레이크와 낭만주의 시인들에게 밀턴은 급진적인 계몽주의의 전형으로 여겨졌다. 밀턴의 거의 모든 시에 삽화를 그렸던 화가이기도 한 블레이크는 1804년에 자신의 작품 중 가장 길고 모호한 신화적인 작품 『밀턴』(*Milton*)을 발표하였다. 여기서 그는 교리와 정통적인 믿음을 초월하는 밀턴의 상상력을 특히 강조하였는데, 밀턴의 뒤를 이어 많은 낭만주의자들이 시인의 숭고한 창조적 상상력을 노래하게 된다. 시대를 대표하는 반항아이며 정치적 급진주의자이자 무신론자로 널리 알려져 있는 셸리(Percy Bysshe Shelley)는 여기서 더 나아가 밀턴이 공화주의자였으며 도덕과 종교를 대담하게 탐구한 인물이었음에 주목하면서, 「『풀려난 프로메테우스』 서문」("Preface to *Prometheus Unbound*", 1819)에서 자신의 주인공 프로메테우스를 밀턴의 사탄과 비교하고 있다. 셸리는 독자들이 『실낙원』을 종교적인 감정으로 읽음으로써 주인공 사탄을 잘못 받아들이고 있다고 비판하고, 밀턴의 악마는 그의 신보다 도덕적으로 훨씬 우월한 존재이며 사탄이 가진 성격의 힘과 장엄함을 능가할 것이 없다고 주장한다. 사탄이야말로 밀턴의 천재성을 가장 결정적으로 증명하고 있다는 것이다.

워즈워스(William Wordsworth)는 무운시 「틴턴 수도원」("Tintern Abbey", 1798)과 『서곡』(*The Prelude*, 1850)에서 밀턴의 『실낙원』에서 볼 수 있는 라틴어에 가까운 구문과 같은 문체적 특성을 따르고 있다. 프랑스 혁명을 지켜본 영국 낭만주의 시인 워즈워스는 "밀턴이여! 그대 이 순간 살아 있어야 하오,/ 영국이 그대를 필요로 하고 있으니"라며 그를 그리워하는 간절한 심정을 다음과 같이 노래하고 있다.

밀턴이여! 그대 이 순간 살아 있어야 하오,
영국이 그대를 필요로 하고 있으니. 이 나라는
지금 물이 괴어 있는 늪. 제단도, 칼도, 펜도,
난롯가도, 홀도 규방의 당당한 부도,
그들의 오랜 영국의 유산인 내면의 행복을
잃어버리고 말았소. 우리는 모두 이기적인 사람들.
오! 우리를 일으켜 우리에게로 다시 돌아가게 해 주시오.
그리고 우리에게 예절과 미덕과 자유와 힘을 주시오.
그대의 영혼은 별과 같아 멀리 떨어져 살았고
그대는 바다와 같은 목소리를 갖고 있었소.
청명한 하늘처럼 맑고 장엄하고 자유롭게
그대는 유쾌한 신앙심을 갖고 인생의 평범한 길을
걸어갔소. 그러면서도 그대 마음은
가장 천한 의무도 스스로 떠맡았다오.

Milton! thou should'st be living at this hour:
England hath need of thee: she is a fen
Of stagnant waters: altar, sword and pen,
Fireside, the heroic wealth of hall and bower,
Have forfeited their ancient English dower
Of inward happiness. We are selfish men;
Oh! raise us up, return to us again;
And give us manners, virtue, freedom, power.
Thy soul was like a Star, and dwelt apart:
Thou hadst a voice whose sound was like the sea:

Pure as the naked heavens, majestic, free,
So didst thou travel on life's common way,
In cheerful godliness; and yet thy heart
The lowliest duties on itself did lay. (William Wordsworth, "London, 1802")

워즈워스가 말하는 "이 순간"은 영국에서 산업혁명이 일어나고 프랑스와의 전쟁이 일어난 시기를 의미한다. 청교도혁명을 통해 왕정을 무너뜨리고 공화주의를 실현하기 위해 노력한 17세기의 정치적·종교적 급진주의자 밀턴은 프랑스혁명의 영향 아래 비인간적인 사회의 억압에서 벗어나기를 갈망한 많은 낭만주의 시인들에게 하나의 모델이 되었다. 이들은 밀턴이야말로 구체제의 억압에 저항하여 시민의 자유와 권리를 회복하고 지켜 낼 진정한 공화주의자이면서 예언자적인 시인이라고 생각했던 것이다.

밀턴은 낭만주의 시대에는 급진적이고 혁명적인 성향을 지닌 선구자라는 이유로 존경을 받았지만, 체제가 안정된 빅토리아 시대에는 이와 달리 당면한 정치적·종교적·도덕적 문제에 대한 관심사와 연관하여 존경과 경외심의 대상이 된다. 이를 반영하듯이 매슨(David Masson)은 1859년부터 1894년에 걸쳐 일곱 권으로 된 방대한 밀턴의 전기를 집필하였는데, 밀턴에 대한 풍부한 자료를 제시하고 있는 이 책은 밀턴을 국가적으로 존경받는 인물로 만들어 주었다. 20세기 초 밀턴은 자신의 고국인 영국에서 한때 혹평에 시달리기도 하였으나 오늘날 밀턴의 작품은 여전히 많이 읽히고 연구되고 있다. 『실낙원』은 명실공히 영어로 창작된 최고의 시적 업적이라고 여겨지고 있으며, 호메로스나 베르길리우스, 그리고 단테(Dante)와 어깨를 나란히 할 수 있을 정도로 인간의 상상력을 이용한 가장 훌륭한 작품 중의 하나로 평가받고 있다.

참고 문헌

제1장_중기 밀턴의 산문

이종우. 「밀턴의 이상적 지식추구 방식과 전망 : *Prolusion*에 나타난 휴머니즘적 지향성」. 『밀턴과근세영문학』 9.1 (1999): 233-57.

Fallon, Robert T. "A Reading of His 'left hand': Milton's Prose." *A Concise Companion to Milton.* Ed. Angelica Duran. Oxford: Blackwell, 2007. 7-24.

제2장_종교적 자유: 반주교제 팸플릿

서홍원. 「밀턴의 산문: 자유를 위한 중단 없는 투쟁」. 『밀턴의 이해』. 서울: 시공 아카데미, 2004. 159-90.

송홍한. 「밀턴의 반감독제 산문에 나타난 영국 종교개혁의 정치성」. 『밀턴과근세영문학』 21.2 (2011): 275-304.

이종우. "Milton as a Reformer and Of Reformation." 『문학과종교』 4 (1999): 219-40.

Achinstein, Sharon and Elizabeth Sauer, eds. *Milton and Toleration*. Oxford: Oxford UP, 2007.

Corns, Thomas N. *John Milton: The Prose Works*. New York: Twayne Publishers, 1998.

Fallon, Robert T. "A Reading of His 'left hand': Milton's Prose." *A Concise Companion to Milton*. Ed. Angelica Duran. Oxford: Blackwell, 2007. 7-24.

Lewalski, Barbara K. *The Life of John Milton*. Oxford: Blackwell, 2003.

Loewenstein, David. "Milton's Prose and the Revolution." *The Cambridge Companion to Writing of the English Revolution*. Ed. N. H. Keeble. Cambridge: Cambridge UP, 2001. 87-106.

__________. "Toleration and the Specter of Heresy in Milton's England." Achinstein and Sauer 45-71.

Milton, John. *John Milton: Complete Poems and Major Prose*. Ed. Merritt Hughes. New York: Odyssey, 1957.

______. *The Complete Prose Works of John Milton.* Ed. Don M. Wolfe et al. 8 vols. New Haven: Yale UP, 1953-82.

______. *The Riverside Milton*. Ed. Roy Flannagan. Boston: Houghton Mifflin, 1998.

Smith, Nigel. "The Anti-Episcopal Tracts: Republican Puritanism and the Truth in Poetry." *The Oxford Handbook of Milton*. Ed. Nicholas McDowell and Nigel Smith. Oxford: Oxford UP, 2009. 155-73.

______. "Milton and the European Contexts of Toleration." Achinstein and Sauer 23-44.

Wheeler, Elizabeth Skerpan. "Early Political Prose." *A Companion to Milton*. Ed. Thomas N. Corns. Oxford: Blackwell, 2001. 263-78.

제3장_개인적·가정적 자유: 교육, 검열, 이혼에 관한 팸플릿

김인성. 「밀턴의 이혼론에 나타나는 기독인의 자유와 여성의 예속」. 『밀턴연구』 6 (1996): 73-107.

멜란히톤, 필립과 마틴 부처. 『멜란히톤과 부처』. 이은선, 최윤배 공역. 서울: 두란노아카데미, 2011.

박상익. 『언론 자유의 경전 아레오파기티카』. 서울: 소나무, 1999.

서홍원. 「밀턴의 산문: 자유를 위한 중단 없는 투쟁」. 『밀턴의 이해』. 서울: 시공 아카데미, 2004. 159-90.

송홍한. 「밀턴의 『교육론』: 실용주의적 휴머니즘」. 『동아교육논총』 27 (2001): 1-12.

이종우. 「종교개혁을 위한 담론의 형성과 이상적 주체의 형상 - 밀턴의 『아레오파기티카』」. 『영어영문학』 50.2 (2004): 515-42.

조신권. 『존 밀턴의 문학과 사상: 서사시로 가는 길』. 서울: 동인, 2002.

최재헌. 「현대적 자아의 탄생: 『실낙원』에 그려진 노동을 중심으로」. 『밀턴과근세영문학』 18.2 (2008): 367-93.

Achinstein, Sharon. *Milton and the Revolutionary Reader*. Princeton: Princeton UP, 1994.

Belsey, Catherine. *John Milton: Language, Gender, Power*. Oxford: Basil Blackwell, 1988.

Cable, Lana. *Carnal Rhetoric: Milton's Iconoclasm and the Poetics of Desire*. Durham: Duke UP, 1995.

Corns, Thomas N. *John Milton: The Prose Works*. New York: Twayne Publishers, 1998.

________, ed. *Uncloistered Virtue: English Political Literature, 1640-1660*. London: Clarendon, 1992.

Cox, Rosanna. "Milton, Marriage, and the Politics of Gender." Ed. Paul Hammond and Blair Worden. *John Milton: Life, Writing, Reputation*. Oxford: Oxford UP, 2010. 125-45.

Donnelly, Phillip J. *Milton's Scriptural Reasoning: Narrative and Protestant Toleration*. Cambridge: Cambridge UP, 2009.

Dzelzainis, Martin. "John Milton, *Areopagitica*." *A Companion to Literature from Milton to Blake. Ed. David Womersley*. Oxford: Blackwell, 2000. 151-58.

Edwards, Karen L. "Gender, Sex and Marriage in Paradise." *A Concise Companion to Milton*. Ed. Angelica Duran. Oxford: Blackwell, 2007. 144-60.

Fish, Stanley Eugene. "Driving from the Letter: Truth and Indeterminacy in Milton's *Areopagitica*." *Re-membering Milton: Essays on the Texts and Traditions*. Ed. Mary Nyquist and Margaret Ferguson. New York: Methuen, 1988. 234-54.

Flannagan, Roy. *The Riverside Milton*. Boston: Houghton Mifflin, 1998.

Herman, Peter C. *Destabilizing Milton: "Paradise Lost" and the Poetics of Incertitude*. New York: Palgrave, 2005.

Hoxby, Blair. "*Areopagitica* and Liberty." *The Oxford Handbook of Milton*. Ed. Nicholas McDowell and Nigel Smith. Oxford: Oxford UP, 2009. 218-37.

Illo, John. "*Areopagitica*'s Mythic and Real." *Prose Studies* 11 (1988): 3-23.

Le Comte, Edward. *Milton and Sex*. London: Macmillan, 1978.

______. *A Milton Dictionary*. New York: Philosophical Library, 1961.

Lowenstein, David. "Milton's Prose and the Revolution." *The Cambridge Companion to Writing of the English Revolution*. Ed. N. H. Keeble. Cambridge: Cambridge UP, 2001. 87-106.

Milton, John. *John Milton: Complete Poems and Major Prose*. Ed. Merritt Hughes. New York: Odyssey, 1957.

______. *The Complete Prose Works of John Milton*. Ed. Don M. Wolfe et al. 8 vols. New

Haven: Yale UP, 1953-82.

______. *The Complete Poetry and Essential Prose of John Milton*. Ed. William Kerrigan, John Rumrich, and Stephen Fallon. New York: Modern Library, 2007.

Norbrook, David. "*Areopagitica*, Censorship, and the Early Modern Public Sphere." *British Literature 1640-1789: A Critical Reader*. Ed. Robert Demaria Jr. Oxford: Blackwell, 1999. 13-39.

______. *Writing the English Republic: Poetry, Rhetoric and Politics, 1627-1660*. Cambridge: Cambridge UP, 1999.

Nyquist, Mary. "The Genesis of Gendered Subjectivity in the Divorce Tracts and in *Paradise Lost*." *Re-membering Milton: Essays on the Texts and Traditions*. Ed. Mary Nyquist and Margaret W. Ferguson. New York: Methuen, 1987. 99-127.

Parker, William Riley. *Milton: A Biography*. Oxford: Clarendon, 1968.

Patterson, Annabel. "Milton, Marriage and Divorce." *A Companion to Milton*. Ed. Thomas N. Corns. Oxford: Blackwell, 2001. 279-93.

Seel. Graham E. *Regicide and Republic: England 1603-1660*. Cambridge: Cambridge UP, 2001.

Smart, John S. *The Sonnets of Milton*. Glasgow: Maclehose, Jackson and Co, 1921.

Smith, Nigel. "*Areopagitica*: Voicing Contexts, 1643-5." *Politics, Poetics and Hermeneutics in Milton's Prose*. Ed. David Lowenstein and J. G. Turner. Cambridge: Cambridge UP, 1990. 103-22.

Stone, Lawrence. *The Family, Sex and Marriage in England 1500-1800*. London: Weidenfield and Nicolson, 1977.

______. *Road to Divorce: England 1530-1987*. Oxford: Oxford UP, 1990.

Wheeler, Elizabeth Skerpan. "Early Political Prose." *A Companion to Milton*. Ed. Thomas N. Corns. Oxford: Blackwell, 2001. 263-78.

제4장_정치적 자유: 국왕 살해, 공화정, 왕정복고기 팸플릿

박상익. 『밀턴 평전』. 서울: 푸른역사, 2008.

박은미. 「『왕의 성상』과 밀턴의 『우상타파론』-이미지·수사·정치」. 『영어영문학』 51.3 (2005): 533-53.

_____. 「밀턴과 마벨: 호국경 체제의 공화주의적 정당화와 문제점」. 『밀턴과근세영문학』 14.1 (2004): 75-100.

서홍원. 「밀턴의 산문: 자유를 위한 중단 없는 투쟁」. 『밀턴의 이해』. 서울: 시공 아카데미, 2004. 159-90.

송홍한. 「『왕과 관료의 재직조건』에 나타난 밀턴의 국민주권론」. 『밀턴과근세영문학』 17.2 (2007): 323-41.

_____. 「『영국 국민을 위한 변호』에 나타난 밀턴의 국민주권론」. 『동아영어영문학』 17 (2001): 5-22.

_____. 「밀턴의 반감독제 산문에 나타난 영국 종교개혁의 정치성」. 『밀턴과근세영문학』 21.2 (2011): 275-304.

Brown, Cedric. *John Milton: A Literary Life*. New York: St. Martins, 1995.

Corns, Thomas N. *John Milton: The Prose Works*. New York: Twayne Publishers, 1998.

_____. "Milton and the Characteristics of a Free Commonwealth." *Milton and Republicanism*. Ed. David Armitage, Armand Himy, and Quentin Skinner. Cambridge: Cambridge UP, 1995. 25-42.

_____. *Uncloistered Virtue: English Political Literature, 1640-1660.* Oxford: Clarendon, 1992.

Dzelzainis, Martin. "Republicanism." *A Companion to Milton*. Ed. Thomas Corns. Oxford: Blackwell, 2001. 294-308.

Fallon, Robert T. "A Reading of His 'left hand': Milton's Prose." *A Concise Companion to Milton.* Ed. Angelica Duran. Oxford: Blackwell, 2007. 7-24.

Fallon, Stephen M. "Nascent Republican Theory in Milton's Regicide Prose." *The Oxford Handbook of Literature and the English Revolution*. Ed. Laura Lunger Knoppers. Oxford: Oxford UP, 2012. 309-26.

Hill, Christopher. *Milton and the English Revolution*. New York: Viking P, 1977.

Knoppers, Laura Lunger. "Milton's *The Readie and Easie Way* and the English Jeremiad." *Politics, Poetics, and Hermeneutics in Milton's Prose*. Eds. David Loewenstein and James Grantham Turner. Cambridge: Cambridge UP, 1990. 213-25.

_____. "Late Political Prose." *A Companion to Milton*. Ed. Thomas N. Corns. Oxford: Blackwell, 2001. 309-25.

Lewalski, Barbara. *The Life of John Milton: A Critical Biography*. Oxford: Blackwell, 2002.

Loewenstein, David. "Milton's Prose and the Revolution." *The Cambridge Companion to Writing of the English Revolution*. Ed. N. H. Keeble. Cambridge: Cambridge UP, 2001. 87-106.

__________. *Milton and the Drama of History: Historical Vision, Iconoclasm, and the Literary Imagination*. Cambridge: Cambridge UP, 1990.

Milton, John. *The Complete Prose Works of John Milton*. Ed. Don M. Wolfe et al. 8 vols. New Haven: Yale UP, 1953-82.

_____. *John Milton: Complete Poems and Major Prose*. Ed. Merritt Hughes. New York: Odyssey, 1957.

_____. *The Riverside Milton*. Ed. Roy Flannagan. Boston: Houghton Mifflin, 1998.

Pepys, Samuel. *The Diary of Samuel Pepys: A Selection*. London: Penguin, 2003.

Morrill, John. *The Nature of the English Revolution*. London: Longman, 1993.

Scott, Jonathan. "The English Republican Imagination." *Revolution and Restoration: England in the 1650s*. Ed. John Morrill. London: Collins & Brown, 1992. 35-54.

Smith, Nigel. *Literature and Revolution in England, 1640-1660*. New Haven: Yale UP, 1994.

Worden, Blair. "English Republicanism." *The Cambridge History of Political Thought 1450-1700*. Ed. J. H. Burns with M. Goldie. Cambridge: Cambridge UP, 1991. 443-75.

Zagorin, Perez. *A History of Political Thought in the English Revolution*. London: Routledge, 1954.

제5장_밀턴의 중기 소네트: 종교적·윤리적·정치적 이상주의

Beer, Anna. *Milton: Poet, Pamphleteer, and Patriot*. London: Bloomsbury, 2008.

Bradford, Richard. *The Complete Critical Guide to John Milton*. New York: Routledge, 2001.

Brown, Cedric. *John Milton: A Literary Life*. New York: St. Martins, 1995.

Corns, Thomas N. *John Milton: The Prose Works*. New York: Twayne Publishers, 1998.

Hanford, James Holly and James G. Taaffe, eds. *A Milton Handbook*. New York: Meredith, 1970.

Honigmann, E. A. J, ed. *Milton's Sonnets*. New York: St Martin's, 1966.

Lewalski, Barbara. *The Life of John Milton: A Critical Biography*. Oxford: Blackwell, 2002.

Lowenstein, David. "Milton's Prose and the Revolution." *The Cambridge Companion to Writing of the English Revolution*. Ed. N. H. Keeble. Cambridge: Cambridge UP, 2001. 87-106.

Milton, John. *John Milton: Complete Poems and Major Prose*. Ed. Merritt Hughes. New York: Odyssey, 1957.

______. *The Riverside Milton*. Ed. Roy Flannagan. Boston: Houghton Mifflin, 1998.

Nardo, Anna K. *Milton's Sonnets and the Ideal Community*. Lincoln: U of Nebraska P, 1979.

Nicolson, Marjorie H. *A Reader's Guide to John Milton*. New York: Farrar, Straus and Company, 1963.

Patterson, Annabel. "Milton's Heroic Sonnets." *A Concise Companion to Milton*. Ed. Angelica Duran. Oxford: Blackwell, 2007. 78-94.

Radzinowicz, Mary Ann. *Toward Samson Agonistes*. Princeton: Princeton UP, 1978.

Schlueter, Kurt. "Milton's Heroical Sonnets." *Studies in English Literature* 35.1 (1995): 123-36.

Smart, John S. *The Sonnets of Milton*. Glasgow: Maclehose, Jackson and Co, 1921.

Woodhouse, A. S. P. and Douglas Bush, eds. *A Variorum Commentary on the Poems of John Milton*. Vol 2. Part 2. New York: Columbia UP, 1972.

제6장_중기 이후의 산문과 밀턴의 영향

Achinstein, Sharon. *Milton and the Revolutionary Reader*. Princeton: Princeton UP, 1994.

Achinstein, Sharon and Elizabeth Sauer, eds. *Milton and Toleration*. Oxford: Oxford University Press, 2007.

Corns, Thomas N. *Milton's Language*. Oxford: Blackwell, 1990.

Lewalski, Barbara. *The Life of John Milton: A Critical Biography*. Oxford: Blackwell, 2002.

Milton, John. *The Complete Prose Works of John Milton*. Ed. Don M. Wolfe et al. 8 vols. New Haven: Yale UP, 1953-82.

찾아보기

ㅇ